本书得到四川省教育厅重点项目：大数据时代"藏彝走廊"贫困治理机制创新研究(16SA0038)的资助

包容性增长制度创新研究

——以马克思主义发展理论为视域

韩太平 著

中国社会科学出版社

图书在版编目（CIP）数据

包容性增长制度创新研究：以马克思主义发展理论为视域／韩太平著.
—北京：中国社会科学出版社，2017.3

ISBN 978 - 7 - 5161 - 9406 - 5

Ⅰ.①包… Ⅱ.①韩… Ⅲ.①中国经济—经济增长—制度建设—研究
Ⅳ.①F124.1

中国版本图书馆 CIP 数据核字（2016）第 290690 号

出 版 人	赵剑英	
责任编辑	孔继萍	
责任校对	石春梅	
责任印制	何 艳	

出　　版	中国社会科学出版社	
社　　址	北京鼓楼西大街甲 158 号	
邮　　编	100720	
网　　址	http://www.csspw.cn	
发 行 部	010 - 84083685	
门 市 部	010 - 84029450	
经　　销	新华书店及其他书店	

印刷装订	北京市兴怀印刷厂	
版　　次	2017 年 3 月第 1 版	
印　　次	2017 年 3 月第 1 次印刷	

开　　本	710×1000　1/16	
印　　张	14.25	
插　　页	2	
字　　数	234 千字	
定　　价	55.00 元	

凡购买中国社会科学出版社图书，如有质量问题请与本社营销中心联系调换
电话：010 - 84083683

内容摘要

改革开放 30 多年来，一方面是经济持续增长，人民的收入水平、生活水平大幅度提高，综合国力明显提升；另一方面是城乡间、地区间和不同技能水平的居民之间的收入差距和贫富差距在不断扩大，城镇失业人口不断增加，社会利益冲突时有发生。在 GDP 指标持续增长的同时，社会发展的公平目标没有很好地实现，经济社会发展过程中的"包容性"问题突出。研究和解决包容性增长问题有助于化解中国当下存在的社会矛盾，促进和谐社会的构建。

胡锦涛在中国共产党第十八次代表大会报告中指出："实现发展成果由人民共享，必须深化收入分配体制改革"。本书立足马克思主义发展理论、制度经济学的制度变迁理论、政治哲学的社会正义理论等核心理念和分析范式，围绕公平合理地分享经济增长这一中心主题，直面中国改革开放以来社会非包容性问题日益突出这一现实，参考借鉴西方发达国家在解决包容性增长问题方面的理论与实践，提出了解决当代中国收入和贫富差距过大以及社会公平问题的一些设想。本书系统、集中地研究了包容性增长的现实诉求，梳理和分析了当代中国经济社会发展中存在的一系列问题，重点分析了包容性增长制度层面的问题，在此基础上提出了包容性增长制度创新的实现路径。

本书由以下几部分构成：

第一部分：导论。这部分介绍了研究问题与对象，梳理了包容性增长提出的背景与意义，界定了制度、包容性增长和制度创新几个重要的概念。

第二部分：重点阐述本书的理论基础。沿着包容性增长、制度、制度创新理论形成和发展的脉络，对包容性增长、制度及制度创新的理论进行了历史考察。在此基础上，对包容性增长、制度及制度创新理论进行理论梳理，对马克思主义制度创新与经济增长关系理论进行重点阐述与分析。此外，还深入分析了包容性增长制度创新的基本原则和要实施的政策措施。

第三部分：阐述了我国包容性增长制度创新的历史过程。考察了我国改革开放前和改革开放后包容性增长制度创新的历史过程。对这一问题的探索有利于认清包容性增长制度建设方面存在的问题，为下一步采取应对之策打下基础。

第四部分：阐述了包容性增长的价值导向——公平正义。本部分对公平正义思想进行了历史考察，并立足于马克思的社会公平理论对现代社会公平思想进行了评析。提出了当代中国实现包容性增长制度创新的价值导向和基本原则。

第五部分：主要阐述了西方发达国家在包容性增长制度创新方面所走过的路程，从理论和实践两个方面分别做了理论概括。西方发达国家为了弥合社会矛盾，解决发展中的排斥问题，不得不关注包容性增长问题。在解决包容性问题时，注重发挥政府的主导作用，通过政府指导和政府强制建立相对比较包容的分配秩序，并提出包容性增长制度创新所要借鉴的经验和教训。

第六部分：阐述包容性增长的制度安排及实现路径。包容性的制度是实现包容性增长的根本保证。本书从收入分配、福利政策、教育、地区和城乡统筹发展几个方面阐述了包容性增长的制度安排及实现路径。（1）创新收入分配制度。在初次分配中通过工资协商制度和职工持股制度提高劳动者在初次分配中的比重；在财政和税收制度方面，政府应通过完善税制，调节财富在不同群体间的公平分配，提高劳动者收入在国民收入构成中比重，抑制改革开放以来劳动者收入在国民收入构成比重中逐渐下降的趋势。（2）建构一个广覆盖适度的社会保险网络。我国的社会保障制度带有许多计划经济体制下的印记，城乡之间、地区之间和不同行业之间差异很大，要发挥政府在建立普惠型福利制度方面的主导作用。（3）建构公平的教育制度。教育资源均等是建构公平教育制度的核心。（4）创新城乡和地区均衡发展的制度。城乡和地区间不平衡发展是制约包容性增长的关键要素。要保护好农民的土地权益，实施工业反哺农业战略，缩小地区和城乡差距。

关键词：包容性增长；制度；制度创新

目　　录

第一章

导　论

在全球化背景下，世界各国在寻求经济增长的同时，也在为本国日益扩大的收入分配差距而困惑。世界的发展经验告诉我们，国家在经济发展的初期阶段，收入分配差距一般都处于低位水平；在经历一段高速增长之后，社会矛盾、收入分配差距、发展的排斥问题就会表现得较为突出。我国自改革开放以来，经济、社会发展取得了举世瞩目的成就，但也有一些问题不容忽视，那就是发展中的排斥问题，城乡二元结构矛盾在没有缓解的情况下，又出现新的社会矛盾，发展的不平衡、不包容问题成为当前经济社会运行过程中比较突出的问题，在我国经济进入新常态后，如何有效地解决这些问题成为我们的一个挑战。

第一节　包容性增长提出的背景和意义

包容性增长的提出不是没有根据的，亚洲开发银行在寻找亚洲国家如何摆脱发展的困局问题时，提出了"包容性增长"的发展理念，旨在解决亚洲国家在经济社会发展过程中出现的收入分配差距过大以及发展中的不包容问题。我国自改革开放以来，经济发展取得巨大成就，经济总量跃居世界第二，但社会发展的目标没有很好地实现，存在着发展的不包容、不公平问题。

一　不平衡增长：亚洲的证据

经济增长与发展的根源是什么？到底为了什么而发展？这是政治经济学中一个古老而又长青的问题。"自亚当·斯密的《国富论》开始，古典经济学家就试图发现经济进步的根源，并分析经济变化的长期过程。"①
斯密认为："充足的劳动报酬，既是财富增加的结果，又是人口增加的原
因。对充足的劳动报酬发出怨言，就是对最大公共繁荣的必然结果与原因
发出悲叹。"② 在斯密看来，给劳动者勤勉以奖励，就会鼓励他们像蜜蜂
一样去辛勤耕耘，增加社会的总财富，促进经济增长。"充足的劳动报
酬，鼓励普通人民增值，因而鼓励他们勤勉。劳动工资，是勤勉的奖励。
勤勉像人类其他品质一样，越受奖励越发勤奋。丰富的生活资料，使劳动
者体力增进，而生活改善和晚景优裕的愉快希望，使他们益加努力。所
以，高工资地方的劳动者，总是比低工资地方的劳动者活泼、勤勉和敏
捷。"③ 斯密的思想对于许多普通的劳动者很有吸引力，也很有感染力。
在人类进入 2000 年的时候，美国的人均 GDP 达到 32600 美元，高产出和
高人均收入意味着普通的美国居民能够享有较高的生活标准，他们平均一
个家庭拥有几台电脑，几乎家家有汽车，生活水准非一般国家可以比较。④
类似于美国这样国家和地区的还有如英国、加拿大、法国、德国、新加
坡、中国香港等。但是我们也要看到，"全球 60 亿人口中，有 28 亿人每
天生活支出不足 2 美元，有 12 亿人每天生活支出不足 1 美元。"⑤ 在世界
经济迅速增长的同时，收入分配不均和大量贫困现象的阴影挥之不去。
2000 年人均 GDP 最低的国家是南撒哈拉非洲的坦桑尼亚，为 570 美元。
美国的 GDP 是坦桑尼亚的 57 倍。⑥ 亚太地区贫困人口占世界贫困人口的
2/3，达到 9.03 亿，占亚太地区人口的 27%。世界银行报告（2004）数
据显示，1990—2001 年间东亚国家的经济有较快的增长，GDP 年均增长
率 7.4%，人均 GDP 增长率 6.4%，南亚国家 GDP 年增长率 5.7%，人均

---

① Meier. C. seers. D. *Pioneersin development*. Oxford University Press. 1984：1.

② ［英］亚当·斯密：《国民财富的性质和原因的研究》（上卷），商务印书馆
2004 年版，第 74—75 页。

③ 同上。

④ 邹薇、张芬、周浩、刘兰：《中国经济增长与收入差距理论与实证研究》，武
汉大学出版社 2011 年版，第 3—4 页。

⑤ Word Bank. World Development Report 2001：Attacking poverty ＿ Opportunity,
empowerment and security, Oxford University Press, 2002：3.

⑥ 邹薇、张芬、周浩、刘兰：《中国经济增长与收入差距理论与实证研究》，武
汉大学出版社 2011 年版，第 6 页。

GDP 增长率 3.3%。随着经济的增长，这些国家的贫困率有所下降，东亚国家的贫困率每年下降 4.9%，而南亚国家减贫率只有 0.6%（1990—2001）。而且这些国家的基尼系数在过去几年中还在上升，1993 年，泰国的人均收入是 6260 美元，最穷 40% 人口所占收入份额仅为 11%，最富 20% 人口所占收入份额为 59%。马来西亚人均收入为 7930 美元，最穷 40% 人口所占收入份额为 13%，最富 20% 人口收入所占份额为 54%。[①] 世界银行非洲首席代表科尔（louis cord）对亚洲国家（不包括中国）1970—2000 年人均收入增长与社会中低收入人群收入增长之间的比较发现：中低收入群体在经济增长的初期收入水平还能跟得上平均水平，然而当平均收入增长出现停滞时，中低收入者的收入水平便低于平均水平。这些国家中低收入群体的收入水平没有明显增长，收入差距越拉越大，一旦经济出现停滞，这部分群体的收入就会更糟糕。前亚洲开发银行首席经济学家阿里感叹道，作为对全球化进程带来的发展机遇、技术变革、规模经济和竞争的响应，一个"耀眼的"亚洲正在崛起，亚洲人口的一小部分受益于这非凡的繁荣。与此相反的是，亚洲人口中的大部分却陷入一个"令人寒战"的亚洲，即他们被支付低水平工资，只能享受低级别或根本享受不到社会服务，也几乎没有机会流动以获得处境的改善。亚洲发展中的这种两面性既可以说是希望的灯塔，也可以说是绝望的信号。[②]

发展中国家，人均收入不高是经济落后的一个原因，然而收入分配不平等也难辞其咎。[③] 现有的研究表明：不平等对经济增长有显著的负面影响；特别是，财产不平等比收入不平等对经济增长有更显著的负面影响。收入分配差距和贫富差距过大，造成收入分配的不平等，就会对经济增长造成影响，这种影响如果不引起我们的高度重视，就会影响社会稳定。相关研究表明，如果不平等因素是体制性因素所致，这种体制性的不平等因

---

① 邹薇、张芬、周浩、刘兰：《中国经济增长与收入差距理论与实证研究》，武汉大学出版社 2011 年版，第 19 页。

② ［印度］艾弗兹·阿里：《不平等和亚洲包容性增长的必要性》，《经济社会体制比较》（双月刊）2011 年第 2 期，第 10 页。

③ 邹薇、张芬、周浩、刘兰：《中国经济增长与收入差距理论与实证研究》，武汉大学出版社 2011 年版，第 21 页。

素有可能中断经济增长的过程。① 从亚洲和拉美国家走过的道路看，在进入中等发达国家后，如果解决不了收入分配的公平问题，就很难进入高收入国家的行列。第二次世界大战后，全球有 13 个经济体经济高速增长，这 13 个经济体是博茨瓦纳、巴西、中国、中国香港、中国台湾、印度尼西亚、日本、韩国、马来西亚、马耳他、阿曼、新加坡和泰国。这些国家和地区很快就进入中等发达国家和地区行列，但是，这些经济体进入高收入国家和地区行列的仅有日本、韩国、新加坡、马耳他、中国香港和中国台湾。也就是说，这些国家和地区成功跨越所谓"中等收入陷阱"，进入高收入水平经济体行列。② 诺贝尔经济学奖得主索洛指出："在许多方面，经济增长越平等，经济就越有可能保持持续性增长，因此带来更少的争论、不和与抵制。"③ 在这种背景下，许多学者在思索，导致收入和非收入不平等的原因是什么，以及如何使经济增长过程更加公平，这些问题需要我们给出现实的答案。

二 不均衡增长：中国的证据

改革开放 30 年来，随着经济体制改革的深化、社会主义市场经济的不断完善，我国经济增长指标、财政收入指标都表现出了大幅度的提高（如图 1-1 所示），随着国民收入与财富的增长（如图 1-2 所示），国家经济实力不断增强。

---

① Birdsall N. and J. Londono "AssetInequalityMatters: An Assessment of the 'World Bank's Approach to Poverty Reduction". American Economic Review Papers and Proceeding, 87(2), 1997, pp. 32 - 37; Deininger, K., and L. Squire "A New Data Set Measuring Income Inequality." World Bank Economic Review10, 1996, pp. 565 - 91; World Bank, What is Inclusive Growth?

② 世界银行：《增长报告：可持续性增长和包容性发展的战略》，中国金融出版社 2008 年版，第 17 页。

③ World Bank, Inclusive Growth and sustainable Development, http://web. world-bank. org/WBSITE/EXTERNAL/TOPICS/EXTDEBTDEPT/0, contentMDK: 21870580 ~ isCURL: Y ~ menu PK: 4875916 ~ pagePK: 64166689 ~ piPK: 64166646 ~ the Site PK: 469043, 00. html.

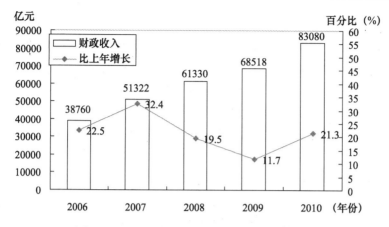

图 1-1 2006—2010 年财政收入及其增长速度
资料来源：国家统计局网站。

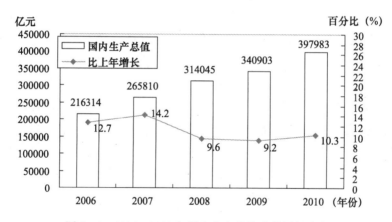

图 1-2 2006—2010 年国内生产总值及其增长速度
资料来源：国家统计局网站。

但是，在我国 GDP 和财政收入增长的同时，我国的居民收入差距在逐渐拉大，社会发展目标没有很好地实现。

从中国经济增长的过程来看，在经济增长的初期，经济发展和社会发展是比较同步的，中低收入者的收入水平也能跟得上平均收入水平。衡量收入分配差距状况的基尼系数一直处于较平稳状态。有数据表明，在 20 世纪 80 年代末和 90 年代初，我国基尼系数都是在 0.3 左右，1995 年后随着我国改革的深入，基尼系数逐渐升高。1995—1998 年基尼系数分别为：

0.3648、0.3518、0.3591、0.3548①。进入 21 世纪，我国经济依然保持强劲的增长势头，但是我国收入分配状况没有向公平分配的方向发展，收入差距越拉越大，一直处在国际警戒线上位。国家统计局公布的基尼系数数据显示，"2003 年是 0.479，2004 年是 0.473，2005 年是 0.485，2006 年是 0.487，2007 年是 0.484，2008 年是 0.491，2009 年是 0.490，2010 年是 0.481，2011 年是 0.477，2012 年是 0.474。"② 另据联合国开发计划署《2005 年人类发展报告》显示，我国最富有的 10% 的人口收入是最穷的人口收入的近 20 倍。③ 从中我们可以看出，我国近三十年的经济增长并没有显示出滴漏经济学（trickle down economics）的"涓滴效应"，也没有像西蒙·史密斯·库兹涅茨所说那种"倒 U 曲线"出现。中国的不均衡增长不仅表现在这些方面，还表现在"二元经济结构"的城乡差别和地区发展不均衡上。

计划经济时代的"二元经济结构"在市场经济体制下继续发酵，使得农村居民在教育资源、卫生资源以及社会保障资源的分配与城市居民相比存在巨大的差异。正像胡鞍钢在《中国：新发展观》里所说的"一国两制"，他说："我国城乡差距不仅仅是体现在城乡居民收入差距、城乡居民消费支出差距，而且还体现在城乡居民公共服务差距。"④公共资源分配不公比较突出的是教育资源分配的不公平。在教育经费投入方面，"城市里是政府支出为主，农村是农民自己投入为主"⑤。中国的这一状况很像美国政治历史学家亨利·亚当斯所言，在分水岭的这一边的是农业国家，是一个涣散的社会，在分水岭的那一边是一个都市化的工业国家。⑥

从以上分析我们可以看出，如果没有公平的利益分配机制，经济增长的"涓滴效应"是不会自动出现的。这种不平衡的经济增长路径很难自

---

① 邹薇、张芬、周浩、刘兰：《中国解决增长与收入差距：理论与实践》，武汉大学出版社 2011 年版，第 97 页。

② http://www.stats.gov.cn/tjdt/gjtjjdt/t20130118_402867315.htm.

③ 联合国开发计划署：《2005 年人类发展报告》。联合国开发计划署，2005 年，第 22 页。

④ 胡鞍钢：《中国：新发展观》，浙江人民出版社 2004 年版，第 17 页。

⑤ 同上书，第 19 页。

⑥ 何顺果：《美国史通论》，学林出版社 2001 年版，第 190 页。

发地改变，低收入群体相对利益受损的趋势和居民收入差距扩大趋势仍将继续，由此而衍生的日益突出的社会矛盾将会对经济的可持续发展和宏观经济稳定性产生负面影响。为了实现可持续发展和人民福祉的最终目标，需要找到一个能够使低收入群体分享经济成果的经济发展战略，并坚决地贯彻和实施。

三 解决之道：包容性增长

经济增长不是一个新课题，但是让经济增长成果惠及社会所有成员的发展路径则是一个新课题，在这方面亚洲开发银行走在了研究的前列。在2004年亚洲开发银行的一次研讨会上，中国学者林毅夫提出了"亚洲发展中国家应该遵循比较优势，利用后发优势，采取包容性增长，从而缩小与发达国家之间的差距"。林毅夫是阐述"包容性增长"思想较早的学者，他的这次演说，为亚洲开发银行提出"包容性增长战略"做出了理论贡献。亚洲开发银行从关注亚洲地区整体甚至全球视角，将战略定位从关注贫困减除扩展到促进包容性增长，这正是其后亚洲开发银行各项包容性增长政策出台的渊源。[1] 2005年，亚洲银行又赞助了"以包容性增长促进社会和谐"的课题，该课题提出的核心观点是通过包容性增长构建和谐社会。

世界银行作为长期致力于全球贫困减除和发展工作的国际机构，它关于减缓贫困与增长、不平等之间关系的认识也在不断深化，增长理念也经历了从单纯强调增长（涓滴增长）—基础广泛的增长（世界银行，1990）—益贫式增长或有利于穷人的增长（ADB，1999；世界银行，2000）—包容性增长（ADB，2007；世界银行，2008）的逻辑演进，以及减贫战略和政策的不断改进和完善，其关于包容增长的理念和战略也在逐步形成。[2] 世界银行关于包容性增长的理念集中体现在《2008年增长报告——可持续增长和包容性发展的战略》文件中，其核心思想是，构建和实践可持续增长和包容性发展战略，经济发展成果为民众所广泛享有，合理充分地利用经济增长造福于所有民众（参见下表）。

---

[1] 杜志雄、肖卫东、詹林：《包容性增长理论的脉络、要义与政策内涵》，《农村经济》2010年第11期。

[2] 同上。

贫困内涵的深化与增长理念、减贫战略与政策的演进

贫困显示	收入水平低下、饥饿、营养不良、饮用水不安全、基本卫生服务缺乏等		贫困问题积累和持续贫困的顽固存在	贫富不平等状况日益加剧，长期贫困问题严重，而机会不平等是导致不平等的结果的最主要因素
贫困内涵	绝对收入贫困从物质角度关注生存需要	相对收入贫困从能力和资源缺乏角度关注基本生活需要和社会平均生活水平	能力贫困从能力和权利缺乏角度关注财富不平等	权利贫困从权力缺乏、贫困脆弱性和社会排斥角度关注机会不平等
增长理念	涓滴增长增长成果通过市场机制产生的纵向涓滴效应和横向扩散效应自动分配到社会所有阶层和群体，从而自动消除贫困、形成帕累托最优状态	基础广泛的增长基于市场导向的一种能够充分利用劳动力并使其最大发挥自身能力的劳动密集型增长模式，重点在于扩展穷人的就业机会	益贫式增长基于市场和非市场行动相结合的、旨在实现减贫和改善财富分配不平等状况，并使穷人得益比例高于非穷人的增长模式，重点在于扩展穷人的经济机会	包容性增长基于市场和非市场行动相结合，旨在革除权利贫困和社会排斥、倡导和保证机会平等的高速、有效和可持续的增长模式，重点在于扩展发展机会以使人们的福利得以持续改善和增加，实质自由得以扩展
减贫战略政策	通过市场机制的边际调整来实现和谐的、累积的单纯经济增长过程，以达到稳定的均衡状态	基于扩展就业机会和能兼顾的减贫战略：一是促进对劳动力的需求，为穷人提供谋生的更多经济机会；二是广泛提供基本社会服务增加穷人人力资本，提高其利用谋生机会的能力	基于扩展经济机会的反贫困战略：（1）穷人增进和积累多种形式的资本并提高回报率，以扩展穷人的经济机会；（2）促进赋权，以政治民主、社会平等增加穷人的经济机会；（3）加强社会保障，以使穷人更好利用经济机会，让经济机会更为稳固	基于机会与增长相辅相成的包容性增长战略：（1）培育和提升人力资本，以使民众获得人力资本价值公平；（2）增强制度设计与政策制定的公平性，以使民众获得市场竞争环境公平；（3）建立公平的防护性保障体系，以使民众获得社会保障价值公平

　　资料来源：杜志雄、肖卫东、詹林：《包容性增长理论的脉络、要义与政策内涵》，《农村经济》2010年第11期。

综上所述，包容性增长的理念是亚洲开发银行和世界银行基于在发展中追求权利平等的视角，结合收入分配中出现的不公平问题，并审视经济增长与贫困之间的关系，提出的有针对性地解决现存发展问题的发展思想，具有非常重要的现实意义和理论意义。

为拓清本书的研究，还要对几个问题作特别说明：

（1）本书认为政府是包容性增长的基础推动力量，因此制度对于实现包容性增长具有特别重要的作用。这是因为，包容性增长主要涉及的是公平增长和资源分配问题，但包括价格机制、竞争机制、供求机制在内的市场机制追求的是效率目标，无法达到社会资源配置的最优，对一些以社会效益为目的的活动无能为力，这必然会造成收入分配差距悬殊。此外，代表收入分配公平程度的基尼系数长期在警戒线以上，会破坏正常的市场运行，甚至引发社会动荡，致使效率也无从实现。由此可见，无论从公平的角度，还是从效率的角度，缩小收入分配和贫富差距的内在应力是存在的。对于包容性增长目标，市场主导是无法达到的，国家应当是市场失灵的矫正者。本书无意轻视社会体制对实现包容性增长目标的重要作用，只是认为这些讨论已超出了本书的研究范畴。

（2）本书的研究只涉及包容性增长的政治和经济范畴。理论上说，包容性增长是一个内涵丰富的概念，涉及政治、经济、社会和文化多个方面的范畴。本书仅关注包容性问题的政治和经济范畴，重点关注与包容性增长相关的制度问题。本书重点分析了收入分配制度、社会保障制度、城乡和地区均衡发展和教育制度，这些制度对包容性增长有重要影响。这并非意味着其他宏观和微观制度不重要，而是认为，本书论述的这些制度更能解决好包容性增长问题。

第二节　概念的界定

一　"包容性增长"的概念

"包容性增长"译自英语复合名词"Inclusive Growth"，也有学者把这个词翻译为"共享式增长"[①]。不过从两者的内涵来看，没有实质区别。

[①]　林毅夫、庄臣忠、汤敏、林暾：《以共享式增长促进社会和谐》，中国计划出版社 2008 年版，第 30 页。

目前学术界对"包容性增长"的内涵有不同的理解，但是大多数学者对"包容性增长"的核心意义形成了共识。学者们主要从以下几个视角去界定"包容性增长"：

第一是把包容性增长界定为机会平等的增长。我国学者庄臣忠在《以共享式增长促进社会和谐》一书中阐述了包容性增长的内涵，他说："我们可以把共享式增长界定为机会平等的增长。也就是说，共享式增长既强调通过经济增长创造就业机会，又强调发展机会的平等。"① 我国另一位学者唐钧也对包容性增长的内涵做出了自己的解释，他认为，包容性增长的核心就是"参与"与"共享"，只有社会各个群体都能够"参与"经济发展并"分享"经济发展的成果，才能彰显经济增长的积极意义。②

第二是从对弱势群体的关注来阐述包容性增长的内涵。我国学者汤敏《以共享式增长促进社会和谐》一书认为，包容性增长最核心的含义就是经济增长让低收入者受益。他说："这部分人（贫困人口）分享不到增长的成果，便根本谈不上增长的共享性。更重要的是，贫困人口在发展中往往处于劣势地位，很多发展的成果却是很难惠及这一人群。"③ 从关注弱势群体的角度界定包容性增长的内涵，与第一个视角在本质上没有区别。

第三是从国际、国内两个层面界定包容性增长。中国社会科学院农村发展研究所专家杜志雄认为，包容性增长应当提高劳动者在国民收入中的比重，真正体现劳动者在创造社会财富中的价值。他还指出，国家之间开展经济合作应当互利共赢，没有发展中国家经济的增长就不会有世界经济的繁荣。在经济全球化如火如荼的时代，更应当让不发达国家摆脱目前的贫困，实现世界经济的包容性增长。韩保江认为，国际社会倡导"包容性增长"的理念就是强调世界经济的"求同存异"、"共同发展"的原则。在国内社会发展中就是要保持经济的适度增长，就是要实现民族团结、劳资合作、民生发展和生态文明，让全民都能公平分享经济增长的

---

① 林毅夫、庄臣忠、汤敏、林暾：《以共享式增长促进社会和谐》，中国计划出版社2008年版，第34页。

② 唐钧：《包容性增长：参与和共享的发展才有意义》，《上海人大月刊》2010年第11期。

③ 林毅夫、庄臣忠、汤敏、林暾：《以共享式增长促进社会和谐》，中国计划出版社2008年版，第130—132页。

成果。①

第四是从制度的视角阐述包容性增长的含义。经济学家俞献忠认为，"包容性增长"实际上就是民众对发展的制度诉求，民众呼唤建立一种经济增长、人口发展和制度公平机制，让各方都能公平地分享经济发展的成果。陈杰认为，包容性增长的方法就是法律和政策的调节，这是实现包容性增长的关键。

综上所述，学者从不同的侧面和角度对包容性增长的内涵进行了深入的探讨，他们的基本共识是包容性增长是对经济增长过程中公平价值的诉求。本书认为，包容性增长是经济增长过程中机会均等的增长，是可持续的增长，参与经济增长的所有群体公平地分享经济发展的成果，从而促进经济社会的和谐发展。

二　对"制度"的界定

研究制度的文章卷帙浩繁，人们从不同的角度对制度的内涵进行了深入的研究，主要有以下几种观点：

第一，从政治角度把制度界定为一种规则的代表人物是马克斯·韦伯、罗尔斯等人。譬如，罗尔斯说："制度是一个社会的游戏规则，更规范地说，它们是为决定人们的相互关系而人为设定的一些契约。"② 马克斯·韦伯从法学角度给制度一个更简单的定义："制度应是任何一定圈子里的行为准则。"③

第二，从社会和心理角度，把制度作为一种习惯和一种精神状态的代表人物是凡勃伦（T. Veblen），他认为"制度实质上就是个人或社会对有关的某些关系或某些作用的一般思想习惯。"④ 在凡勃伦看来，人或者社会处在某种社会关系之中，在这种生活方式之下，会形成一种与生活方式

---

① 韩保江：《包容性增长提出哪些新要求?》，《人民日报·海外版》2011 年 1 月 4 日。

② ［美］道格拉斯·C. 诺斯：《制度，制度变迁与经济绩效》，上海三联书店 1994 年版，第 3 页。

③ ［德］马克斯·韦伯：《经济与社会》（上卷），商务印馆 1997 年版，第 345 页。

④ ［美］凡勃伦：《有闲阶级论——关于制度的经济研究》，商务印书馆 1997 年版，第 138、139 页。

相适应的心理状态，"一种流行的精神态度或一种流行的生活理论。"① 而美国著名政治学家亨廷顿则把制度界定为一种"模式"。②

第三，从经济角度把制度界定为"组织""契约"的代表人物是康芒斯（J. R. Commons）和诺斯。康芒斯认为，对交易进行约束、管控的集合构成一个单位，不同的单位在内部有序运行叫作"运行的机构"，这种组织我们称之为"制度"。③

第四，还有学者从"博弈论"的角度把制度界定为一个系统。日本学者青木昌彦认为："制度是关于博弈任何进行的共有信念的一个自我维系系统。"在青木昌彦看来，制度的本质是对博弈路径的一种表征，对表征的感知使所有参与人受到这种浓缩的表征的约束。④

从以上论述中，我们可以看出，无论是从政治的角度还是从经济的角度，对制度的界定都缺乏一种全面的视角阐释制度的内涵。把制度定义为一种规则或者是一种习惯，不能阐释制度的生成过程。其实制度的产生有很强的文化地域性，不同的文化背景产生不同的习俗和生活规则，这些制度外围的社会心理通过直接或间接的手段对制度的生成产生影响。从博弈论的角度阐述制度的生成过程，在一定程度揭示了制度的内在本质，但是这种解释又无法完美地阐释制度在一定文化背景下产生的文化差异性和制度产生的价值意义，从而导致对制度解释的僵化。制度到底是一种关系范畴还是一种实体范畴，这些不同的解释从不同角度给予了界定。

对制度内涵的界定和阐释是建立在一定的理论构架基础之上的，需要一定的理论思维和对制度本质的深刻认识和理解才能切中制度的内在意蕴。本书对制度的界定是从本书内在的逻辑结构对制度的内涵和外延进行的。本书认为，制度就是在一定的文化环境下，不同的单位和组织基于利益机制所产生的，并为人们所认同的、具有约束力的正式规则。这个界定具有三个层面的含义，一是制度在生活实践和一定文化背景下产生，这是从制度产生的渊源上揭示制度的本质的；二是制度的产生是建立在一种利

---

① ［美］凡勃伦：《有闲阶级论——关于制度的经济研究》，商务印书馆 1997 年版，第 138、139 页。

② ［美］塞缪尔·P. 亨廷顿：《变化社会中的政治秩序》，生活·读书·新知三联书店 1989 年版，第 12 页。

③ ［美］约翰·康芒斯：《制度经济学》，商务印书馆 1962 年版，第 86 页。

④ ［日］青木昌彦：《比较制度分析》，上海远东出版社 2001 年版，第 28 页。

益机制和价值共识的形成基础之上的，这是从价值的角度揭示制度的内在意义；三是制度既然是建立在一定共识基础之上形成的，制度就要有约束力，这个约束力需要一定的政治力量做后盾。

此外，我们还要依据制度规范行为的对象和制度在制度体系中的地位、作用对制度的体系进行分类。

第一是从制度的规范范围来看，我们把制度分为：政治制度、经济制度、文化制度、教育制度、法律制度，等等。因为制度来源于生活实践，人在实践交往中的关系是复杂多变的，有多少种交往关系就有多少种制度规范。

第二是从制度在制度体系中的地位和作用来分，又可以把制度分为宏观层面、中观层面和微观层面。我们把在体系中起基础性的作用，其他制度的产生是在这些制度的基础之上的制度称为宏观制度。因为这些制度对制度体系起基础性的作用，它决定其他制度体系的地位和效力。中观层面的制度主要是指那些建立在宏观层面的基础之上，具体规范某一局部或者某一领域的社会交往行为。主要包括具体的经济制度、文化教育制度、社会管理制度等。中观层面制度介于宏观和微观之间，它的效力要受到宏观层面制度的约束，对微观制度起决定和规范作用。微观层面的制度主要是指那些对局限于某一局部组织和单位的交往行为进行约束。这个层面的制度数量多，涉及的范围非常广泛。

本书在理论体系中所涉及的制度仅局限于中观层面和局部的微观层面。

第三节 研究的意义

一 理论意义

包容性增长的提出，其基本立足点在于探求中国经济社会协调发展的思路和战略，其意义也首先体现在推动中国特色社会主义事业发展的实践之中，对于中国特色社会主义理论内涵的丰富和发展具有重要意义。

1. 包容性增长理论是科学发展观内涵的丰富和深化。包容性增长理念的提出，不是某一个思想家一时冲动的思想迸发，而是针对亚洲国家、也包括其他发展中国家的经济社会发展存在的问题提出来的。这些国家在经济社会运行中存在问题的共性是收入分配和贫富差距过大，财富过度向某一群体集中,经济社会出现了不和谐、不可持续发展的问题。如何克服这些制约因素,促使经济保持强劲增长的势头,我们必须要为此开出药方,这个药方就是包容性增长理论。包容性增长倡导经济社会和谐发展,通过推动经济增长来增加就业,公平分配社会财富,使社会各个群体都能分享经济发展的成果。这些都是贯彻和落实科学发展观的具体体现,也是转变发展方式、实现经济又好又快发展的具体举措。

2. 包容性增长理论丰富和发展了"中国道路"的内涵。改革开放三十多年来,中国经济保持了高速发展的良好态势,即使在 2008 年发生世界性的金融危机的情况下,GDP 仍然以 8% 的速度增长,到 2010 年,中国的经济总量首次超过日本,成为世界第二大经济体。这说明改革开放以来,我们坚持走中国特色社会主义道路是完全正确的,在党的十八大报告中,进一步确认了我们走中国特色社会主义道路的信心,坚定中国特色社会主义道路自信、理论自信和制度自信。但是我们也不能忽视我们在发展过程中存在的问题,如邓小平所指出的:"过去我们讲先发展起来,现在看,发展起来以后的问题不比不发展时少。"① 发展起来的问题就是财富如何分配的问题。蛋糕做大之后如何分配好蛋糕,不是单靠市场就可以解决好的,我们要以科学发展观为指导,实现经济社会的包容性发展,以制度创新为着力点,调整收入分配关系,改变收入分配过度向资本倾斜的分配方式,实现公平与效率的统一。这些理念进一步丰富和发展了"中国道路"的内涵。

3. 提出包容性的价值导向及制度构建的基本价值诉求——"公平、正义"。本书认为,包容性增长的核心是公平分享经济发展的成果。改革开放以来,我们秉承发展是第一要义、让一部分人先富起来的指导思想,在公平与效率的关系问题上注重效率、兼顾公平。在当时商品短缺的背景下,这些指导思想是适合中国国情的。但是,经过改革开放 30 年来的经济发展,我们的人均 GDP 已经达到中等发达国家的发展水平,然而根据国家统计局公布的数字,我国基尼系数近十年一直超过 0.4 的财富分配公平的警戒线,一度达到 0.478。这说明我们的经济发展起来了,收入分配问题没有解决好。本书提出包容性增长制度创新就是要在这些方面进行探索。

---

① 《邓小平年谱》(下),中央文献出版社 2004 年版,第 1364 页。

二　现实意义

实现"包容性增长"对我国社会和经济发展有着双重意义。包容性增长制度创新着力解决我国收入分配不公、贫富差距过大的问题，这些问题表面上看是社会问题，其实在深层次上是发展的方式问题。我国经济发展中存在的内需动力不足、对外需依赖过大的问题，就与这样的问题有很大的关系。包容性增长理论的实践有利于消除分配制度上的不合理现象。理论上的创新带来制度上的创新，这预示着我国的经济社会发展将进一步提高其社会包容性，消除城乡差距、贫富差距，促使国民权利配置趋同，平等地享受到国民的正常福利，使社会的各个群体都能分享经济发展的成果。

第四节　国内外研究现状述评

一　国内学者对包容性增长和制度创新的研究

在概念界定一节里已经介绍了"包容性增长"和制度创新的研究现状，为了避免重复，本部分就上节没有展开阐述的部分继续论述。"包容性增长"这一概念是亚洲开发银行提出来的。对"包容性增长"理念作集中阐述的是《以共享式增长促进社会和谐》一书。该书由林毅夫、庄巨忠、汤敏、林暾编著，文中认为："我们可以把共享式增长界定为机会平等的增长。也就是说，共享式增长既强调通过经济增长创造就业与其他发展机会，又强调发展机会的平等。"[①] 胡锦涛总书记在第五届亚太经合组织人力资源开发部长级会议上指出，"中国是包容性增长的积极倡导者，更是包容性增长的积极实践者。中国强调推动科学发展、促进社会和谐，本身就具有包容性增长的涵义。"[②] 胡锦涛的讲话指明了"包容性增长"在中国的含义。汤敏从经济增长与机会公平关系的角度界定了"包容性增长"，他指出："没有经济增长就没有机会，如果没有机会，机会

[①] 林毅夫、庄臣忠、汤敏、林暾：《以共享式增长促进社会和谐》，中国计划出版社 2008 年版，第 34 页。

[②] 胡锦涛：《深化交流合作　实现包容性增长——在第五届亚太经合组织人力资源开发部长级会议上的致辞》，《人民日报》2010 年 9 月 17 日。

平等也就成为空中楼阁；而如果机会不平等，社会缺乏共享性，经济就不可能保持高速而持续的增长。"① 有些学者强调包容性增长的核心要义就是公平地分享经济增长的成果。王红茹认为："'包容性增长'最核心的含义就是经济增长让低收入人群受益。"② 王亚光从中国面临的现实问题角度界定"包容性增长"的内涵："包容性增长最基本的含义即公平合理地分享经济增长，这是中国应对经济社会发展过程中新的矛盾和挑战所需要的新理念，也是对中国未来发展明确的方向性描述。"③

我国学者对制度创新的研究暂且不多。辛鸣认为，"制度创新是制度主体以新的观念为指导，通过制定新的行为规范，调整主体间的权利平等关系，为实现的价值目标和理想目标而自主地进行的创造性的活动。"我国另一位学者陈琦从制度学派的角度给制度创新做如下界定："所谓制度创新，就是将制度规则重新组合以形成新的制度安排，从而获得具有更高效率的制度结构。"④

把包容性增长和制度放在一起研究的论文还很少，有几篇论文探讨了包容性增长和制度的关系，但是并没有对制度创新展开论述。

二　国外学者对包容性增长和制度创新的研究

1. 对包容性增长的研究

2007 年，亚洲开发银行在一份名为《新亚洲、新亚洲开发银行》的研究报告里指出，包容性增长（inclusive growth）关注快速创造经济机会并且使它惠及包括弱势群体在内的广大群众。⑤ 这个概念引起了各国学者的关注。

Rauniyar 和 Kanbur 整合亚行的研究成果，将包容性增长定义为不平

① 林毅夫、庄臣忠、汤敏、林暾：《以共享式增长促进社会和谐》，中国计划出版社 2008 年版，第 37 页。

② 王红茹：《深度解读：胡锦涛倡导的"包容性增长"概念》，《中国经济周刊》2010 年 9 月 28 日。

③ 王亚光：《"包容性增长"或成中国未来发展战略》，《新华每日电讯》2010 年 10 月 13 日。

④ 陈琦：《制度创新与制度变迁的理论辨析》，《理论探索》2004 年第 10 期。

⑤ Asian Development Bank（2006），*Special Chapter on Measuring Policy Effectiveness in Health and Education*，In KeyIn-dicators 2006.

等减少的增长。[1] 有些学者从发展为了什么的角度界定包容性增长。Ali和Son（2007）认为，"包容性增长"是一种在社会机会上的益贫式增长。[2] 强调社会福利保障对经济增长的意义，对包容性增长概念内涵是一个极有价值的扩展。

Fernando（2008）认为，增加穷人的受雇用机会以及提高他们的生活质量是实现农村包容性增长的一种方式。[3] 值得关注的是艾弗兹·阿里和庄臣忠（2007）从制度建设的角度提出政府要解决制度缺失，维护法律秩序。实现经济的包容性增长需要制度做保证，包容性增长本身就是制度创新的过程。实现包容性增长要打破现有的利益格局，没有制度做保障，就无法采取约束措施提高弱势者的地位，分享经济发展的成果。

也有学者提出要实现包容性增长，政府要提供社会安全网络，建立健全的社会保障体系。艾弗兹·阿里和阿玛蒂亚·森（2007）指出，社会包容性需要对三个领域进行干预：教育、健康以及其他社会服务。[4] 艾弗兹·阿里（2007a）指出，提供有效的社会保障措施防止弱势群体被极度剥夺。[5]

上述学者对包容性增长的研究覆盖了经济社会的各个方面，从此我们也可以看出，包容性增长这个概念有非常丰富的内涵。

2. 对制度创新的研究

诺斯在《经济史上的结构与变革》一文中指出，如果人类没有持续地进行制度创新和制度变迁的冲动，并通过一系列制度构建把技术改进的成果巩固下来，那么，人类社会长期经济增长和社会发展是不可设想的。诺斯在这里的强调的是，制度创新在创新体系中具于基础地位。

---

[1]　Rauniyar, G. & K. Ravi (2010), *Inclusive development: Two papers on conceptualization, application, and the ADB perspective*, Independent Evaluation Department, ADB.

[2]　Ali, I. (2007b), *Pro-poor to inclusive growth: Asian prescriptions*, ERD Policy Brief Series No. 48. ADB, Manila.

[3]　Fernando, N. (2008), *Rural development outcomesand drivers*, EARD Special Studies. ADB, Manila.

[4]　Ali, I. & H. H. Son (2007), "*Measuring inclusive growth*", Asian Development Review24 (1): 11 – 31.

[5]　Ali, I. (2007a), "*Inequality and the imperative for inclusive growth in Asia*", Asian Development Review24 (2): 1 – 12. Tandon & Zhuang (2007)

奥地利学者熊彼特首次将"创新"引入经济学理论中,"创新"概念的引入开创了从经济学角度研究创新的先河,也为创新经济理论奠定了基础。他指出,"创新是把一种从来没有过的关于生产要素和生产条件的'新组合'引入生产体系。"戴维斯和诺斯继承了熊彼特的创新理论,并把这个理论引入到制度发展与变革的分析之中,诺斯认为,制度创新就是制度变迁、制度发展的同义语,用以表达"制度创立、变更及随着时间变化"[①]的动态过程。拉坦从制度的产生环境和组织的角度界定制度创新,他指出:"制度创新或制度发展一词被用于指:(1)一种特定组织的行为变化;(2)这一组织与环境之间的相互关系的变化;(3)在一种组织的环境中支配行为与相互关系的规则的变化。"[②]

第五节　研究思路及方法

一　研究思路

本书立足马克思主义的公平理论、制度经济学的制度变迁理论、政治哲学的社会正义理论等核心理念和分析范式,围绕包容性增长的核心价值——社会公平以及经济增长中累积的社会问题这一中心主题,综合借鉴和运用包括社会学、政治哲学、制度经济学等在内的多学科研究成果,直面中国改革开放以来各种非包容性问题,参考借鉴相关国家在解决包容性增长问题方面的理论与实践,有效地解决当代中国收入和贫富差距过大、社会公平问题突出等问题。本书系统、集中地研究了包容性增长的现实诉求,深入分析了包容性增长制度层面的问题,在此基础上提出了包容性增长制度创新的路径。

二　研究方法

1. 文献研究与实践研究相结合。通过对增长、发展、公平正义、分

---

① [美]道格拉斯·诺斯:《经济史中的结构与变迁》,陈郁等译,上海三联书店1994年版,第225页。

② [美]V.W.拉坦:《诱致性制度变迁理论》,见科斯等《财产权利与制度变迁——产权学派与新制度经济学文集》,上海三联书店、上海人民出版社1994年版,第329页。

配正义、制度等相关文献的收集、鉴别与整理，形成包容性增长理论的分析框架，并深入探讨包容性增长理论的价值内核，在实践层面提出具体的制度创新。

2. 定性研究与定量研究相结合。本书对包容性增长采用定性的研究方法。对发达国家与发展中国家实现社会公正的福利制度进行了定量分析，论文采用定量分析与定性分析相结合的方法，重点分析了我国收入分配制度、社会保障制度、教育制度、地区与城乡均衡发展制度。

3. 规范研究与实证研究相结合。规范分析主要研究"应当是什么"，实证分析主要研究"事实是什么"。本书对包容性增长是什么、为什么包容、包容什么、怎么包容的内在逻辑展开，分析了包容性增长在制度层面以及在实践层面出现的问题。

4. 多学科综合研究和国内外比较研究相结合。本书在多学科的视野下，以马克思主义发展理论为基础，借鉴和运用了制度经济学、福利经济学、政治哲学等基础理论，研究分析包容性增长制度创新这一中心议题。

第六节　研究内容、观点、创新及不足

一　研究内容

本书从国民幸福视角来研究制度的理性与福利的公正。全书由以下几部分构成：

第一章导论。导论部分介绍了研究问题与对象、国内外研究综述等。

第二章阐述了包容性增长制度创新的理论分析。这一部分提出了包容性增长制度创新的基本原则，分析了制度及制度创新理论。在此基础上，对制度及制度创新的定义进行了历史考察。还深入分析了包容性增长理论的政策目标和政策措施。

第三章阐述了我国包容性增长制度创新的历史过程。考察了我国改革开放前和改革开放后在包容性增长方面所做的制度创新，对这些问题的探索有利于我们认清我国目前存在的现实问题的本质，为我们采取对策奠定了理论基础。

第四章阐述了包容性增长的价值导向——公平正义。本部分对公平正义思想进行了历史考察，并利用马克思的社会公平理论对现代社会公平思

想进行评析。并提出了当代中国的社会正义的基本原则。

第五章阐述了西方发达国家在包容性增长制度创新方面所走过的路程，从理论和实践两个方面分别做了理论概括。在此基础之上，提出了我们在包容性增长制度创新方面要借鉴的主要内容。

第六章阐述了包容性增长的制度安排及实现路径。包容性的制度是实现包容性增长的根本保证。本书从收入分配、福利政策、教育、地区和城乡统筹发展几个方面论证了包容性增长的制度安排。

二　基本观点

1. 包容性增长是实现共同富裕、构建和谐社会的内在要求，是科学发展观的确证。

2. 包容性增长理论的提出适应时代的要求，是针对当前国际、国内出现的新情况、新问题而提出的。

3. 包容性的制度创新是解决改革开放三十多年来积累的问题的制度保证，有利于多元主体利益均衡，有利于经济与社会协调发展。

4. 中国应实行具有中国特色的普惠型社会福利模式，改变传统的补缺型社会福利模式。

5. 包容性增长的价值内核是实现社会的公平、公正。

三　可能创新之处

1. 研究方法的可能创新

第一，使用了"问题式研究法"，将包容性增长的现实诉求作为解决非包容性问题的逻辑起点，然后通过包容性价值逻辑展开，得出通过实现包容性的制度安排，解决非包容性问题。

第二，多学科综合研究法。本书将马克思主义基本原理与政治哲学、社会学、制度经济学、福利经济学的有关原理相结合，将这些学科研究视角凝聚起来，对包容性增长理论进行系统的探讨，力求构建一个包容性增长理论的分析框架。

2. 研究内容的可能创新

第一，提出了包容性增长制度创新的实现路径，并建立了制度创新的分析框架。

第二，包容性增长就是要不断消除人民参与经济发展、分享发展成果方面的障碍，让每一个社会成员公平地享受公共服务，做到权利公平、机会均等、规则透明、分配合理，最终实现经济社会的和谐发展。

第三，认为包容性增长制度安排必须以先进的价值理念做支撑，充分重视弱势群体参与社会决策的"话语权"和共享改革发展成果的"社会权"，政府要扮演好利益均衡者的宏观调控角色。

四 研究不足

1. 缺乏宏观视野和微观视角相结合的研究，中外比较、历史比较、不同制度比较都很缺乏。

2. 基于制度分析的包容性增长，包容性增长对世界和中国的意义，中国实现包容性增长的路径选择，国外包容性增长的经验教训借鉴启示，历史上包容性增长的经典案例等，都有待深化研究。

3. 对非包容性制度因素的分析仅限于对直接影响民生问题的收入分配、教育、医疗卫生、就业以及社会保障等制度的研究，没有更多关注行业制度、金融制度、政治制度等制度的改革与创新问题，希望通过深入研究得到提高。

第二章

包容性增长制度创新理论分析

包容性增长实际上也是制度创新的过程。改革开放三十多年来，我国的综合国力、居民的生活水平都有了前所未有的显著提高。中国特色社会主义道路在改革的旗帜下越走越宽阔。在没有改革开放就没有社会主义的今天，追寻我们走过的路，就会发现，改革开放、经济增长的过程也是制度创新的过程。现在中国的改革也到了关键时期，"摸着石头过河"的尝试性改革已经过时，我们需要的是实现包容性增长的制度创新，实现经济社会的协调发展。

第一节　包容性增长的理论阐释

在导论部分对包容性增长的概念做了界定，本节从理论上阐述包容性增长的内涵与意义。对包容性增长的研究成为学界研究的热点，人们从不同的角度探索包容性增长的内涵。虽然对包容性增长的解释不尽一致，但是对包容性增长的内涵有一个基本的共识，就是机会均等、共享发展成果。

一　包容性增长的内涵

我国对包容性增长的理解与亚洲银行、世界银行的理解并不一致，特别是从胡锦涛的讲话里就可以明显看出，我们对包容性增长的理解偏向于"四个公平"，即在经济增长基础上的"权利公平、机会公平、规则公平、分配公平"。①

---

① 胡锦涛：《深化交流合作　实现包容性增长——在第五届亚太经合组织人力资源开发部长级会议上的致辞》，《人民日报》2010 年 9 月 17 日。

我们首先来看看亚洲开发银行是怎么界定包容性增长的。亚洲开发银行的官方解释是：倡导机会平等的增长，即贫困人口应享有平等的社会经济和政治权利，参与经济增长并做出贡献，并在分享增长成果时不会面临权利缺失、体制障碍和社会歧视。[①] 我们从亚洲银行的界定中可以看出，亚洲银行是从弱势群体着手，从权利着眼通过建立一种社会公平机制，赋予这一群体应该享受经济利益和发展的权利。显然，这一思想是汲取了1998 年诺贝尔经济学奖得主阿玛蒂亚·森的"权利贫困"理论的主要观点。森认为："贫困是指人类基本能力和权利的剥夺，而不仅仅是收入低下。"[②] 森同时认为可行性能力对于消除贫困有特别重要的作用。"更好的教育和医疗保健不仅能直接改善生活质量，同时也能提高获取收入并摆脱收入贫困的能力。"[③] 因此，权利的获得，可以有效消除贫困。亚洲开发银行对于包容性增长的界定，突出说明了参与经济增长并分享经济发展成果时获取权利、避免受到不公正待遇和歧视的重要性。

世界银行随后在《2006 世界发展报告：公平与发展》的报告中也阐释了包容性增长的涵义。该报告认为，最好的减贫政策需要建立包容性的制度，提供广泛的机会，而不是将增长政策和公平政策割裂开来。[④] 在2008 年《增长报告：可持续增长和包容性发展的战略》报告中，明确提出要实现可持续和包容性发展。该报告认为："为了使经济增长战略获得成功，就必须致力于实现机会均等，让人人都拥有享受经济增长成果的公平机会"。[⑤] 世界银行对包容性增长界定偏重于增长政策的公平性和可持续性，强调人人享有经济发展成果的公平机会。

亚洲开发银行前首席经济学家艾弗兹·阿里（Ifzal Ali）在《不平等

①　Kanbur Rauniyar. Conceptualizing Inclusive Development: With Applications to Rural Infrastructureand Development Assistance ［Z］. ADB Occasional Paper, 2009.

②　［印］阿玛蒂亚·森：《贫困与饥饿》，王宇、王文玉译，商务印书馆 2001 年版，第 73 页。

③　［印］阿玛蒂亚·森：《以自由看待发展》，于真译，中国人民大学出版社 2002 年版，第 88 页。

④　世界银行：《2006 年世界发展报告：公平与发展》，清华大学出版社 2006 年版，第 18 页。

⑤　世界银行：《增长报告：可持续性增长和包容性发展的战略》，中国金融出版社 2008 年版，第 5 页。

和亚洲包容性增长的必要性》一文中，阐述了他对包容性增长的见解，他认为："包容性增长需要解决在创造机会中存在的经济、社会和政治方面的限制，同时保证人人都能享有均等地获得机会的权利。"① 他同时认为："获得机会的公平将提高增长的潜在动力，而获得机会的不公平将减弱增长的潜在动力，并使增长不可持续，因为它会导致人类和物质资源的低效利用，降低社会制度和公共政策的质量，涣散社会凝聚力，并加剧社会对抗。"② 在艾弗兹·阿里看来，不公平的经济增长是不可持续的，因为这种增长不但损害公共政策的质量，还会损害国家的凝聚力和社会稳定性。因此他把"包容性增长"建立在三大支柱之上，"创造机会是包容性增长战略的首要支柱。……保证获得经济机会的公平是包容性增长战略的第二个支柱。……社会保护是包容性增长战略的第三个支柱。"③

　　我国学者对包容性增长的探索热情很高，近三年发表有关包容性增长的论文近千篇，有许多学者从中国经济社会发展的背景出发，探索"包容性增长"的中国含义，庄臣忠在《以共享式增长促进社会和谐》一书中阐述了包容性增长的内涵，他说："我们可以把共享式增长（包容性增长）界定为机会平等的增长。也就是说，共享式增长既强调通过经济增长创造就业机会，又强调发展机会的平等。"④

二　对包容性增长中国含义的阐释

　　胡锦涛主席在两次国际会议上发表的讲话，集中阐释了"包容性增长"的中国含义，他在题为《合力应对挑战　推动持续发展》的讲话中首次倡导"包容性增长"，指出"实现包容性增长，既有利于解决经济发展过程中出现的社会问题，也有利于为推进贸易和投资自由化、实现经济长远发展奠定坚实社会基础。"⑤ 在另一篇题为《深化交流合作　实现包

---

　　① ［印度］艾弗兹·阿里：《不平等和亚洲包容性增长的必要性》，《经济社会体制比较》（双月刊）2011 年第 2 期。

　　② 同上。

　　③ 同上。

　　④ 林毅夫、庄臣忠、汤敏、林暾：《以共享式增长促进社会和谐》，中国计划出版社 2008 年版，第 34 页。

　　⑤ 胡锦涛：《合力应对挑战　推动持续发展——在亚太经合组织第十七次领导人非正式会议上的讲话》，人民网（http://politics.people.com.cn/GB/1024/10380731.html）

容性增长》的讲话中，再次强调"包容性增长"，指出"中国强调推动科学发展、促进社会和谐，本身就具有包容性增长的含义"①。要实现包括机会公平在内的"权利公平、机会公平、规则公平、分配公平"。胡锦涛的讲话对我们把握包容性增长的中国含义提供了指导。实现包容性增长有利于解决我们经济社会发展过程中的问题，要解决这些问题，仅仅只有机会平等还不够，还要有体现公平价值的规则和分配制度。本书认为，"包容性增长"的中国含义的提出，对指导我国经济社会发展有重要现实意义和理论意义。包容性增长是一个在新的时代条件下提出的有关经济社会发展的理论，它是对科学发展观的确证。包容性增长不仅仅是经济增长的理论，而且也是一个指导经济社会可持续发展的理论。它的第一层内涵是强调在经济增长基础上让社会各个群体享有经济发展的成果；第二层含义是在经济发展中减少社会排斥、建立公平的收入分配制度。

就中国包容性增长制度层面上来说，一方面，包容性增长需要保持经济的高速与持续的增长；另一方面，包容性增长要求通过减少与消除分配不公平来促进社会的公平与增长的共享性，这两个方面是相辅相成的；没有经济增长就没有机会，如果没有机会，机会平等也就成为空中楼阁；而如果机会不平等、社会不公，增长缺乏共享性，经济就不可能保持高速而持续地增长。具体而言，为了促进包容性增长，政府需要在以下三个方面进行努力：其一，加强政策与制度的公平性，消除社会不公，完善市场机制，创造平等竞争的条件；其二，增加对基础教育、基本医疗卫生以及其他基本社会服务的投入，来提高民众特别是弱势群体的基本素质和能力；其三，建立社会保障机制以防止和消除极端贫困。

三　包容性增长的理论维度

包容性增长理念的提出不是理论的逻辑演绎，而是针对当下经济社会发展不和谐、不科学、不可持续的突出矛盾提出来的。这一理念的提出，反映了人们对经济发展方式和贫困问题认识的深化。从包容性增长提出的进程来看，我们经历对贫困弱势群体的收入贫困、能力贫困到权利贫困的

---

①　胡锦涛：《深化交流合作　实现包容性增长——在第五届亚太经合组织人力资源开发部长级会议上的致辞》，《人民日报》2010年9月17日。

认识过程；同时，我们对经济增长的认识也经历了从单纯的"经济增长"到"广泛基础的增长"，然后到"对穷人友善的增长"，最后到"包容性增长"的认识过程。"包容性增长"是对以往发展模式的超越，是对科学发展观的确证，它以发展为前提，以机会公平为核心要义，以共享经济发展成果为最终目标，以实现社会公平正义为最终价值导向。[①] 包容性增长理论对于破解我国当下面临的经济社会发展难题具有非常重要的指导意义。

1. 包容性增长着眼于我国经济社会可持续发展为基石

包容性增长核心在于"包容"和"增长"两个方面，在这里，增长是在广泛享有经济发展成果基础上的增长，没有广泛地享有发展成果，这种增长就是不可持续的增长，就是没有基础的增长。包容性增长的理念的提出，就是要解决增长过程中的难题，倡导公平合理地分享经济发展的成果，缩小我国不断扩大的收入分配和贫富差距，让社会各个阶层都能从经济增长的成果中获得利益。

2. 包容性增长强调收入分配的公平性

公平正义是实现社会和谐的价值追求。美国政治哲学家罗尔斯指出："所有社会价值（包括自由和平等、收入和财富以及个人和尊严的各项基础）都应该平均分配，除非这些价值中的一项或全部的不平均分配能使所有人受益。"[②] 改革收入分配制度首先要安排好政府、企业与劳动者的收入比例，提高劳动者在初次收入分配中的比重，真正落实"按劳分配"的社会主义分配原则。胡锦涛在强调包容性增长时提出必须要坚持社会公平正义，建立"以权利公平、机会公平、规则公平、分配公平为主要内容的社会公平保障体系，不断消除人民参与经济发展、分享经济发展成果方面的障碍。"[③] 在当下的中国，当务之急是消除经济社会和谐发展的制度性障碍，实施制度创新，以避免陷入"中等收入陷阱"。

3. 包容性增长倡导机会公平

大多数研究者对包容性增长的内涵有比较一致的认同，就是"包容

---

① 葛笑如、孙亚忠：《"包容性增长"的正义镜像与中国实践》，《社会主义研究》2011年第1期。

② Alfredo Saad-Filbo, *Growth, Poverty and Inequality: From Washington Consensus to Inclusive Growth*, UNDESA Working Paper No. 100, and Nov. 2010.

③ 胡锦涛：《深化交流合作　实现包容性增长——在第五届亚太经合组织人力资源开发部长级会议上的致辞》，《人民日报》2010年9月17日。

性增长就是机会均等的增长"。这一界定包含着经济发展带来的机会不能因个人背景不同而有制度上的歧视。个人背景是指个人出生、社会关系、个人能力、社会资源等，社会不能对这些个人背景不同的公民采取歧视性政策。包容性增长致力于采取必要措施消除机会不公平带来的结果不公平，个人"应享有与他人一致的社会经济和政治权利，在参与经济增长、为增长做出贡献、并在合理分享增长的成果方面不会面临能力的缺失、体制的障碍以及社会的歧视"。[①]

第二节　制度及制度创新的内涵

　　导论部分对制度与制度创新的内涵做了简单的阐述，本节打算做进一步的分析与论述。中国经济社会的发展在过去的 30 年中取得了举世瞩目的成就，由计划经济转向市场经济，实行对外开放的国策，这一系列制度的创新为中国的腾飞铸就了钢铁般的翅膀。中国未来的发展还要继续完善这些制度。新制度经济学家诺斯认为，如果人类没有持续地进行制度创新和制度变迁的冲动并通过一系列制度构建把技术改进的成果巩固下来，那么，人类社会长期经济增长和社会发展是不可设想的。[②] 在创新体系中，管理、技术、组织创新，都离不开制度创新，因为制度创新居于基础地位。制度需要发展，制度的发展表现为制度创新。同样，我们的经济要实现包容性增长，让社会各个群体都能从经济发展中受益，就必须有相应的制度作保障。我国学者彭志勇指出：制度作为主体社会属性的物化形式，本身也有一个发展问题。制度发展表现在自身从产生到完善的过程，表现在通过制度创新而由一种形态向另一种形态的变迁当中。制度创新是一个动态过程，这个过程既可能是一种制度系统在自身现有成果基础上的持续发展，也可能是在一种制度衰落的同时另一种制度的继起。[③] 实现经济的包容性增长不是一个口号，需要我们做出实实在在的努力，完善影响包容

---

　　① 蔡荣鑫：《"包容性增长"理念的形成及其政策内涵》，《经济学家》2009 年第 1 期。

　　② 林荣日：《制度变迁中的权利博弈——以转型期中国高等教育制度为研究重点》，复旦大学出版社 2007 年版，第 38 页。

　　③ 彭志勇：《人性发展与制度创新》，博士学位论文，中共中央党校，2003 年，第 73 页。

性增长的那些制度，避免陷入"中等收入陷阱"，实现经济社会的稳定可持续发展。

一　制度的定义

（一）　制度的含义

马克思主义发展理论中的制度是指：把制度置放于人类社会生成、运行、变迁的大环境中来考察，是把制度置放于人的存在与发展方式中来考察。经典作家对制度的研究建立在历史唯物主义基础之上，在《德意志意识形态》中首次对制度的内涵做了精辟而深刻的阐述，他说"制度只不过是个人之间迄今所存在的交往的产物"。[①] 在这里，马克思把制度作为交往的产物，深刻揭示了制度作为社会性关系范畴的本质，抓住了制度的核心特征。旧的"交往形式"会成为生产力发展的桎梏，会被新的交往形式所取代。在这里，马克思所用的"交往形式"就是"生产关系"这个范畴。马克思指出，"为了进行生产，人们相互之间便发生一定联系和关系；只有在这些社会联系和社会关系范围内，才会有他们对自然界的影响，才会有生产"。[②] 在这里，马克思的社会联系和社会关系所蕴涵的规范性的内容表现出来就是制度的形态。

马克斯·韦伯认为："制度应是任何一定圈子里的行为准则"。[③] 他进一步说："一种制度应该称为：a）惯例，如果在偏离它时，在可以标明的一定范围内的人当中，会遇到某种（比较）普遍和实际上可以感受到的指责，在外在方面，它的适用有这种机会保证的话；b）法律，如果在外资方面，它的适用能通过（有形的和心理的）强制机会保证的话，即通过一个专门为此设立的人的班子采取行动强制遵守，或者在违反时加以惩罚，实现这种强制。"[④] 约翰·罗尔斯是从政治学的角度来界定制度的，在《正义论》中，约翰·罗尔斯提到"我要把制度理解为一种公开

---

① 《马克思恩格斯全集》第 3 卷，人民出版社 1960 年版，第 79 页。

② 《马克思恩格斯选集》第 1 卷，人民出版社 1995 年版，第 344 页。

③ ［德］马克斯·韦伯：《经济与社会》（上卷），商务印书馆 1997 年版，第 345 页。

④ 同上书，第 64 页。

的规范体系"①。罗尔斯的界定较制度经济学者更强调从宏观层面理解制度。诺斯更是明确地指出："制度是一系列被制定出来的规则、守法程序和行为的道德伦理规范，它旨在约束追求主体福利或效用最大化利益的个人行为。"②

我国学者郑杭生也持有类似的观点："社会制度指的是在特定的社会活动领域中围绕着一定目标形成的具有普遍意义的、比较稳定和正式的社会规范体系。"③从以上我们对制度的界定的梳理来看，学者从政治学、经济学、社会学的角度分别对制度的内涵做了不同的阐释，这些阐释从不同的角度去把握制度的本质。我们认为，制度至少有三层含义：首先，制度是一系列的权利和义务的集合。这是从法学的角度来界定制度的行为约束和活动空间的双重作用。它通过一套规范来赋予行为人权利，但同时又约束行为人只能在权利的范围内行事。通过权利与义务（责任）的平衡来规制人们的行为在一定空间内的自由。其次，制度是一种行为规则。规则是一套体系，它明确告诉人们制度不仅告诉人们不能、禁止和如何做什么，同时也告诉人们能、可以选择做什么，这两种作用是同等重要的。最后，从广义而言，制度还包括非正式的、不成文的行为规范。这些规范虽然没有正式的制度那样有严格的约束力，但是这些规范在人们的日常生活中经常性地、自动地成为人们自觉遵守的规范。

（二）概念辨析

为了厘清"制度"的定义，我们还要区分一些概念之间的区别。

第一是要区分一般意义上的制度和具体的制度。一般意义上的制度在需求的原因方面比较抽象，而具体的制度在需求方面的原因则是千差万别的，随制度的内容不同而不同。

第二是要区分宏观制度、中观制度和微观制度。我们根据制度在制度体系所处的地位不同，把制度分为宏观层面的制度、中观层面的制度和微观层面的制度。其中宏观层面的制度在制度体系中处于基础性的地位，是

---

① ［美］约翰·罗尔斯：《正义论》，何怀宏译，中国社会科学出版社1988年版，第50页。

② ［美］道格拉斯·诺斯：《经济史中的结构与变迁》，陈郁等译，上海人民出版社1994年版，第225—226页。

③ 郑杭生：《社会学概论新论》，中国人民大学出版社1987年版，第253页。

制度的核心和基础，它决定其他制度的性质和效力。宏观层面的制度如果发生变化，那么中观和微观层面的制度就会相应发生变化，其约束力和效力就会大打折扣。它包括国家的基本政治制度和基本经济制度，这个层面的制度有超强的稳定性，没有外界武力或者军事颠覆，这个层面的制度是不会轻易发生变化的。中观层面的制度主要是指建立在基本制度基础之上的比较具体的制度，包括政治、经济、文化、教育、卫生等。中观层面的制度在一个制度体系中起到骨架的作用，没有这个层面的制度，国家的正常功能就无法发挥。因此它起到完善、维修和弥补一个制度体系的作用，它的影响会渗透到社会的各个层面。微观层面的制度主要是在一定的空间和时间的界限内规范具体行为的规范性制度，如公司制度、交通制度甚至一个合约等。微观层面的制度其效力局限在一定的范围内，虽然其稳定性不如宏观和中观，但其灵活性是其他层面的制度无法比拟的。

宏观层面的制度是社会制度的基础，中观和微观层面的制度属于非基本制度。制度创新一般都在中观和微观层面进行。本书研究的制度创新主要是指中观层面的制度创新。

第三是要区分制度和政策。在某些情况下我们很难将政策与制度相区分。有时我们将政策视为一种行为规则，如计划生育政策、粮食政策，等等；有时我们也会将政策视为一个我们将要实现的目标，如工业化政策、信息化政策，等等。按照制度的界定，政策只有在规则的意义上才可以成为制度，而目标意义上的政策不是制度。政策具有很强的目的性和不稳定性。一旦政策的目标达到，政策的效力就会消失。

二　制度创新的概念与界定

首次将"创新"（Innovation）引入经济学领域，并且成为经济学中一个重要概念的，是美籍奥地利经济学家约瑟夫·阿罗斯·熊彼特（Josepha Schumpeter）。他在代表作《经济发展理论》中，提出了以创新为核心的经济发展理论，创立了创新经济学。在熊彼特的创新理论中，"创新"的概念具有全新的内涵，它指建立一种新的生产函数，把一种从来没有过的关于生产要素和生产条件的"新组合"引入生产体系。在熊彼特看来，作为资本主义"灵魂"的"企业家"的职能就是实现"创新"，引进"新组合"；所谓"经济发展"就是指整个资本主义社会不断地实现这种"新组合"，或者说资本主义的经济发展就是这种不断创新的结果；

而这种"新组合"的目的是获得潜在的利润，即最大限度地获取超额利润。

制度创新原本是制度经济学中的一个概念，其含义是指：在竞争的环境中，创造出新的经济行为或"游戏规则"，以减少交易费用、提高经济效益。在制度学派的文献里，制度创新通常被视为制度变迁、制度发展的同义语，用以表达".制度创立、变更及随着时间变化"①的动态过程。拉坦在其著作《诱致性制度变迁理论》一文中，把制度创新理解为组织与社会环境关系的变化。② 按照唯物史观的观点，随着人类的实践活动的不断推进，社会生活、人的活动方式和交往结构会发生某种变化，当这种变化达到一个临界点时，其全部活动方式和交往关系体系都要发生或多或少的变化，生活在这个关系体系当中的现实个体也都将面临全新的生活世界。因此，本书认为，制度创新就是对社会规范体系的选择、创造、新建和优化的统称，其主要内容既包括社会制度的调整、完善、改革和更替这种根本制度的变革，也包括在基本制度不变的前提下具体运行的体制模式的转换。

包容性增长涉及政府体制、社会领域、市场规则等在内的全方位、多领域、诸方面的问题，与以前的经济增长方式相比较，它在制度提供上覆盖面更宽，制度安排上目标追求更高，制度设计上更为复杂，这些都有赖于构建新的体制机制和制度，形成更高更有效的制度安排。因此，要按照整体创新与重点突破的原则，"着力构建充满活力、富有效率、更加开放、有利于科学发展的体制机制形成，有利于加快经济发展方式转变的制度安排"，以充分发挥制度的最大效用，不断在经济发展方式转变上取得实质性进展。

制度创新与制度变迁、制度设计、制度演绎和制度革命在使用时容易混淆，它们是既有原则区别又内在联系的概念。制度变迁一般是指制度规范的结构与功能的形成和变化过程，表征社会规范的客观运动及其事实

---

① ［美］道格拉斯·诺斯：《经济史中的结构与变迁》，陈郁等译，上海三联书店1994年版，第225页。

② ［美］V. W. 拉坦：《诱致性制度变迁理论》，载科斯等《财产权利与制度变迁——产权学派与新制度经济学文集》，上海三联书店、上海人民出版社1994年版，第329页。

陈述。诺斯研究的主题是制度变迁，尤其是国家兴衰这样的"重大问题"
（big question），他说："人类历史中的一个关键疑难问题是，如何解释历
史变迁路径差异甚大的原因，不同的社会是怎么分叉的？怎么解释它们的
绩效特征差异甚大的原因？"① 诺斯研究的这些问题显然不是单独一个学
科所能解释的。由于诺斯研究的是连续性的制度变迁，所以就时间跨度来
说，远非制度创新所能达到的。而我们所要研究的制度创新是专指一个国
家某一阶段正向的、进步的和有绩效的、有目的、还有一定价值取向的制
度变迁，它所表征的主要是社会规范的前进运动、择优劣汰和文明发展。
因此，从某种意义上说，制度创新与制度变迁的意义区别不大，可以在经
济学、政治学和社会学领域内通用，但涉及某项具体制度时，制度创新就
有其特有的内涵。也有学者认为，制度变迁是经济学、社会学概念，而制
度创新是哲学意义的概念。制度变迁是站在经济史的角度审视大国兴衰和
大国经济社会发展的规律，制度在大国兴衰中起到非常重要的作用。而制
度创新则是站在当代社会发展的前沿，通过有目的、有计划的制度变革和
创新来对制度某一方面、某一部分进行修改、完善和补充。

　　制度革命是指国体、整体的根本改变，是一个国家基本制度的根本性
变化，这种变化常常带有暴力性的颠覆。而制度创新的展开过程不具有上
述特点。制度创新的使用常常是在国家的基本制度不发生根本变化的情况
下使用的，是对这个国家的某些方面的制度的改革与完善。它的进程一般
是渐进式、程序式和经常化的。

　　正确地认识和把握制度创新同制度变迁、制度革命的基本关系，对于
我们顺利有效地推进我国制度创新的历程是十分重要的。目前在许多讨论
制度创新的论文和著作中，大多不对制度创新进行严格的概念确认和规
定，而将制度创新混同于制度变迁，或者把制度创新直接看成制度革命，
这种理论上的模糊与疏忽有可能造成实践上的失误与混乱。

三　制度创新具有必然性

　　马克思的生产力生产关系原理告诉我们，当制度不适应或基本不适应
经济基础时，就要求对制度进行变革，不管自愿与否，不管自觉与否，现

---

　　① ［美］道格拉斯·诺斯：《制度、制度变迁与经济绩效》，刘守英译，上海三
联书店 1994 年版，第 8 页。

存不适应经济基础的制度必须进行变革，除此之外别无他途。如果不进行制度创新，无论多么先进的制度，都会被时代的进步潮流所淘汰。所以说，一种制度要想"生存"下去，就必须进行制度的创新；换言之，制度创新具有必然性。历史上也不存在一种亘古不变的完美制度，即使是今天被认为是合理的制度，也肯定隐蔽着不合理的一面。随着时代的发展，这些不合理的因素会逐渐暴露出来，这就要求我们要不断地进行制度的创新与完善。一个充满活力的制度，必然是不断进行完善、创新的制度。制度创新，是制度存在与发展的前提。从这个意义上说，制度创新具有必然性。

创新是制度存在的基础。任何一种制度，都不可能是完美无缺的；先进的制度不会永远保持先进，要想保持制度的先进性，就必须坚持制度创新。如果不进行制度创新，无论多么先进的制度，都会被时代的进步潮流所淘汰。

我们认为，制度具有主观性与客观性、稳定性与发展性的根本特质。同时，制度也不是僵化不变的，而是随着人与社会的发展而不断发展完善的，这主要表现在制度的创新上。制度创新表现在自身从产生到完善的过程，表现在由一种形态向另一种形态的变迁当中。

四 制度创新的内在根据在于制度本身

制度不是从来就有的，是人制定出来的，制度一旦形成就会被赋予一定的意义。一方面，制度具有权力效力，在赋予人们一定权利和义务的同时，还具有对违背制度的行为进行惩处的强制力。制度的价值指向是社会共同体的共同利益，要求人们以整个社会的名义予以实施。另一方面，制度是一定历史阶段的产物，一旦形成就会产生惰性和惯性。固着在制度上的是一定的利益集团。制度的变化意味着某一伴随着制度产生而产生的利益集团的利益在某种程度受到损害，因此，制度创新意味着一定利益格局的打破。美国经济学家奥尔森指出，制度稳定的社会容易产生一些垄断性的集团和组织，从中又会分化出许多"分利集团"，它们试图维持现存的制度和秩序，竭力阻碍新技术的采用和资源的优化配置，阻止制度的变革和秩序的变迁，从而引起经济增长率的下降，最终导致社会僵化。[①] 韦伯

① 袁礼斌：《市场秩序论》，经济科学出版社 1999 年版，第 17—18 页。

也在其《经济与社会》中阐述了制度使个体"共同体化"的负面作用。他说，由于过度的组织化使自由的个体"共同体化"。这些使组织内部秩序出现僵化和封闭，造成了官僚主义的盛行和人的异化。[①] 因此，要克服制度的惯性和惰性，唯一的办法就是制度创新。制度创新生成的另一个根据是制度短缺。制度短缺是指，制度与变化着的经济社会万象相比永远滞后，永远无法囊括经济社会变化的客观现实。在制度经济学的话语里就是制度短缺。从历史唯物主义的角度来看，生产力是最活跃的因素，它会使社会分工细化，催生新的社会组织，原有的社会组织要与新的社会组织进行利益博弈。新的博弈规则的建立过程就是原有的法律制度僵化的开始，从而出现制度有效供应不足的问题，解决制度有效供给不足问题的关键是制度创新。

第三节　制度创新与经济增长关系的理论

推动经济增长的源泉和动力究竟在哪里，为什么有些国家采用了相同的制度而得不到经济增长的预期效果，反而导致社会的动乱，而有些国家在没有外部资金注入、技术引进的情况下，凭借制度的创新就使经济增长保持强劲的动力，这些都是经济学家苦苦追寻的戈尔迪之谜。从古典的亚当·斯密到现代的哈—多模型和索洛模型，再到罗默和卢卡斯的内生经济增长模型，以及制度变迁理论，都对经济增长的机制和源泉进行了探索。[②] 中国改革开放以来，在经济上取得巨大成就，这一切在很大程度上可归根于中国经济体制的变革，即从封闭状态走向开放的大变革和由计划经济到社会主义市场经济的大转变，正是基于如此的制度创新才有了如今的经济高速增长，才有了现在的全球第二大经济体的骄人事实。[③] 从中我们可以看出，有效率的制度安排和制度创新对经济增长的作用是一个不争的事实，至于如何量化制度并把制度引入经济增长则需要深入研究。

---

① ［德］马克斯·韦伯：《经济与社会》，林远荣译，商务印书馆1997年版，第242页。

② 胡晓珍：《制度作用于经济增长的途径及其量化研究》，《华中科技大学学报》2010年第5期。

③ 雷韵、谢里、罗能生：《制度变迁与经济增长：基于中国数据的经验研究》，《统计与决策》2012年第16期。

一　制度创新对经济增长作用的古典学说

在早期的或古典的宏观经济学阶段，亚当·斯密和大卫·李嘉图创立和力图完善古典政治经济学的时候，就在比较广泛的领域内探讨了国民财富的增长问题。斯密认为，决定一国人均国民收入水平有两个基本因素：一是该国劳动力水平的高低；二是社会实际雇用的生产性就业人数。在斯密看来，要想实现经济增长，就必须增加劳动者数量和提高劳动生产率。增加劳动者数量受到一国人口数量的限制，提高劳动生产率则是实现经济增长最有效的手段。斯密认为，通过建立有利于实现高效劳动率资源配置机制，就可以实现经济高效率的增长。如何让市场实现最有效的资源配置，斯密给出的答案是，建立一套有助于自由竞争的市场机制。亚当·斯密指出："各个人都不断地努力为他自己所能支配的资本找到最有利的用途。固然，他所考虑的不是社会的利益，而是他自身的利益，但他对自身利益的研究自然会或者必然会引导他选定最有利于社会的用途。"① 在这里我们可以看出，斯密的经济人出于自身利益的考虑，都会为他自己支配的资本找到一个可以实现其利益最大化的用途，所以，要想让潜在的经济增长释放出来，就要建立一套自由竞争的制度，这个制度"受着一只看不见的手的指导"，②"社会的资本自会迅速地增加。"③

斯密主张取消限制劳动力自由流动的户籍制度。18世纪的欧洲大陆和英国还实行着限制劳动者自由的行会制度，这些制度把劳动者固着在一个地方，"妨碍劳动者的自由活动，甚至使劳动在同一职业不能由一地方转到其他地方。"④ 在斯密看来，封建的生产方式限制劳动者的自由流动就是限制资本的自由流动，他指出："什么妨碍劳动者的自由流动，也同样妨碍资本的自由流动。"⑤ 因此，为了资源的最佳配置，限制劳动者自由流动的制度必须废除。

斯密还特别批判了经济运行中的垄断行为给经济增长带来的危害，并

---

① ［英］亚当·斯密：《国民财富的性质和原因的研究》（下卷），商务印书馆1972年版，第25页。

② 同上书，第27页。

③ 同上书，第29页。

④ 同上书，第128页。

⑤ 同上书，第129页。

指出，国家从封建主义和重商主义出发，用政府有形的手干预经济生活。斯密认为："垄断者使市场存货经常不足，从而使有效需求永远不能得到充分供应。"① 垄断还使经营者抬高市场价格损害消费者利益，最终导致经济的低效率，损害经济增长。此外，斯密还主张，国家通过对外贸易制度促进国民财富的增长。斯密认为，实行自由贸易，可以输出本国的产品，也可以从国际市场上寻找到适合本国的产品和原料，从而扩大市场，扩大分工，促进本国劳动生产率的提高。

通过以上分析，我们可以看出，斯密通过建立自由竞争的市场制度，提高本国资源配置的效率，通过"一只看不见的手"的作用自行调节，促进经济增长。

二　制度经济学派的制度创新与经济增长理论

20 世纪初，经济学家开始着眼于用制度和制度变迁来解释其对经济增长的作用，诺斯指出："有效率的经济组织是经济增长的关键"②；制度经济学派是从节约交易成本、提高资源配置的效率的角度论述了制度创新对经济增长作用。

1. 制度创新理论的产生与发展：制度经济学派与制度创新理论

制度创新理论的提出源于美国的制度经济学派，在此之前，经典学派对制度变迁和制度创新也有相关的论述。他们主要使用三种机制说明社会制度的变迁，一是自发形成理论；二是市场协调交易以及社会选择理论。③ 这些经典学派的制度变迁和创新理论散见于学者的文献的论述中，并没有把制度、制度变迁和创新纳入其核心概念加以阐述。到了 19 世纪末 20 世纪初，经济学家开始着眼于用制度和制度变迁来解释其对经济运行的作用。重要的代表人物是凡勃仑和康芒斯。凡勃仑于 1989 年在其《为什么经济学不是一门演进科学》一文中，阐述了古典主流经济学在分析人类社会活动方面的缺陷。他认为，古典主流经济学没有提供一个动态

---

① ［英］亚当·斯密：《国富论》（上卷），商务印书馆 1972 年版，第 56 页。

② ［美］道格拉斯·诺斯：《西方世界的兴起》，历以平译，华夏出版社 1989 年版，第 5 页。

③ ［美］杰克·奈特：《制度与社会冲突》，周伟林译，上海人民出版社 2009 年版，第 5 页。

和演化的框架来分析人类的经济社会活动，而只是运用一些静止和先验的固定模式来研究，其结果只能是理论的框架是建立在虚构的现实基础之上。康芒斯则是从法学角度建立制度对经济运行和发展有作用的分析框架，认为制度是集体行动控制个人行动。[①] 由于该学派对主流经济学的标准范式采取一种批判的态度，缺乏某种实证的研究纲领和方法，其代表人物对制度经济学理论的观点和政策主张也存在分歧，在 20 世纪 30 年代凯恩斯主义盛行之时，制度经济学派开始逐渐衰落。

真正将制度、制度变迁和制度创新纳入统一科学分析框架的是以科斯、诺斯等人为代表的新制度经济学派。科斯于 1937 年发表了《企业的性质》一文，在该文中科斯以养牛作为例子，提出了交易费用的概念，并以此概念论述了节约交易费用提高资源配置效率，有利于经济增长的客观事实。在科斯的另一本著作《社会成本问题》中，进一步阐述了在交易费用为零的情况下生产的制度结构存在的重要性。[②]诺斯在科斯交易费用理论的基础上考证了制度的交易成本问题。他指出："为分析经济组织，我们必须结合国家理论来运用交易费用理论。"[③] 在《制度、制度变革与经济效率》一书中，诺斯更是明确指出："无论从部门交叉对比角度还是从时间维度上看，制度框架都是经济相对成功的主要因素。"[④] 在诺斯看来，制度和制度创新可以提高市场交易的效率，节约交易成本，从而有利于促进经济增长。

制度经济学利用现代产权理论和交易成本理论说明制度变迁与经济增长的关系，并把制度作为经济增长的内生变量，从而使制度经济学对制度的研究更趋成熟。

2. 诺斯制度创新理论的内容：产权理论、国家理论、意识形态理论

诺斯的制度创新理论是建立在对西方经济史的研究基础之上的，诺斯

---

① ［美］约翰·康芒斯：《制度经济学》，于树生译，商务印书馆 1967 年版，第 89 页。

② 李瑛、张兴恒：《制度创新理论的研究探索》，《现代物业》（中旬刊）2009 年第 1 期。

③ ［美］道格拉斯·诺斯：《经济史中的结构与变迁》，陈郁等译，上海三联书店 1994 年版，第 35 页。

④ ［美］道格拉斯·诺斯：《制度、制度变迁与经济绩效》，刘守英译，上海三联书店 1994 年版，第 28 页。

利用产权理论来分析资本主义的经济发展史，使交易成本这个概念具有分析一些经济组织的意义。诺斯认识到基于成本收益分析建立的诱制性制度变迁尽管对制度变迁的基本因素作了规范的分析，但是这个分析并没有对"搭便车"现象给予足够的重视。其实制度变迁本身恰恰是私人收益和社会收益不一致的，"搭便车"会严重削弱制度变迁的动机，从而导致制度供给与需求之间达不到平衡，出现制度供给滞后现象。诺斯的制度创新理论是以其三大理论为基础建构的。这三大理论是：产权理论、国家理论和意识形态理论。

　　首先我们来看看诺斯制度创新理论的第一块基石：产权理论。诺斯认为产权的确定是西方兴起的主要原因，在《西方世界的兴起》中，诺斯指出："有效率的经济组织是经济增长的关键；一个有效率的经济组织在西欧的发展正是西方兴起的原因之所在。"[①] 在诺斯看来，一个国家的强大需要社会单位作支撑，作为社会的细胞——社会组织要是没有活力和效率，那么国家的高效率就是一句空话。在《西方世界的兴起》一书中，诺斯描述了西方世界在公元 900—1500 年间欧洲国家崛起、衰落的经过，特别是研究了西班牙在短短的时间从一个支配欧洲的大国沦落为一个二流国家的经过，诺斯从中发现了大国兴衰的密码，诺斯指出："有效率的组织需要在程序上做出安排和确立主权，以便造成一种激励。"[②]诺斯在这里强调的有效率的组织的基础是确立主权，也就是要把产权的确立作为一种激励，只有激励才能促使人们在经济活动中追求利益的最大化，个人在实现自己利益最大化的同时，促进经济增长和制度变迁。诺斯考察了西班牙由兴到衰的过程，认为西班牙凭借其在地中海的地理优势，获得了丰硕的经济利益，但其后，在尼德兰要求改革的时候，固执拒绝了新兴阶级的变革要求，导致尼德兰最终脱离西班牙，内战也让西班牙元气大伤。在英帝国崛起的时候又不能顺应时代潮流，反而对本国的新兴富裕阶层惩以重税，最终导致其衰落。因此，诺斯认为，只有做好产权的界定，才能使经济组织有效率，在财富的激励下，社会成员才

---

　　① ［美］道格拉斯·诺斯：《西方世界的兴起》，历以平译，华夏出版社 1989 年版，第 5 页。

　　② 同上。

能被鼓动起来，从而提高整个社会的劳动效率。① 在这里我们看得出，诺斯的观点是，西方世界的发展是与西方制度变迁联系在一起的，而马克思的分析路径是科技的发展引起西方生产方式的变化，与诺斯的分析路径恰好相反。

诺斯制度创新理论的第二块基石是国家理论。诺斯对国家的分析是建立在对国家权力的深刻认识基础之上的。诺斯认为国家凭借对资源的控制，为社会提供保护和公正，以换取选民对国家的支持，有利于建立良好的社会秩序，这些是保持经济增长的基础，并可以使国家取得收入的最大化。诺斯说："至少就建立理论的起点来说，把国家理论从产权的交易费用方法中独立出来是十分有用的。"② 同时，由于国家总是受到这样或那样的竞争约束，因此国家的政治力量总是愿意把公共服务配置给各个利益集团，争取这些利益集团的支持。那么国家在制度变迁中究竟担当何种角色，国家与社会之间是否存在利益上的一致，要回答这些问题需要弄明白政府在制度创新中与各利益集团之间的博弈规则。由于存在潜在竞争者的威胁，统治者总是想在现行制度下得到的效用最大，但又想节约交易成本，因此，统治者总是会舍弃节约交易成本而选择效用最大化。政府也会为照顾某些利益集团而放弃一些可使效用最大化的制度创新。另外，"搭便车"现象在制度创新过程中十分突出。某些利益集团和社会群体为了在制度变迁过程中节约成本，不愿在制度变迁中承担责任，乐于坐享其成。因此，制度创新的角色通常不是来自个人、集团，而是来自统治者。诺斯指出，国家提供的基本服务是社会博弈的基本规则。国家通过规则和法律的制定建立约束机制，节约交易成本，有利于经济增长，保证统治者租金的最大化。③诺斯制度创新理论的第三块基石是意识形态理论。对于"搭便车"问题，制度经济学派并没有给予重视，新制度经济学派对这个问题进行了深入的探讨。诺斯认为，制度分析必须建立在对意识形态的分析基础之上，而意识形态是一种人力资本，它可以帮助人们对现行制度做

---

① ［美］道格拉斯·诺斯：《经济史中的结构与变迁》，陈郁等译，上海三联书店1994年版，第180页。

② ［美］道格拉斯·诺斯：《制度、制度变迁与经济绩效》，刘守英译，上海三联书店1994年版，第17—18页。

③ 同上书，第20—33页。

出评判，意识形态的存量越大，个人或者集团搭便车的机会就越小。诺斯把这种思想纳入了制度变迁分析框架，他指出："要解释变迁与稳定，在某些方面超越对成本收益的个人主义计算是需要的。""在缺乏意识形态的约束时，约束行为的考核费用就会非常之高，以至于使新的组织形式无法生存。"① 从而阻碍经济效率的提高，无法使经济持续增长。

诺斯认为，意识形态是一种节约机制，是一种社会资本，人们对存量的意识形态认识得越清晰，人们对自己行为的后果就越明了，决策成本就会越低，决策效率的提高无疑会促进经济增长。

三　马克思主义制度创新理论

马克思主义经典作家并没有在其著作中专门论述制度创新与经济增长关系，但是，这不代表经典作家没有制度创新和经济增长关系的思想。实际上，马克思生产力与生产关系的理论就包含了制度创新与经济增长关系的相关理论。

马克思认为，社会制度"是历史的产物，是世世代代活动的结果，其中每一代都立足于前一代所达到的基础上，继续发展前一代的工业和交往，并随着需要的改变而改变它的社会制度"②。在《政治经济学批判》序言中，马克思阐述了人类社会是由生产力、生产关系和上层建筑三个基本层次构成矛盾运动体系推动人类社会运动、变化和发展的规律。马克思指出："社会的物质生产力发展到一定阶段，便同它们一直在其中运动的现存生产关系或财产关系（这只是生产关系的法律用语）发生矛盾。于是这些关系便由生产力的发展形式变成生产力的桎梏。""随着经济基础的变更，全部庞大的上层建筑也或慢或快地发生变革。"③ 马克思在这里所说的上层建筑发生变革，指的就是社会的经济制度和政治制度的变革。制度是社会形态意义上的概念。马克思在《政治经济学批判序言》中还特意区分了变革的两种形式，他说："在考察这些变革时，必须时刻把下面两者区别开来：一种是生产的经济条件方面所发生的物质的、可以用自

---

①　[美] 道格拉斯·诺斯：《制度变迁理论纲要》，载《改革》杂志，1995年第3期。

②　《马克思恩格斯选集》第1卷，人民出版社1995年版，第76页。

③　《马克思恩格斯选集》第2卷，人民出版社1995年版，第32—33页。

然科学的精确性指明的变革，一种是人们借以意识到这个冲突并力求把它克服的那些法律的、政治的、宗教的、艺术的或哲学的，简言之，意识形态的形式。"① 在马克思看来，制度创新和变迁的实质是意识形态的更替，其具有历史必然性，制度创新和变迁是生产力发展的必然结果。同时，在新的制度框架下，新的制度适应生产力的发展要求，就能促进生产力的发展。"因为，随着生产力的不断发展，原来是生产力适当形式的社会制度，最终将转变为生产力进一步发展的桎梏。由于有生产力这个最活跃、最革命的因素的作用，脱离整个人类社会演进的统一轨迹的不变路径依赖是不存在的。"② 马克思制度创新和变迁的生成逻辑是把具有客观性的生产方式引入到制度创新和变迁的分析框架之中，通过最活跃的具有客观因素的生产方式的变化来揭示人类经济制度和社会制度变迁的规律。马克思这一具有革命性的思想表现为：第一，马克思把制度创新和变迁的总根源归结于生产方式的变迁，归结于人类征服自然改造自然的能力——生产力的提高上；第二，揭示了社会活动对生产活动的最终依赖关系，从而形成了经济—社会互动分析的理论框架；第三，马克思也从制度性的生产关系的角度去理解生产力发展，制度创新为生产力发展、经济增长提供秩序空间。③正是在此意义上，"马克思把制度理解为个人交往的历史的产物，把制度变迁理解为经济制度、社会制度以及生产力发展的互动变迁，形成了马克思制度哲学历史理论的基本结构。"④

在《1857—1858 年经济学手稿》中，马克思考察了资本主义以前（亚细亚、古代、日耳曼三种所有制形式）以及早期资本主义经济—社会制度的变迁史。马克思指出，亚细亚土地所有制形式是土地所有制的"第一种形式"，这种生产方式的前提是自然共同体的形成。马克思指出，"自然形成的部落共同体（血缘、语言、习惯，等等的共同性），或者也可以说群体，是人类占有他们生活的客观条件和占有再生产这种生活自身并使之物化的活动（牧人、猎人、农人等的活动）的客观条件的第一个

---

① 《马克思恩格斯选集》第 2 卷，人民出版社 1995 年版，第 33 页。

② 林岗：《诺斯与马克思：关于制度变迁道路理论的阐释》，《中国社会科学》2001 年第 1 期。

③ 杨俊一：《论马克思"制度变迁"思想的现代意识——兼论马克思"制度哲学"思想的理论与实践意义》，《社会科学辑刊》2000 年第 3 期。

④ 同上。

前提。"① 部落共同体需要占有能够让这个部落共同体生存的自然资源，没有对土地资源的占有这个共同体是无法生存的，公社每个成员实际占有和从事生产的土地实际上也是部落共同体共有的土地，只不过这时的实际占有者对部落共同体来讲只是"观念所有"，公社成员通过劳动而实际占有部落共同体的土地，这时的"公有"只是公社成员实际占有的条件。随着部落共同体在演变发展，生产出现了剩余，部落之间开始为抢劫食品和占有对方的财物发生战争。这时部落共同体开始演变为"军事共同体"，部落军事首领侵占剩余产品，出现"公社财产——作为国家财产，公有地——在这里是和私有财产分开的"。② 以及小块土地为基础的私有财产形式的"三元结构"。随着日耳曼所有制的形式的出现，公社制度开始瓦解，那种"观念所有"和公社成员"实际占有"的"二元所有结构"让位于"三元所有结构"。在这里原始公有制变迁的推手是生产的发展和"小块私有土地"的出现。原始公社制度存在的社会条件是劳动和土地的自然结合。一旦公社制度内部出现引起制度内部不能包纳的新因素时，制度就会在原有的基础上随之变迁。

随着资本主义生产方式原始雏形的出现，原始公社制度这个已经被固化的蛋壳不能容纳新的生产方式的碰击，资本主义生产方式一出现就以其极大的活力催生与资本主义生产力相适应的各种新制度。资本主义政治制度和经济制度的产生，一方面是新的生产方式推动生产关系创新的结果，另一方面也是新的生产关系要与新的生产方式相适应的结果。与资本主义新的生产方式相适应，资本主义政治制度与经济制度摧毁了为封建生产方式服务的政治制度和经济制度，使封建主义生产方式加速向资本主义生产方式转变。资本主义的产权制度、雇佣劳动制度、货币制度、贸易制度代替封建的宗法制度、行会制度以及土地所有制度，这些制度的创新为生产力的发展提供了巨大的发展空间。

然而，资本主义生产方式在给人类带来经济增长和巨大丰富的物质财富的同时，也给人类带来了极大的伤悲，人与人之间的关系被异化为物与物之间的关系，一部分人的享有和富足是以另一部分人的贫穷和愚昧为代价的。正像生产力的发展使资本主义生产方式超越封建主义生产方式一

---

① 《马克思恩格斯全集》第 46 卷（上），人民出版社 1979 年版，第 472 页。
② 同上书，第 475 页。

样，资本主义生产方式也会随着生产力的发展被另外一个比资本主义生产方式更加优越的生产方式所取代，这个新的生产方式就是社会主义制度。社会主义制度是在重建资本主义个人所有制基础上建立起来的，它极大地促进生产力的发展，"从而为个人生产力的全面的、普遍的发展创造和建立充分的物质条件。"[①] 马克思主义通过对资本主义以前及早期资本主义制度变迁和创新的历史考察，揭示了人类社会制度变迁与经济增长的关系及其规律。

第四节　包容性增长制度创新的基本原则

一　坚持以科学发展观为指导原则

"科学发展观是马克思主义同当代中国实际和时代特征相结合的产物，是马克思主义关于发展的世界观和方法论的集中体现，对新形势下实现什么样的发展、怎样发展等重大问题作出了新的科学回答"[②] 科学发展观是我们党在新形势下对影响我国全局的经济社会发展问题的最新回答，在一系列重大问题上有了更深入的认识。

第一，科学发展观深化了对社会主义发展战略的认识。随着改革开放的深入，在经济社会领域出现了许多问题，有些是在改革开放以前就已经存在的，有些是在发展过程中遇到还没有解决好积累起来的，这些问题的解决需要我们把握发展的全局，通过制度创新逐步加以解决。在改革开放初期我们提出来要"两个文明"一起抓，到党的十八大"五位一体"思想的提出，我们对中国特色社会主义发展道路的认识逐渐加深。1979年10月，邓小平在第四次全国文化工作者代表大会上指出："我们国家已经进入社会主义现代化建设新时期。我们要在建设高度物质文明的同时，提高全民族的科学文化水平，发展高尚的丰富多彩的文化生活，建设高度的社会主义精神文明。"[③] 把精神文明提高到社会主义本质要求上去认识。

①　《马克思恩格斯全集》第46卷（上），人民出版社1979年版，第520页。

②　胡锦涛：《坚定不移沿着中国特色社会主义道路前进，为全面建成小康社会而奋斗——在中国共产党第十八次全国代表大会上的报告》，《人民日报》2012年11月18日。

③　《邓小平文选》第2卷，人民出版社1994年版，第208页。

江泽民同志在中国共产党十六次全国代表大会上，提出发展是执政兴国的第一要务，社会主义社会要促进物质文明、政治文明、精神文明协调发展，促进人的全面发展。在建设中国特色的社会主义的伟大实践中，我们逐渐认识到，政治文明不能落在经济文明的后面，没有政治文明就无法创造充足的物质财富，就不能满足人民的物质需要和精神需要。马克思在《政治经济学批判》前文中有一段经典论述，他说："物质生活的生产方式制约着整个社会生活、政治生活和精神生活的过程。"[①] 马克思在这里明确地把人类社会生活分为社会生活、政治生活和精神生活。恩格斯在《反杜林论》中指出，社会主义社会的发展就是"经济、政治和精神发展"。在这里，恩格斯在马克思的三个生活的基础上，更加具体地阐述了社会主义发展的"三个方面"。从经典作家的论述中，我们可以看出，政治文明在社会发展中是不可缺的文明，它对经济社会的发展起到保障作用。在21世纪，世情、国情都发生了巨大变化，经济全球化和多极化交织在一起，世界政治经济形势复杂多变，文化领域出现新的症候，西方国家利用文化来包装其政治目的，社会领域的问题在经济转型和社会转型的背景下呈辐射展开，影响我国经济社会秩序的稳定。2005年，胡锦涛同志指出："随着我国经济社会的不断发展，中国特色社会主义的事业的总体布局，更加明确地由社会主义经济建设、政治建设、文化建设三位一体发展为社会主义经济建设、政治建设、文化建设、社会建设四位一体。在建设中国特色社会主义的全过程中，我们既要大力发展物质文明建设，也要大力促进政治文明建设和精神文明建设，并使它们相互配合、相互促进、相互协调。"[②] 在中国共产党第十八次代表大会上，胡锦涛总书记在"四位一体"的中国特色社会主义发展总体布局的基础上又提出"五位一体"布局的发展战略，指出"必须更加自觉地把全面协调可持续作为深入贯彻落实科学发展观的基本要求，全面落实经济建设、政治建设、文化建设、社会建设、生态文明建设五位一体总体布局，促进现代化建设各方面相协调，促进生产关系与生产力、上层建筑与经济基础相协调，不断开

[①] 《马克思恩格斯选集》第2卷，人民出版社1995年版，第32页。

[②] 胡锦涛：《在省部级主要领导干部提高构建社会主义和谐社会能力专题研讨班上的讲话》，《人民日报》2005年6月27日。

拓生产发展、生活富裕、生态良好的文明发展道路"。① 这说明，我们党
对建设中国特色社会主义发展战略有了总体把握和更加深刻的认识。

　　第二，科学发展观深化了我们对社会、区域、人与自然均衡发展的认
识。改革开放初期，我们的经济是短缺经济，十年动乱、十年浩劫，导致
我们国民经济处于崩溃的边缘，我们提出了大力发展生产力、发展是第一
要务的思想，但是，在大力发展经济的同时，我们忽视了社会的发展，忽
视了地区的均衡发展，忽视了我国广大农村地区的发展，在计划经济体制
下的痼疾依然成为我们发展经济的羁绊，这些累积起来的矛盾不解决，就
不能使我们的经济走入快车道。拉美国家的发展经历告诉我们，在经济发
展达到一定水平后，不解决由于忽视均衡发展带来的问题，我们就会陷入
"中等收入陷阱"。科学发展观，在总结和反思我们发展中遇到的问题后，
提出要城乡、区域、经济社会、人与自然和谐发展的理念，这些理念对我
国走向现代化、走向世界一流强国将会有长期的指导意义。

　　第三，科学发展观深化了我们对发展的可持续性的认识。我国既是一
个资源丰富的大国，又是一个人均资源占有量不足世界平均水平的国家，
改革开放 30 多年，我们走了一条先污染后治理的路子，实践证明这条路
不适合我国国情。资源瓶颈已经在约束我国经济的发展。另外，走高污
染、高消耗的路子已经使我们的资源不堪重负，有些资源高度依赖国际市
场，形成资源约束。因此，我们要走可持续发展的道路，"坚持生产发
展、生活富裕、生态良好的文明发展道路，建设资源节约型、环境友好型
社会，实现速度和结构质量效益相统一、经济发展与人口资源环境相协
调，使人民在良好生态环境中生产生活，实现经济社会可持续发展"。②

　　第四，科学发展观强调以人为本，深化了我们对发展目的的认识。社
会主义就是要大力发展生产力，满足人民群众不断增长的物质和文化需
求。改革开放 30 多年来，我国经济发展取得了举世瞩目的成就，生产力
得到极大的发展，但是我们的发展还存在许多问题，最引人关注的就是贫
富不均，收入分配差距过大，这与我们社会主义的发展目标相悖。邓小平

---

　　① 胡锦涛：《坚定不移沿着中国特色社会主义道路前进，为全面建成小康社会
而奋斗》，《人民日报》2012 年 11 月 18 日。
　　② 胡锦涛：《高举中国特色社会主义伟大旗帜，为夺取全面建设小康社会新胜
利而奋斗》，《人民日报》2007 年 10 月 25 日。

在南方谈话中指出："社会主义的本质，是解放生产力，发展生产力，消灭剥削，消除两极分化，最终达到共同富裕。"① 他还指出："社会主义不是少数人富起来、大多数人穷，不是那个样子。社会主义最大的优越性就是共同富裕，这是体现社会主义本质的一个东西。"② 我们是社会主义国家，经济发展不是为少数人谋利益的，而是让人民群众分享经济发展的成果。

科学发展观强调以人为本，这个不是抽象的人，而是现实中的人，马克思认为，现实中的人既不是黑格尔的"想象的主体想象的活动"，也不是费尔巴哈的"处于某种虚幻的离群索居和固定不变状态中的人"③，而是从事社会实践活动的人。经济发展的最终目的不是占有更多的财富，而是要实现人的自由全面发展。马克思指出："任何人的职责、使命、任务就是全面地发展自己的一切能力。"④ 在当前情况下，落实科学发展观就是要"坚持维护社会的公平正义"⑤，"改革收入分配制度，调整收入分配格局，加大再分配调节力度，着力解决收入分配差距过大问题，使发展成果更多更公平惠及全体人民"。⑥

科学发展观来源于我国改革开放 30 多年的伟大实践，是我国经济社会发展实践的经验总结和理论升华，符合我国的实际，是全面建设小康社会和推进社会主义现代化建设始终要坚持的重要指导思想。⑦ 包容性增长制度创新也要以科学发展观为指导，把科学发展观的精神落实到制度创新的过程中，实现经济社会的可持续发展。

二　坚持有利于构建和谐社会为中心原则

"包容性增长"蕴含以人为本、公平、全面发展等核心理念，是机会平等的增长、共享式增长以及可持续发展的平衡增长。包容性增长制度创

① 《邓小平文选》第 3 卷，人民出版社 1993 年版，第 373 页。

② 同上书，第 364 页。

③ 《马克思恩格斯选集》第 1 卷，人民出版社 1995 年版，第 73 页。

④ 《马克思恩格斯全集》第 3 卷，人民出版社 1960 年版，第 330 页。

⑤ 胡锦涛：《坚定不移沿着中国特色社会主义道路前进，为全面建成小康社会而奋斗》，《人民日报》2012 年 11 月 18 日。

⑥ 同上。

⑦ 同上。

新能够打破现有的利益格局，以实现共同富裕为目标。在现阶段，包容性增长制度创新要以有利于构建社会主义和谐社会为原则。社会和谐既是社会主义社会的价值追求，也是社会主义社会的诉求。社会主义和谐社会理论的提出是我们党在新的历史条件下对于建设社会主义现代化的实践的科学把握，是对建设有中国特色社会主义理论的创新和发展。胡锦涛同志把社会主义和谐社会的基本特征概括为民主法治、公平正义、诚信友爱、充满活力、安定有序、人与自然和谐相处六个方面。这六个特征深刻反映了社会主义和谐社会的本质要求，最终统一于社会主义的本质。构建社会主义和谐社会是我们党在新的历史条件下，纵览全局，把握经济社会发展的总体形势提出的宏伟目标，这个目标的实现不是一代人、两代人可以去完成的，它需我们长期的努力。我国虽然建立了社会主义制度，但是我们的社会主义制度存在着先天的不足，就是生产力发展水平还很落后，我们和世界发达国家相比还有很大的差距，中国的社会发展处于并将长期处于社会主义初级阶段。我们建立的社会主义制度为实现社会主义和谐社会创造了必要条件。我们的经济社会发展还有许多不和谐的地方，原因在于我们的经济发展水平依然还很落后，社会主义制度的优越性还没有完全发挥出来。如果我们在一个时间段内生产力发展依然落后，不能尽快摆脱贫穷落后的局面，就无法满足人民群众日益增长的物质和文化需求，社会主义制度就会失去吸引力和凝聚力。巩固社会主义制度，发挥社会主义制度的优越性，大力发展生产力，实现包容性经济增长，让人民群众享受经济发展的成果，调动群众的积极性和创造性，使我们的经济社会发展呈现出勃勃生机和活力，才能实现社会稳定发展。

构建和谐社会是社会矛盾存在和解决的基本形态。我国建立了社会主义基本制度，人民群众通过各级人民代表大会行使当家作主的权利，在这个社会主义大家庭里，广大人民群众的利益在根本上是一致的，不像资本主义制度那样无产阶级与资产阶级的矛盾是对抗性的，这就决定了我国的社会矛盾是可以在社会主义制度内得到解决的，社会和谐是我国社会矛盾存在和解决过程的基本形态。在社会主义体制内部，我们已经建立了解决社会矛盾的基本制度，这些基本制度是实现包容性增长，建构社会主义和谐社会的基础。有了这些条件，不是必然地就能解决好社会的各种矛盾，还需要我们进行制度创新，推动社会矛盾的解决。有些矛盾在现有的制度层面下暂时无法解决。例如我国的户籍制度，在计划体制下，实行城乡二元体制，农村户口和城市户口承载不同的福利待遇，农村居民要想拿到城市居民的"绿卡"，是需要突破许多条件限制的。改革开放后，随着经济发展，大量农民工进城务工，为城市发展奉献了自己的青春和热血，按理说应该成为城市的一员，但是，城市的容纳也是一个问题。这个例子说明，突破现有的利益框架进行制度创新是需要通盘考虑的。

包容性增长的核心理念是倡导经济发展的成果由人民群众共享。它的发力点正在于解决人民群众最关心、最直接的现实利益问题。通过制度创新突破现有制度的局限性，让经济发展成果由人民群众共享，而不是仅仅由一部人占有改革的红利。在社会主义市场经济条件下，如何实现经济发展成果由人民共享呢？我们要在做好初次分配的前提下，对国民收入公平的二次分配，建立完善的社会保障体系。发挥好市场这只无形的手的同时，也要发挥好政府这只有形的手的作用，对国民收入分配进行有效的宏观调控，进行财富的第二次分配。这就要建立以权利公平、机会公平、规则公平、分配公平为主要内容的社会公平保障体系，消除妨碍人民参与经济发展、分享经济发展的各种制度障碍，实现经济社会的和谐发展。

三　科学与价值相统一原则

我国的经济发展已经达到中等发达国家的水平，如何继续推动经济社会向前发展，面临着千载难逢的机遇，但也遇到了前所未有的挑战。如何坚持科学发展、提高发展的效率的同时又可以秉承发展的公平性，实现发展的科学性与价值性相统一，是摆在我们面前的一道难题，我们必须对这个问题做出回答。包容性增长的提出就是要解决经济增长过程中出现的增长的科学性与价值性在某种程度上扭曲的难题。经济发展失去公平的价值支撑，发展就会走入误区，其结果就是发展的成果只是被一部分人所享有，社会大多数人依然贫穷，反映在经济社会层面上就是反映收入公平的基尼系数过高。实践证明，这样的发展是与建设中国特色社会主义和谐社会的目标不一致的。包容性增长制度创新要以科学性与价值性相统一的原则为指导。

科学原则指的是立足于客观性，从客观实在性出发考察经济增长的制度环境，以及这种制度环境对人的全面发展所产生的制约和影响。包容性增长制度创新要建立在一定的现实基础之上，这个最大的现实就是中国的国情。西方的制度生长在西方的社会土壤里，在西方行之有效的制度运用在中国就不一定合适。因此，移植和借鉴西方发达国家的制度一定不能脱离中国国情。马克思唯物史观也为我们的制度创新指明了方向。制度创新不能脱离这个社会的基础，其中生产力发展水平是制约生产关系的决定性因素，包括制度在内的上层建筑要建立在经济基础之上。生产力是最活跃最革命的因素，生产力发生变化，生产关系就要与之适应，就要进行变革；上层建筑的变化也要适应生产力的发展水平，任何不顾生产力发展水平的制度创新最终都会成为生产力发展的桎梏。

包容性制度创新要求我们自觉遵守马克思主义关于人的全面发展的理论。马克思指出："费尔巴哈把宗教的本质归结于人的本质。但是，人的本质不是单个人所固有的抽象物，在现实性上，它是一切社会关系的总和。"[1] 马克思就是把现实的人作为自己理论的出发点，把全面发展的人作为经济社会发展的目标。科学发展观提出要以人为本，就是要在经济发展中体现人的主体地位。

制度创新要有价值做导向，没有价值做导向的制度创新就会失去方向。我们要追问发展为了什么，我们为何要发展，这些问题不解决就无法把制度创新引向正确的轨道。改革开放30年的实践证明，那种唯GDP主义的发展是不能让老百姓得到实惠的，这种发展也只是为发展而发展。这种观点认为，经济高速发展，就可以维持社会的稳定，国家财力就会自然增强，人民生活就会得到自然改善，其实这种发展模式让我付出过惨痛的代价。这种只见"物"不见人的发展模式只能是把人作为发展的工具和手段，漠视现实的人的利益需求，最终人不但没有成为发展的主人，反而沦落为发展的工具，成为无根的发展和无情的发展。

包容性增长制度创新就要确立人在发展中的主体地位，人类在终极价值上具有中心性。人在发展过程中的主体意义决定了人是发展的最终目的和目标。要让发展的成果由人民来分享，改善民生就是要把发展的成果通过制度公平地在社会各阶层之间分配。经济发展离开人的价值追求，离开人的需要，发展都将变得毫无意义。

包容性增长制度创新要遵循科学性与价值性相统一的原则，一方面要坚持实事求是，一切从实际出发，从中国特殊的国情出发，这个特殊国情就是中国是一个大国，但不是强国；我们的经济总量虽然居世界第二，但

---

[1]　《马克思恩格斯选集》第1卷，人民出版社1995年版，第60页。

是平均到每个人身上就处于世界平均水平之下；我们还处于不发达阶段，还有近一亿人口处于贫困线以下；地区发展很不平衡，城乡发展处于二元结构状态；经济发展还受到资源的制约。这就是我们的最大国情，制度创新离开这个国情就不会把改革引向深入，甚至会成为生产力发展的障碍。另一方面，制度创新要时刻坚守我们的发展目标，那就是为了人民生活水平的提高而发展，让发展的成果由大多数人享有，建立公平、公正的分配机制，提高劳动在初次分配中的比重，以公平的理念建立社会保障体制。

第五节 本章小结

本章从制度入手对制度和制度创新理论进行了理论梳理。制度是一个内涵丰富的概念，不同学科对制度的界定呈现出不同的内涵。制度经济学派和马克思主义对制度的界定展示了制度是社会经济发展的强大动力，虽然制度学派和马克思主义对制度作用的理解还存在一定的差别，但是，制度经济学派对马克思制度思想的吸收是显而易见的。马克思主义制度创新思想为包容性增长制度创新指明了方向，西方经济学界，特别是制度学派从经济发展史的角度揭示经济社会发展的规律，从比较宏观的层面论述制度对经济社会发展的驱动。在马克思主义看来，制度属于上层建筑领域的范畴，制度对经济发展的具有反作用，只有适合经济社会发展水平的制度才会对经济发展起到正作用。

第三章

包容性增长制度创新的历史考察

中华人民共和国从 1949 年成立到现在，已走过 60 多个春秋。在这 60 多年里，我们从一个一穷二白的国度发展成为经济综合实力排名世界第二的经济大国；这些都得益于我们选择了社会主义制度，得益于我们走上中国特色社会主义道路，得益于我们实行以民为本的发展理念。在 60 多年的发展历程中，虽然我们没有提包容性增长这个话语，但是并不代表我们没有秉承包容性增长的发展理念。包容性增长的核心理念是让社会各个群体公平分享经济发展的成果，这与我们"为人民服务""科学发展，以人为本"的理念是一脉相承的。社会主义制度的建立为包容性增长理念的践行奠定了坚实的基础。

第一节　所有制制度的变迁与创新

所有制是一个国家经济制度的重要组成部分。生产资料的所有制结构，是指不同的生产资料所有制形式在一定经济形态中所处的地位、所占的比重、以及他们之间的相互关系。所有制结构属于生产关系的范畴，所有制结构最终还是要由生产力的发展状况来决定，适合生产力发展状况的所有制结构就会促进生产力的发展，就会促进经济增长，从而使居民的收入逐步提高。多种经济成分并存、所有制实现形式多样化带来了居民收入来源和收入分配方式的多样化。因此，必须不断创新所有制实现形式，为经济社会的包容性发展奠定良好的基础。

一　改革开放前后所有制的探索与创新

建立科学合理的生产资料所有制结构是生产力发展和经济增长的内在要求。我们对所有制的认识经历了一个曲折的过程。从所有制"姓公姓社"禁锢的破除到所有制多种实现形式的创新，经历了一个漫长的探索过程，形成了一条由多种到一种又到多种的所有制结构变迁之路，所有制制度实现形式的创新和完善为包容性增长奠定了坚实的基础。

（一）改革开放以前所有制实现形式的探索

从新中国成立一直到改革开放，我们盲目地追求"一大二公三纯"的所有制格局，认为，"纯而又纯"的公有制就是社会主义，在国民生产总值中全民和集体经济分别占55%和43%，在全国工业总产值中，国营企业和集体企业占77.6%和22.4%，非公有制企业为零。[①] 这种一大二公的所有制形式虽然使收入分配水平呈现出比较公平的状态，但是这种所有制结构不适合我国生产力发展水平。

1. 1949—1952年国民经济恢复时期：以国营经济为主导，多元所有制成分并存。新中国成立伊始，由于多年的战争，国民经济处于崩溃的边缘，恢复国民经济成了新中国的首要任务。

毛泽东在《目前的形式和我们的任务》一文中指出："没收封建阶级的土地归农民所有，没收蒋介石、宋子文、孔祥熙、陈立夫为首的垄断资本归新民主主义的国家所有，保护民族工商业。"[②] 在新民主主义思想指导下，形成了由国营经济、合作社经济、国家资本主义经济、私人资本主义经济、个体经济五种经济成分组成的新民主主义经济。其中，国营经济在国民经济中处于领导地位，掌握着国家的经济命脉，是繁荣社会主义经济的物质基础。"1949年在工业总产值中，国营合作社营占34.17%，公私合营工业占2%，私营工业占63.13%。到1952年，工业总产值中国营、合作社营与公私合营企业产值所占的比重已达50%以上。"[③] 1949年9月通过的《中华人民共和国政治协商会议共同纲领》提出在国营经济的领导下各种经济成分"分工合作，各得其所"的思想和"以公私兼顾、劳资两利、城乡互助、内外交流的政策，达到发展生产、繁荣经济的目的"。对于私营经济则通过"节制资本"为主要内容的政策，限制其不利于国计民生的方面，而利用其活跃市场、便利于人民的一面，这些政策充分调动了多种所有制成分的积极因素，发展了生产，使一度处于崩溃边缘

---

① 孙居涛：《制度创新与共同富裕》，人民出版社2007年版，第110—111页。
② 《毛泽东选集》第4卷，人民出版社1991年版，第1253页。
③ 陈东琪、周德文：《共和国经济60年》，人民出版社2009年版，第294页。

的国民经济得以迅速恢复。

另外，所有制成分中的国营部分保障了社会主义的经济基础，使人民的生活在比较短的时间内得到极大改善，人民的收入水平得到提高。新中国成立初期的所有制制度创新，是在一个被战争打得稀巴烂的民族经济的基础上展开的，在短短的时间内，迅速恢复了经济秩序，扩大了就业，这些都为探索中国特色社会主义经济的发展之路奠定了坚实的基础。

2. 1953—1978 年，消灭私有制与单一公有制模式的逐步确立。新民主主义革命的胜利为建设社会主义奠定了政治和经济基础。建立崭新的社会主义制度，使人民真正成为国家的主人，是中华民族优秀儿女的伟大梦想。早在 1952 年年底，中共中央提出了由新民主主义社会向社会主义社会过渡的总路线，核心内容为"一化三改"，即在一个相当长的时间内，逐步实现社会主义的工业化，并逐步实现对农业、手工业和资本主义工商业的社会主义改造。其实质是使生产资料的社会主义公有制成为我们国家和社会唯一的经济基础。[①] 在社会主义改造的过程中，我们探索出了一条中国特点的社会主义改造之路，就是由互助组到合作社再到人民公社的改造之路。在这一时期，我国进行了大规模的经济建设，比较圆满完成了第一个国民经济计划，增强了国有经济的实力，实现了由新民主主义到社会主义的伟大转变，社会主义制度基本建立起来。在生产资料所有制制度创新的过程中，我们也存在"冒进、急于求成、片面追求公平"的错误做法。

在生产资料私有制的社会主义改造完成以后，在苏联模式的影响下，我们犯了急于求成"冒进"主义的错误。在所有制结构方面只注意发展全民所有制经济，轻视集体所有制经济，排斥和取消个体所有制经济。认为全民所有制和集体所有制就代表了社会主义的方向，而把个体经济和私有经济理解为是资本主义的东西予以排除。特别是"大跃进"和"文化大革命"时期，盲目地追求"一大二公"，实行"穷过渡"，割"资本主义尾巴"，使国民经济遭到严重损失，商品严重短缺，城市出现就业困难，特别是在"三年自然灾害"时期，普通百姓的生活遇到极大苦难，直到党的十一届三中全会以后才纠正了这种错误。

（二）改革开放以后所有制制度创新

十一届三中全会以来，在所有制关系上，实现了从单一的所有制向以

---

① 《毛泽东著作选读》（下册），人民出版社 1986 年版，第 717 页。

公有制为主体、多种所有制经济共同发展的格局转变。以邓小平为核心的党的第二代领导集体从我国社会主义初级阶段的基本国情出发，提出了坚持以公有制为主体、多种所有制经济平等竞争共同发展的方针，积极探索公有制的实现形式，鼓励发展个体、私营等非公有制经济，使所有制结构发生了重要变化。

1. 1978—1987年："一大二公"禁锢的破除和非公有制的产生

1978年12月，党的十一届三中全会指出，"社员自留地、家庭副业和集市贸易是社会主义经济的必要补充部分，任何人不得乱加干涉。"[①] 1979年党的十一届四中全会进一步指出，"决不允许把它们当做资本主义经济来批判和取缔"[②]。从此，农村经济体制改革在广袤的土地上拉开了序幕。我国农村所有制关系改革中，最大的突破就是普遍推行了家庭联产承包责任制。可以说，实行家庭联产承包责任制是我国农村发生一次深刻的社会变革。它使我国农村中长期实行的是"三级所有、队为基础""政社合一"的人民公社制度发生根本变化。人民公社制度这种过于单一、集中而又平均主义色彩浓厚的体制，严重地束缚着农村生产力的发展。1983年10月，中共中央国务院发出通知，要求各地按照宪法规定，在农村建立乡政府，实行政社分开，并逐步建立农村合作经济组织。到1984年年底，大多数地方只保留了生产队，废除了人民公社。

家庭联产承包责任制适合我国农村生产力的发展水平，在分配方式上废除了平均主义的"大锅饭"，促进了农村生产效率的提高，也体现了多劳多得的分配原则，把农民劳动和资金的投入同收益分配联系起来，极大地调动农民的生产劳动积极性，使成千上万受饥挨饿的农村家庭在短时间内摆脱了贫困、解决了温饱问题。

2. 1987——1997年：非公有制经济在曲折中艰苦前进

党的十一届六中全会通过的决议指出，"国营经济和集体经济是我国的基本经济形式，一定范围的劳动者个体经济是公有制经济的必要补充"，第一次给个体经济定了位。1982年9月，党的十二大报告指出："由于我国生产力发展水平总的说来还比较低，又很不平衡，在很长时间

---

① 中共中央文献研究室：《三中全会以来重要文献汇编》，人民出版社1982年版，第8页。

② 同上书，第181页。

内，需要多种所有制形式的同时并存。"全国人大五届五次会议通过的新宪法规定："在法律规定的城乡劳动者个体经济，是社会主义公有制的补充。国家保护个体经济的合法的权利和利益。"1987 年 10 月，中国共产党十三大提出并系统阐述了社会主义初级阶段的理论，认识到"我们已经进行的改革，包括以公有制为主体发展多种所有制经济，以及允许私营经济的存在和发展，都是由社会主义初级阶段的生产力的实际状况所决定的"。① 在这里提出了"公有制为主体"的概念，"社会主义初级阶段的所有制结构应以公有制为主体。目前全民所有制以外的其他经济成分，不是发展得太多了，而是很不够"。② 1992 年初春，邓小平在南方谈话中提出了"三个有利于"的标准，破除了姓"资"还是姓"社"的困惑，所有制制度创新走入了快车道。党的十四大在确定建立社会主义市场经济体制目标基础上，阐明了所有制与社会主义市场经济的关系，强调指出"社会主义市场经济体制是同社会主义基本制度结合在一起的"。"在所有制结构上，以公有制包括全民所有制和集体所有制为主体，个体经济、私营经济、外资经济为补充，多种经济成分长期共同发展，不同经济成分还可自愿实行多种形式的联合经营。国有企业、集体企业和其他企业都进入市场，通过平等竞争发挥国有企业的主导作用。"③ 这一时期，我们对非公有制在国民经济中的作用仍然是"补充论"，就是把非公有制经济定位为社会主义经济必要补充和有益补充。

改革开放以来，我国所有制实现形式创新过程表明，随着我国改革开放的伟大实践的深入，我们对非公有制的认识也越来越明确，从不允许存在到允许存在，从从属地位到重要组成部分。非公有制经济的强劲增长，成为构建和谐社会的重要力量。

二　所有制制度创新对收入分配的影响

改革开放 30 多年来，我国经济建设和社会发展水平取得了举世瞩目的成绩，到 2000 年我国的国民生产总值比改革开放初翻了两番，2011 年

---

① 中共中央文献研究室：《十三大以来重要文献选编》，人民出版社 1991 年版，第 31 页。

② 同上。

③ 《江泽民文选》第 1 卷，人民出版社 2006 年版，第 227 页。

我国的 GDP 总值达到世界第二，人均国民生产总值也达到近 6000 美元，进入中等收入国家行列，人民的生活水平普遍得到提高。但是，我国居民收入差距日益扩大，特别是地区发展不平衡，这些虽然由许多因素导致，但主要还是与改革开放以来我国所有制实现形式的多样化有很大关系。

（一）所有制制度创新促进了生产力的发展，使居民收入水平普遍增加

改革开放前我们的所有制结构是"一大二公"的单一所有制，由于这种单一所有制不符合我们国家的生产力发展水平，虽然在一定时间段内也发挥了举全国之力集中力量办大事的积极作用，但是经济发展的整体水平十分落后，没有及时跟上时代发展的步伐，与发达国家的差距越来越大，特别是在"文化大革命"期间，国民经济一度处于崩溃的边缘，这样的发展严重违背包容性增长的核心理念。经济没有发展就无法使社会进步，看起来这样的生产关系与马克思经典作家的和苏联模式的传统社会主义是一致的，但是违背了生产关系一定要适应生产力发展水平的规律。1978 年以来，我国展开的对单一公有制结构的改革成为解放和发展生产力的重要举措。

1. 改革开放的伟大实践表明，随着我国所有制制度的改革和创新，我国城乡居民的可支配收入大幅度增长，人民的生活水平有了较大提高。而且这个提高进程与我们的所有制改革和创新的进程是一致的，具有明显的阶段性。从表 3-1 中我们可以清楚地看出，1978—1985 年是快速增长阶段。这一阶段我国农村普遍推行家庭联产承包责任制，极大地提高了农民的生产积极性，农村经济经过长期的蓄积，经过制度的调整，其生产力一下迸发了出来，农村居民的纯收入也大幅度增长，由 1978 年的 1050.9亿元增长到 1985 年的 3202.6 亿元，年均增长幅度达到 18.2%，是开放以来农村居民收入增长最快的一段时间。而同期我国城镇居民的收入水平则低于农村居民的收入增长水平。1978 年城镇居民可支配收入是 582.3 亿元，到 1985 年时为 1814.9 亿元，这一时期我国城镇居民的年收入增长水平达到 13.7%，低于农村的增长水平。这也说明了改革开放初，我国城镇的改革落后于农村改革的事实。1998—2005 年，我国城镇居民的可支配收入年均增长 14.6%，而同期农村居民的可支配收入年均增长只有2.3%[①]。这一时期城镇居民的收入大大快于农村居民的可支配收入水平，

---

① 孙居涛：《制度创新与共同富裕》，人民出版社 2007 年版，第 121 页。

原因就在于 1997 年，党的十五大报告提出了我国社会主义初级阶段基本经济制度的理论，进一步促进了所有制结构的调整与改革，国有企业推行承包制、绩效工资制，使城镇居民收入增长加快，而我国广大农村由于陷入小生产的家庭联产承包责任制，使生产效率长期处于比较低的水平，边际效益趋于零。

表 3 – 1　　1978—2005 年我国城乡居民收入总量及其占居民收入比重变动情况

年份	城镇居民可支配收入		农村居民纯收入		居民收入总额（亿元）	居民收入总额实际增长率（％）
	总额（亿元）	比重（％）	总额（亿元）	比重（％）		
1978	582.3	35.7	1050.9	64.3	1633.2	—
1980	898.7	37.2	1517.1	62.8	2415.8	—
1981	966.9	35.2	1781.6	64.8	2748.4	15.3
1982	1096.7	33.7	2161.9	66.3	3258.6	15.8
1983	1233.9	33.1	2494.2	66.9	3726.1	13.8
1984	1507.3	34.5	2861.7	65.6	4369.0	16.0
1985	1814.9	36.2	3202.6	63.8	5017.5	3.1
1986	2314.7	40.3	3430.6	59.7	5745.3	8.7
1987	2707.9	41.8	3764.8	58.2	6472.7	6.4
1988	3327.7	42.7	4467.9	57.3	7795.6	5.3
1989	4003.4	44.6	4897.3	55.4	8981.6	0.7
1990	4510.3	44.0	5741.0	56.0	10251.3	5.8
1991	5220.3	46.6	5979.1	53.4	11199.4	5.6
1992	6422.1	49.1	6648.9	50.9	13071.0	9.1
1993	8421.4	51.8	7849.3	48.2	16270.7	7.3
1994	11772.1	53.0	10441.1	47.0	22213.1	8.1
1995	14849.8	52.3	13538.9	47.7	28388.7	6.7
1996	15521.2	48.5	16471.2	51.5	31992.4	8.6
1997	19803.4	52.8	17688.7	47.2	37492.2	6.2
1998	21987.1	54.9	18088.4	45.1	40075.5	7.0
1999	24983.7	57.8	18256.1	42.2	43239.8	8.5
2000	28151.4	60.5	18351.0	39.5	46506.4	6.3

续表

年份	城镇居民可支配收入		农村居民纯收入		居民收入总额（亿元）	居民收入总额实际增长率（%）
	总额（亿元）	比重（%）	总额（亿元）	比重（%）		
2001	32229.8	62.9	18978.5	37.1	51208.4	8.5
2002	37850.0	66.0	19533.0	34.0	57383.0	11.7
2003	43456.3	68.1	20332.6	31.9	63788.8	9.1
2004	51145.4	69.7	22267.0	30.3	73372.4	11.0
2005	58983.3	70.9	24263.3	29.1	83246.6	9.8

资料来源：《中国统计年鉴》（1985、1990、1995、2000、2005、2006 年）中的相关数据整理所得。转引自孙居涛《制度创新与共同富裕》，人民出版社 2007 年版，第 119 页。

2. 所有制制度改革和创新导致居民的收入差距逐步扩大

改革开放三十多年来，伴随着我国所有制制度的改革和创新，我国城乡居民的收入水平大幅度提高的同时，居民的收入差距也在不断地拉大。

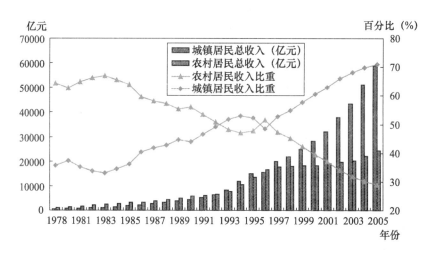

图 3 - 1　1978—2005 年我国城乡居民收入总量及其占居民收入比重变动情况

资料来源：根据《中国统计年鉴》（1985、1990、1995、2000、2005、2006 年）中的相关数据整理所得。

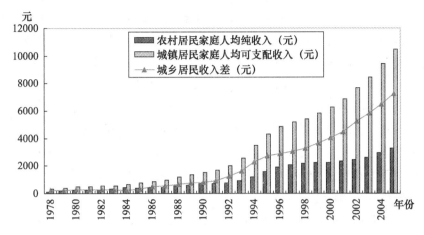

图 3 - 2　改革开放以来我国城乡居民收入分配差距演变统计

资料来源：根据《中国统计年鉴》历年数据整理得出。转引自孙居涛《制度创新与共同富裕》，人民出版社 2007 年版，第 121 页。

　　从表 3 - 2 可以看出，1978—1984 年，由于农村实行所有制制度改革，农民的收入大幅度提高，城乡居民收入差距一度缩小到 1.54 倍，但 1985—1997 年，由于城镇实行国企改革，城镇居民收入水平大幅度提高，而这一时期农村受到边际生产率的限制以及农资涨价等因素的影响，农村居民的收入水平增长缓慢。所以，1985 年以后，城乡居民的收入水平差距逐渐拉大。

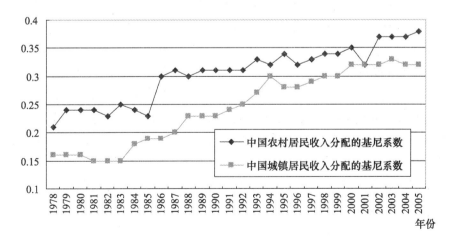

图 3 - 3　改革开放以来我国城乡居民收入分配的基尼系数变动情况统计

从表 3 - 2 知道，1978—1984 年，城乡居民的收入差距逐渐拉大，由于传统的集体经营方式被家庭联产承包经营方式所取代，农村居民的收入大幅度提高，但同时农村居民的收入差距扩大了，基尼系数由 1978 年的 0.21 扩大到 1984 年的 0.24，1985—2002 年，农村居民的收入差距经历了由较大到比较平稳的变化过程。特别是以 1992 年为界，两个阶段的变化非常明显。在这里我们可以明确地看出 1985—1986 年的差距的显著变化。这主要是由于我国广大农村的乡镇企业的崛起，造成广大农村以家庭联产承包经营为基础获得经济收入被乡镇企业兴起获得收入所取代，收入差距在比较短的时间内急剧拉大。

在此期间，我国城镇的收入差距也发生了比较大的变化。从表 3 - 2 中我们可以看出，我国城镇居民的收入差距呈逐渐加大的趋势。这个过程大致分为三个阶段：

第一阶段，是在 1978—1984 年，城镇居民收入差距的基尼系数一度在 0.16—0.18 之间，变化并不明显。这主要是这一阶段城镇的改革没有启动，国家统一的用工和工资制度使劳动者收入差距非常小。1978 年，城镇职工的平均工资是 615 元，国有单位工资是 644 元，比平均工资高出 4.72%；集体单位的平均工资是 506 元，比平均工资低 17.2%。

第二阶段，即 1985—1997 年，这一阶段我国城镇职工的收入差距经历了先扩大然后逐渐缩小的过程，不过总体还是现实扩大趋势，这一时期收入差距的基尼系数在 0.19—0.29 之间，显现出明显的变化。1985 年城镇职工的平均工资是 1184 元，国有单位平均工资是 1213 元，比平均工资高出 5.66%；集体单位平均工资是 967 元，比平均工资低 15.77%；其他单位平均工资是 1436 元，比平均工资高出 25.09%，明显高出许多，收入上开始打破传统的"吃大锅饭"的平均主义做法。1994 年城镇居民收入差距的基尼系数达到 0.30，收入差距达到新中国成立以来的最高水平。这一时段，我们国家收入差距扩大的主要原因是我国城镇也实行了改革，各种形式的承包制和国家的扩权让利，使城镇居民的收入快速提高。特别是 1992 年邓小平南方谈话以后，沿海和南方呈现出各种形式的所有制形式改革，收入的来源多样化，基尼系数也一路上升。

第三阶段是在 1998 年以来，我国的收入差距总体上处于逐渐拉大的

表 3 - 2　　改革开放以来我国城乡居民收入分配的基尼系数变动情况

年份	中国农村居民收入分配的基尼系数	中国城镇居民收入分配的基尼系数
1978	0. 21	0. 16
1979	0. 24	0. 16
1980	0. 24	0. 16
1981	0. 24	0. 15
1982	0. 23	0. 15
1983	0. 25	0. 15
1984	0. 24	0. 18
1985	0. 23	0. 19
1986	0. 30	0. 19
1987	0. 31	0. 20
1988	0. 30	0. 23
1989	0. 31	0. 23
1990	0. 31	0. 23
1991	0. 31	0. 24
1992	0. 31	0. 25
1993	0. 33	0. 27
1994	0. 32	0. 30
1995	0. 34	0. 28
1996	0. 32	0. 28
1997	0. 33	0. 29
1998	0. 34	0. 30
1999	0. 34	0. 30
2000	0. 35	0. 32
2001	0. 32	0. 32
2002	0. 37	0. 32
2003	0. 37	0. 33
2004	0. 37	0. 32
2005	0. 38	0. 32

　　资料来源：国家统计局，2005 年。转引自孙居涛《制度创新与共同富裕》，人民出版社 2007 年版，第 123 页。

趋势。1998—2002 年，基尼系数都在 0.3 左右，2005 年达到 0.485。[①] 就全国居民收入差距来讲，也呈现出持续扩大的趋势，1995—1998 年，基尼系数依次是 0.3646、0.3518、0.3591、0.3548。1999—2005 年收入差距基尼系数就达到 0.3605[②]—0.485。[③] 2006 年为 0.487，2007 年为 0.484，2008 年为 0.491，2009 年为 0.490，2010 年为 0.481，2011 年为 0.477，2012 年为 0.474[④]。从国家统计局公布的数据来看，我国收入不平等情况相当严重。

三　所有制制度创新的经验教训

通过对十一届三中全会以前我国在所有制问题上的历史考察可以看出，在建立社会主义所有制、探索社会主义公有制及其实现形式的道路上，我们并不是一帆风顺的，遇到不少的问题和挑战，在建设社会主义的初期，既没有现成的经验供我们学习借鉴，也没用具体的理论指导，现在看来这些探索和创新为我们今后探索和创新打下了良好基础。这些经验教训包括：

1. 离开生产力的发展水平进行所有制制度创新。在所有制问题上，没有根据生产力发展的要求，选择符合生产力发展水平而又能促进生产力发展的多种所有制形式。在新中国成立初期，由于我们受苏联模式的影响，对社会主义经济建设规律的认识还受"左"的思想的影响，认为所有制"一大二公"就好，无视生产力的发展要求，搞"穷过渡"、人民公社化运动，企图在很短的时间内进入共产主义。1978 年，公有制经济占99%，非公有制经济只占1%，可谓"公有制一统天下"。由于中国的国情，各个地区的经济发展水平不平衡，生产力发展水平有高有低，这就决

①　国家统计局：《马建堂就 2012 年国民经济运行情况答记者问》，中华人民共和国国家统计局网（http：//www.stats.gov.cn/tjdt/gjtjjdt/t20130118_402867315.htm），2013 年 1 月 18 日。

②　邹薇、张芬、周浩、刘兰：《中国经济增长与收入差距：理论与实践》，武汉大学出版社 2011 年版，第 97 页。

③　国家统计局：《马建堂就 2012 年国民经济运行情况答记者问》，中华人民共和国国家统计局网（http：//www.stats.gov.cn/tjdt/gjtjjdt/t20130118_402867315.htm）。

④　同上。

定了作为生产关系核心的所有制的结构和实现形式不可能是单一的，而是多样的。如果不顾生产力发展的现实一味追求大而空，就难免在发展问题上犯唯心主义的错误，背离马克思主义关于生产力决定生产关系的基本原理。这个教训我们一定要汲取。

2. 在所有制问题上，过去我们过多关注其所有权的问题，而没有考虑其实现形式问题。由于"左"的思想影响，总是强调所有权归属问题，把公有制等同于社会主义，对姓"资"、姓"社"非常敏感，忽视了更能代表现代化大生产发展趋向的所有制实现形式问题探索，随着生产力的发展，生产社会化程度越来越高，资本社会化日益成为必然，所有权与经营权逐渐分离，对于所有权如何实现，过去我们思考得比较少。

3. 改革开放以来，从我国经济发展的实践可以看出，所有制制度的改革和创新是我国经济持续、快速、稳步增长的根本动因。我们要坚持以公有制为主体、多种所有制经济共同发展的所有制结构。国有经济在国民经济中的比重虽然有所下降，但质的优势不断增强，控制着国民经济的命脉，在促进经济的包容性增长方面发挥了不可替代的作用。非公有制经济经过近三十年的发展，由小到大，逐渐做强，为活跃市场、扩大城乡就业、改善人民生活、优化经济结构发挥了重要作用。我们要毫不动摇地巩固和发展公有制经济，毫不动摇地鼓励、支持和引导非公有制经济发展。

4. 必须坚持公有制的主体地位，不断探索、发展和完善公有制的实现形式。只有坚持公有制的主体地位，才能为经济的包容性增长提供强大动力和保障。所有制制度创新是在公有制基础上的体制转换，决不能搞"私有化"为特征的所有制制度创新，那样就会偏离所有制制度创新的方向。

第二节　收入分配制度的改革与创新

收入分配制度是我国经济制度的重要组成部分。新中国成立以来，我们在发展生产、恢复国民经济的过程中，稳步推进收入分配制度改革与创新，促进社会的公平与正义，在马克思收入分配理论指导下，走出了一条中国特色的收入分配制度创新之路，既维护了社会的稳定，又促进了经济的发展。但在探索过程中，我们也有困惑和迷茫，也走了不少的弯路。

一 收入分配制度创新历程

改革开放前的"大锅饭"阶段——以绝对平均体现"公平"。新中国成立到社会主义制度的初步确立，按劳分配的社会主义分配制度就确定下来了，但这项分配制度在实施过程中，由于受到"左"倾思想的影响，并没有在实践中严格执行。为了体现社会主义制度的优越性，在收入分配上一度采取"吃大锅饭"的做法，以绝对的平均主义代替分配上的"公平"。

1. 社会主义改造完成后，农业合作社实行的是按劳动日分配的"一年两次预算，年终结算"的按劳分配制度。合作社依据劳动者提供的劳动数量来记取公分，然后在年终按公分多少进行决算分配。一般男性成年劳动力记取 10 分，女性记取 8 分，不满 18 岁劳动力记取 6—7 分。这种在生产队内部的记分获得报酬的方法，由于不计取劳动的质量和复杂程度，只要在生产队分派的任务中提供一定的劳动时间就可以与所有参与者一样获取工分，这在一定程度上挫伤农民的劳动积极性。并没有实现"各尽所能，按劳分配"的原则，实际上是平均主义"大锅饭"做法，导致农村、农业发展的低效率。

2. 在国民经济恢复时期，中国城镇实行的是全国统一的工资标准。根据 1950 年全国第一次工资预备会议的精神，全国各行政区都普遍实行了以"工资分"作为工资计算的方法。后来逐渐实行了"八级工资制"，在工人中依据技术熟练程度评定技术等级，然后依据技术级别核算工资。1956 年，国务院发布了《关于工资改革的决定》，改"工资分制"为货币工资制，企业工人实行八级工资标准制，企业的行政职员实行职务工资制，对技术工人加发技术薪酬。这种收入分配制度的改革和创新，在一定程度上激发了职工的劳动积极性，但是企业没有自主权，无权调整工资标准和工资级别，这种"铁工资"级差小，无法体现多劳多得的分配原则，平均主义倾向非常严重。

总的来看，改革开放以前我们实行以平均主义为特征的收入分配制度。这种分配制度某种程度上限制了劳动者的劳动积极性，没有体现"多劳多得"的分配原则，劳动分配制度也只是初步地将劳动分为一般劳动和含有技术复杂性的技术劳动，在分配上也给予了适当的体现，但这些仅仅是初步解决了"劳动有其得"问题，还没有真正解决"多劳多得"的问题，无法激发出"按劳分配"制度的内在效力，从而难以对经济快速增长起巨大的促进作用。正如邓小平所说："过去搞平均主义，吃'大锅饭'，实际上是共同落后，共同贫穷，我们就是吃了这个亏。"① 过分看重分配制度的公平性（仅限于结果公平）和保障性，却损害了分配制度的效益性、激励性和增长性，结果是，不但不能真正促进社会公平，而且还陷入低增长、低效率的恶性循环。

二 创新收入分配制度推动经济增长

在分配方式问题上，马克思指出："只要与生产方式相适应，相一致，就是正义的；只要与生产方式相矛盾，就是非正义的。"② 在马克思看来，分配方式选择的根据是生产力的发展水平，分配方式能促进生产力的发展就是合理的，就是可取的。改革开放以来，我们在城市和农村探索了多种形式的分配制度，促进了生产力的发展，使人民生活水平普遍提高。

1. 农村收入分配制度创新

十一届三中全会确定了把党的工作重点转移到经济建设上来的方针，改革首先在我国广大的农村展开。我国农村长期实行"集体为主的集中统一分配制度""按照工分取酬"的分配方式，这种收入分配方式没有实现收入分配制度的激励作用。农村改革从建立生产责任制开始，发展到多种形式的家庭联产承包责任制。农民在"交够国家的、留足集体的、剩下全是自己的"分配方式下，第一次取得了劳动成果的经济剩余，生产积极性得到极大提高。1979 年，国家提高了 18 类农副产品的收购价格，提高幅度平均达 22.13%，直接增加了农民收入，使农民可以更加有效地利用劳动力和劳动时间从事副业生产和经商活动，农民的人均纯收入从 1978 年的 133.6 元提高到 1984 年的 423.8 元，增长了近 3.18 倍。③ 1984 年中央发布关于发展乡镇企业的四号文件以后，全国乡镇企业开始迅猛发

① 《邓小平文选》第 3 卷，人民出版社 1993 年版，第 155 页。
② ［德］马克思：《资本论》第 3 卷，人民出版社 2004 年版，第 379 页。
③ 孙居涛：《制度创新与共同富裕》，人民出版社 2007 年版，第 121 页。

展，1986 年全国乡镇企业总产值迅速增加到 3484 亿元。这一阶段，乡镇企业的崛起可以说是继实施"联产承包责任制"后中国农村发展的又一制度创新，这一创新为我国广大农村的生产力提供了巨大的释放空间。对于推进工业化、城市化和现代化具有重要意义。乡镇企业的崛起不但为农民提供了大量就业机会，而且使农民收入来源日趋多样化，除劳动者报酬收入和家庭收入构成的基本收入外，农民收入构成中增加了转移性收入和财产性收入，非农产业收入增长明显加快，农村居民的生活水平在比较短的时间内有较大幅度的提高。

改革开放以来，我国广大农村的收入分配制度改革和创新，促进了我国农村经济组织结构的创新和发展，这种生产关系的变革是与我国农村的生产力发展水平相适应的。我国农村经济出现了集体经济、私营经济、个体经济、多种形式合作经济等并存的局面，形成了多种分配方式并存的格局。体现按劳分配基本原则的联产承包，是农民个人收入分配的主体方式，其他生产要素参与分配的方式也广泛存在，并且不断得到发展，如雇工经营中雇主的部分非劳动收入、资金入股的收入，等等。农民收入也有了显著提高，农民人均纯收入从 1978 年的 134 元提高到了 2000 年的 3255元，增长了 24.38 倍，扣除物价因素，实际增加了 6.7%。广大农民从收入增长中得到了越来越多的实惠，为整个农村乃至整个国家的稳定和谐奠定了坚实的物质基础。[①]

2. 城市收入分配制度改革与创新

城市的收入分配制度改革和创新较农村要复杂得多，所以在农村改革取得一定成效后，城市收入分配制度改革和创新开始启动。城市的收入分配改革是从 20 世纪 80 年代中期开始的，整个过程经历了承包经营、市场化分配和加速制度创新阶段。

改革开放伊始，国家对企业实行放权让利政策，使企业和城镇集体经济企业获得了一定经营自主权。20 世纪 80 年代中期，受到农村承包制改革的启发，城市国有企业也开始进行承包制的试验。在承包制下，企业拥有了更多的经营自主权。包括剩余利润、职工的奖励、岗位津贴等，企业都可以自行决定。尽管国家仍然对企业工资总量及其增长幅度、工资标准和等级、工资调整等保持一定控制，但是，企业拥有了部分剩余索取权，

---

① 孙居涛：《制度创新与共同富裕》，人民出版社 2007 年版，第 10 页。

承包责任制对企业走向市场、走向自主经营、激发职工的积极性发挥了重要作用。承包责任制之所以在改革开放初受到城镇职工的拥护，就是由于它提高了劳动者的收入水平，使企业职工看到"多劳多得""按劳分配"这项分配原则给职工带来实实在在的利益，为国家进一步深化收入分配制度改革和创新奠定了坚实的基础。

1992年党的十四大确定了经济体制改革的目标，我国逐步建立起同社会主义市场经济体制相适应的个人收入分配制度，改革目标是实现市场机制在企业工资分配方面的基础性作用。国有企业作为依法自主经营、自负盈亏、自我发展、自我约束的商品生产和经营主体，可以采取适合自身特点的工资制度和具体分配形式；非国有企业包括集体、个体、私营和合资企业，其分配制度本身就是一种典型的市场化分配制度，企业和员工完全根据市场原则确定工资水平。工资主要由劳动力市场的供求情况影响和决定，资本等非劳动要素参与劳动成果的分配。随着非国有经济的迅速成长，市场化的分配制度也越来越具有影响力，对国有企业的分配制度改革起到越来越大的示范效应。以按劳分配为主体、其他分配方式为补充的分配制度成为我国社会主义的基本经济制度之一。

20世纪90年代末期，随着现代企业制度的建立，立足于制度创新，进入深化分配制度改革阶段。1997年9月，十五大提出要"把按劳分配与按生产要素分配结合起来"，"允许和鼓励资本、技术等生产要素参与收益分配"，明确指出"一切合法的劳动收入和合法的非劳动收入都应该得到保护"。党的十五届四中全会决定指出要"实行经营管理者收入与企业经营业绩挂钩"，这些政策措施的出台带来了我国收入分配制度改革与创新的新阶段。十五大后，各种形式的分配制度纷纷出台，经理（厂长）年薪制，经营者股票期权、企业职工持股、劳动分红、技术入股等分配方式开始出现。收入分配货币化趋势日益明显，收入分配由市场调节的成分也在进一步加大。

随着收入分配制度改革的推进，国家机关和事业单位的收入分配改革与创新也在紧密锣鼓地进行。国家逐步推行了以职务、技术工资为主要内容的结构工资制度。由于机关事业单位人员复杂，原来那一套以行政级别作为机关事业单位核发工资标准的做法不能调动机关事业单位人员的积极性，在机关事业单位实行级别、职务和技术工资，更能适合机关事业单位人员构成和职务设定的实际。特别是在2009年9月，国务院出台了事业单位绩效工资办法，"实施绩效工资是事业单位收入分配制度改革的重要内容。在规范津贴补贴的同时实施绩效工资，逐步形成合理的绩效工资水平决定机制、完善的分配激励机制和健全的分配宏观调控机制，对于调动事业单位工作人员积极性，促进社会事业发展、提高公益服务水平，具有重要意义。"

总之，我国城镇收入分配制度创新调动了职工的劳动积极性，使城镇职工的收入在较短时间内得到普遍的提高。应该说，从收入分配改革的效果来看，分配制度的增长性、激励性、效益性在这一阶段均得到了较好的体现。然而，这一阶段我们在处理分配制度与社会和谐关系方面，与分配制度的时代性、公平性和保障性要求还存在一定差距；由于初次分配领域中的机会和规则公平尚未得到重视，分配制度的公平性没有保障，致使利益分配关系难以完全理顺，分配制度的保障性效果还不明显。

三　收入分配领域存在的问题

我国收入分配制度改革和创新虽然经历了近六十年的历程，但是收入分配制度创新滞后于整个经济体制改革和创新。收入分配领域存在的突出问题是收入分配差距过大与分配秩序混乱，这些问题要通过收入分配制度创新逐步加以解决。

（一）国民收入分配的现状与问题

1. 从收入法 GDP 来看，初次分配劳动者报酬偏低且持续下降。1995—2007 年，劳动者报酬增速偏低，即使考虑统计口径的调整，劳动者报酬占 GDP 的比重偏低、下降过快的问题依然突出。营业盈余和生产税净增所占份额增速较快。在收入法核算的 GDP 中，初次分配中劳动者报酬占比从 1995 年的 52.8% 持续下降到 2007 年的 39.7%，下降了 13.1 个百分点。而与此同时，企业利润大幅度上升，1995—2007 年，企业利润占 GDP 的比重从 22% 上升到 31.3%，上升了 9.3 个百分点。[①] 我国劳动者报酬占比远低于同期发展阶段的其他国家。世界重要经济体的劳动者报酬在 GDP 的份额一般介于 50%—57% 之间，比我国同期高约 10—17 个

---

① 余斌、陈昌盛：《国民收入分配困境与出路》，中国发展出版社 2011 年版，第 35 页。

百分点。从现代化过程的特定阶段来看，在工业化快速推进阶段，劳动者报酬比会相对偏低，并伴有少数年份下降的情况，但是在一段时间内持续下降的情况比较少见。从国际经验来看，工业化国家的初次分配报酬所占比是各要素所占比最高的，而且工业化进程中该比例总体呈上升趋势，并随工业化完成而趋于稳定。我国劳动者报酬比偏低，某种程度上是工业化发展阶段的体现，但是自 1995 年以来，劳动者报酬比持续下降比较特殊，不能简单用发展阶段来解释。[①]

2. 从初次分配情况来看，企业和政府份额增速较快，城乡居民份额增速长期持续下降。从国家统计局 2010 年出版的《中国资金流量表历史资料（1992—2004）》来看，1995—2008 年，居民部门在初次分配环节中占比呈下降趋势，由 65.2% 下降到 57.2%，下降了 8 个百分点。与此相对应的是，1995—2008 年，企业初次分配占比从 19.5 大幅升至 25.3%，上升了 5.8 个百分点。在此期间，政府的初次分配占比从 15.2% 上升至 17.5%，上升了 2.3 个百分点，主要跟政府部门的初次分配环节获得的生产税增加有关，相对于企业而言，政府部门占比上升不明显。[②]

（二）居民收入分配存在的问题

1. 居民个人收入差距急剧拉大

改革开放以来，我国居民收入水平有较大幅度提高的同时，收入差距也逐渐拉大。据联合国 2004 年人类发展指数（HDI）报告，中国 2001 年的基尼系数为 0.447，最穷五分之一人口占总消费的 5.4%，最富五分之一人口占总消费的 45.8%，贫富差比 8.4∶1。美国 2000 年的基尼系数为 0.408，最穷五分之一人口占总消费 4.7%，最富五分之一人口占总消费的 50%，贫富差比为 10.7∶1。法国 1995 年的基尼系数为 0.327，最穷五分之一人口占总消费的 7.2%，最富五分之一人口占总消费的 40.2%，贫富差比为 5.6∶1。日本 1993 年的基尼系数为 0.249，最穷五分之一人口占总消费的 10.6%，最富五分之一人口占总消费的 35.7%，贫富差比为 3.4∶1。可见，中国目前的贫富差距已明显超

---

① 余斌、陈昌盛：《国民收入分配困境与出路》，中国发展出版社 2011 年版，第 35 页。

② 同上书，第 37—39 页。

过一些发达资本主义国家。①

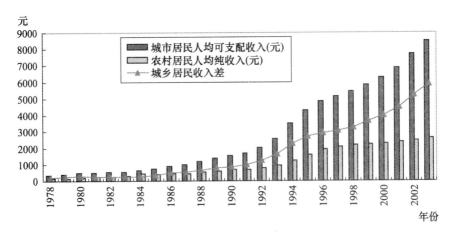

图3-4　改革开放以来我国城乡居民人均可支配收入
及城乡居民收入差距变动情况统计

说明：城乡居民收入增长率是按可比收入计算的，城乡居民收入增长率/城市居民人均可支配收入与农村居民人均纯收入之比是根据原始资料计算而得。

资料来源：根据孙居涛《制度创新与共同富裕》（人民出版社2007年版）整理得出。

从图3-4可以看出，改革开放以来，城乡居民收入差距不断扩大。1978年，我国城镇居民的人均可支配收入为343.4元，农村居民的人均纯收入只有133.6元，城市居民人均可支配收入是农村居民人均纯收入的2.57倍。1999—2003年，城乡居民收入相对差距分别为2.65、2.79、2.90、3.11和3.24倍，说明这几年城乡居民收入差距又在逐步扩大。如果再考虑农民必须支付而城市居民一般不用支付的生产资料费用，现阶段城乡居民可支配收入的比率将扩大为5—6倍。这一比例大大超过了国内外经济学界公认的1.5—2的差距水平。

城乡收入比率在多大范围合适？理论界的意见并不一致。根据国际劳工组织发表的1995年36个国家的资料，绝大多数国家的城乡人均收入比都小于1.6。国内的研究专家蔡昉等人收集了36个国家农业与非农业标

---

①　孙居涛：《制度创新与共同富裕》，人民出版社2007年版，第11页。

准劳动者的收入比率，发现这一比率大都低于 1.5，高于 2 的国家 1985 年只有 4 个，1999 年年末也只有 5 个[①]。其比率为 2.42，[②] 这说明我国的城乡居民收入差距在世界上是处于高位的。

2. 城镇内部居民收入差距拉大

随着改革开放的深入，我国城镇内部居民的收入水平也在逐渐加大，城镇内部的居民分化渐趋激烈。改革开放后由于所有制形式的变化，城镇内部职工就业趋于多元化，居民所从事的职业、所属行业、经济成分、收入来源和收入量不同，因而收入分配的差距扩大。国家统计局资料显示，城镇内部各阶层收入差距扩大速度明显加快，高收入户的收入增长速度大大超过了低收入户。1999 年，20% 的高收入户收入占当年城镇居民总收入的 42.4%，是最低收入户的 9.18 倍。[③]

3. 初次分配领域未能提供机会均等的环境，缺乏公平公正

在初次分配领域，由于计划经济体制下遗留问题和在改革开放过程中新产生问题的叠加，使我国初次收入分配领域问题比较突出。一方面，计划经济体制下，城乡二元结构造成工农业发展机会不均等，特别是户籍制度极大地限制了农村生产要素的合理流动和优化组合，导致城乡之间在资金、劳动力、技术发展上的失衡。同时，财政投入主要集中在城市，使乡村的教育、卫生、基础设施等大大落后于城市，这是城乡居民收入差距不断扩大的主要原因。另一方面，由于垄断行业的存在，特别是在电力、电信、金融、保险和航空等行业长期受到行政手段保护，在贷款、信贷和税收等方面优惠，这些行业的垄断利润转化为其福利和高工资，推高了我国在初次分配领域的不公平程度。据统计，目前我国的电力、电信、石油、金融、保险、水电气供应、烟草等行业共有职工 833 万人，不到全国职工总人数的 8%，但工资和工资外收入总额估算占了全国职工工资总额的 55%[④]。

此外，初次分配中还存在大量非规范性收入，直接破坏了竞争的公

① 蔡昉、杨涛：《城乡收入差距的政治经济学》，《中国社会科学》2000 年第 4 期。

② 同上。

③ 孙居涛：《制度创新与共同富裕》，人民出版社 2007 年版，第 16 页。

④ 周光辉、殷冬水：《垄断经营：社会正义的困境——中国国有企业行业垄断问题的政治学分析》，《社会科学战线》2012 年第 2 期。

平性。

第三节　社会保障制度的改革与创新

社会保障制度被称为社会的"安全阀"和"稳定器"，也是维护社会稳定、保障社会公平、促进经济包容性增长的重要措施。新中国成立后，党和政府就积极探索适合中国经济发展和中国国情的社会保障制度。在新中国历史上，中国人民第一次享受到了社会保障制度带来的福利。

一　改革开放前社会保障制度创新的历史进程

1949 年颁布的《中华人民政治协商会议共同纲领》，为新中国的社会保障制度创新提供了基本法律依据。1954 年的宪法也规定了社会保障的相关内容。宪法规定"公民有劳动、休息、教育的权利及其在年老、生病或丧失劳动能力时，获得物质帮助的权利"。①

1. 随着农村人民公社的建立，人民公社内部的社会成员都可享受到集体保障。孤寡老人和孤儿享受"五保"待遇，由集体供养。在城市，1956 年开始，对企业、机关职工建立了退休和退职制度。加强了企业机关提取福利费用的办法，完善福利、社会救济制度。在城市的国家保障和农村的集体保障这两种安全网中，中国绝大部分人口可以享受到社会保障制度带来的福利，充分显示了社会主义制度的优越性②。

2. 在城镇劳动保险方面，建立了统一的劳动保险制度。1951 年政务院颁布了《中华人民共和国劳动保险条例》，规定了一系列劳动保险的相关制度，其中包括保险对象、保险项目、保险的资金筹措和管理等。③

二　新时期有中国特色的社会保障制度创新

在计划经济体制下，我国的社会保障制度基本上是由国家和企业承担的一体化社会保障制度。这种保障模式在国民经济发展的特定历史时期发挥了重要的作用。为适应改革的需要，我国从 1978 年开始了具有中国特

---

① 陈东琪、邹德文：《共和国经济史》，人民出版社 2009 年版，第 471 页。
② 同上。
③ 同上。

色的社会保障体制改革。在改革初期，一些旧的带有计划经济体制痕迹的
社会保障制度依然在运行，随着改革开放的深入，这些制度措施无法适应
新的形势。因此，现实要求我们对社会保障制度做全面改革。国家先后启
动了养老、医疗、失业、工伤等社会保障事业试点，1993 年，国家第一
次把社会保障体制改革作为建立社会主义市场经济体制的重要方面提出
来，从而开创了我国社会保障体制改革的新阶段。

在养老保险方面，国家分别在 1991 年、1995 年和 1997 年分别出台
了《关于企业职工养老保险制度改革的决定》、《关于深化企业职工养老
保险制度改革的通知》和《关于建立统一的企业职工基本养老保险制度
的决定》，这些制度的出台，使我国职工养老保险有了基本养老保险制度
框架。在此同时，我国机关事业单位养老保险制度改革也在积极推进。

在农村出台一系列社会保障措施。2002 年，国家颁布了《关于进一
步加强农村卫生工作的决定》，提出建立农村新型合作医疗制度。2004
年，新型合作医疗试点已遍及 30 多个省、自治区和直辖市的 310 个县，
覆盖 9504 万农业人口，筹措资金 30.21 亿元，4190.03 万人得到合作医疗
的报销补偿。[1] 2008 年，党的十七届三中全会发布《中共中央关于推进农
村改革发展问题若干重大问题决定》，提出了大力发展国家、社会共同开
办农村福利事业，保障弱势群体的基本生活，正在搭建城乡社会保障对接
的平台。[2] 在医疗保险方面，国务院于 1998 年发布了《关于建立城镇职工
基本医疗保险制度的决定》，开始了对公费、劳保医疗制度的全面改革，
确立了覆盖城镇所有用人单位及其职工医疗保险制度。实行社会统筹和个
人账户相结合，单位和职工共同缴费的城镇职工基本医疗保险制度，并同
步推进医疗保险、医疗结构和药品流通体制改革。普遍实施大额医疗费用
补助办法、落实公务员医疗补助措施，实行企业补助医疗保险，建立了多
层次的医疗保障体系。在农村实行合作医疗保险制度，建立了以赤脚医生
为基础的农村三级医疗保险制度。这样，我国初步建立了农村合作医疗与
城镇公费医疗及劳保制度，构成我国的三大医疗保障制度。此外，还按照
"生产自救、节约度荒、群众互助、以工代赈、辅之以政府必要救济的方

---

① 陈东琪、邹德文：《共和国经济史》，人民出版社 2009 年版，第 471—479 页。
② 同上。

针，按照量力而行的原则，在城市和农村实施社会救济制度。[1] 在失业保险方面，国家于1993年、1999年发布《国营企业职工待业保险规定》和《失业保险条例》，条例覆盖所有城镇事业单位及其职工。

三　我国社会保障方面存在的问题

我国社会保障制度通过几年的改革和创新，初步建立了符合社会主义市场经济的社会保障体系。但是我国社会保障制度也在实践中遇到了许多挑战和问题。主要有以下几方面：

1. 福利模式二元化，农村福利普遍短缺。由于受计划经济体制的影响，我国福利产品与福利服务供给制度的突出问题是福利模式二元化倾向明显。城乡二元经济体制给我国的福利制度创新带来了巨大挑战。城镇居民的福利全面优于农村居民的福利。从发展态势看，城乡居民的福利差距且有不断扩大的趋势。这表现在多方面，无论福利的发展速度、发展水平，还是发展内容等方面，城市的福利发展都要快于农村的福利发展。我国农村的福利内容、覆盖范围、福利水平，与城市的每个项目相比，皆存在较大的差异。除了城乡福利差异，还存在农村福利普遍不足的问题。福利的普遍不足在城乡都存在，尤其在农村地区存在严重的福利不足现象。由于城乡二元经济体制，农村的经济发展又长期处于比较低的水平，且从长时段来看，农村居民的福利不会有明显的改观。

总之，农村的福利资源短缺不是一朝一夕形成的，无论是在人民公社化时期，还是家庭承包责任制经济时期，农村居民从1950—2008年，依然只是拥有微薄的日益贫瘠、日益渐少的"土地福利"。城乡"二元福利"模式损害社会公平，难以实现经济的包容性发展。

2. 城乡社会保障体系制度建设滞后。主要表现为：城乡社会保障的覆盖面不够广，部分困难群众缺乏基本保障。我国社会保障体系建设与社会主义市场经济发展水平还不适应，社会覆盖面不够广，相当多的困难居民遗漏在社会保障安全网之外。由于市场经济体制改革，市场竞争越来越激烈，失业下岗职工特别是一部分40—50岁的人员，再就业能力差，失去生活来源，生活贫困加剧，有些成为城市贫困群体的一部分。我国现行的社会保障制度难以有效地解决弱势群体的贫困问题。

---

[1]　陈东琪、邹德文：《共和国经济史》，人民出版社2009年版，第474页。

3. 社会保障立法体系不健全，法制建设滞后。虽然我国在社会保障方面的立法已经有很大进展，颁布实施了一系列法规，如《社会保障法》《劳动法》《妇女和儿童保护法》《老年人保护法》《残疾人保护法》等相关法律，但是这些法律的有些部分还很不完善，与其他部门法的关联性还不强，有些甚至还处于立法的真空状态。由于这些不完善，导致我国弱势群体无法运用合适的法律手段来维护自己的合法权益，丧失了市场条件下资源争夺的竞争力。

我国的社会保障依然没有上升为法制主导，这与以立法推进社会保障事业，规范全社会不同群体参加社会保障事业的行为是不相称的。制度建设不能与时俱进地与社会保障事业发展相适应，表现出一定的滞后性。

4. 社会救助体系不够健全，对弱势群体缺乏有效保护。一方面，由民政部门主管的社会特殊弱势群体的社会福利覆盖面窄、社会化程度低，难以适应日益增长的社会福利需求。我国现有慈善机构 100 多家，每年募集的款物约 50 亿元，仅占 GDP 的 0.5%，与发达国家相比存在很大差距。另一方面，我国社会救助资金投入严重不足，社会救助资金占 GDP 的比重不足 0.2%，是世界上社会救助资金投入比例最低的国家之一。资金不足直接导致我国社会救助体系不健全，城乡医疗救助制度建设迟缓，不能满足困难群众的基本医疗救助需要；优抚、救灾、教育和住房援助制度化或规范化程度低，各项社会救助制度之间缺乏合理有效的衔接配合，存在部分困难人群救助遗漏和部分困难人群重复救助的现象。

第四节　教育制度的改革与创新

党的十七大报告指出："教育是民族振兴的基石，教育公平是社会公平的重要基础。"一个人所受教育程度的高低是影响其收入的重要因素。教育作为促进社会公平的平衡器，通过劳动者就业途径的选择来实现对劳动者收入的影响，教育程度的提高最终会导致社会收入均等程度的提高。因此，教育被认为是平抑收入差距的重要手段，也是实现经济包容性增长的重要措施。

一　建立对公民教育权利保护的法律制度

新中国成立 60 多年来，教育事业取得了巨大成就。新中国成立之初，中国适龄儿童入学率不到 20%，初中入学率仅为 6%，80% 人口是文盲，农村的文盲率更是高达 95% 以上。新中国成立初期到 1978 年，国家非常重视基础教育，文盲率由 1964 年的 33.85% 下降到 1982 年的 22.81%，在全国范围内基本普及了义务教育，适龄儿童入学率达到 95.5%[①]。

这些成绩的取得，与我国建立了比较健全的教育法律体系有很大的关系。首先在宪法层面规定了中华人民共和国公民享有受教育的权利。1980 年颁布了《中华人民共和国学位条例》，这是新中国第一部教育法律法规。为了在法律层面上确实保障我国青少年的受教育权利，1986 年又颁布了《中华人民共和国义务教育法》，明确规定了适龄儿童接受教育的权利。之后，中国教育法律体系不断完善，分别在 1993 年、1995 年、1996 年、1998 年、2002 年颁布了《中华人民共和国教师法》、《中华人民共和国教育法》、《中华人民共和国职业教育法》、《中华人民共和国高等教育法》、《中华人民共和国民办教育促进法》。在这么短的时间教育立法这么密集地颁布，足以说明，我国在发展经济的基础上，认识到将沉重的人口负担转化为巨大人力资源优势的重大意义。

2006 年，国家对《中华人民共和国义务教育法》进行了修订。各省也相继颁布了各项法律的实施办法。尽管中国教育法律法规建设起步较晚，相比发达国家，在教育法律法规建设的数量和质量上也有一定差距，但是，经过改革开放 30 年的努力，已基本形成了一个相对完整的教育法律体系，为教育权利的保障奠定了基础。

二　对城乡二元体制造成的教育权利不平等进行调整

在计划经济体制下，我国实行的是城乡二元经济体制，教育实行的是分级办学模式，这样的教育模式下，各个地区的教育资源利用就是条块分割，流动人口子女入学成了问题。随着城市化进程的加快，人口流动越来越频繁，到 2003 年就超过了 1.4 亿人。解决流动人口子女入学是社会关注的焦点。在教育公平进程中，对农民工子女入学政策的调整是一个明显的标志性变化。

1. 早期对农村流动人口子女入学权利的限制

1996 年，国家教委针对我国农民工进城务工而带来的大量流动人口

[①]　陈东琪、邹德文：《共和国经济史》，人民出版社 2009 年版，第 29 页。

子女入学问题，下发了《城镇流动人口中适龄儿童就学办法（试行）》，在部分省市试点，准许流动人口向流入地附近中小学提出申请，可以就近入学。但是在 1998 年，国家教委和公安部又联合颁发《流动儿童少年就学暂行办法》，该办法要求"流动儿童少年常住户籍所在地人民政府应严格控制义务教育阶段适龄儿童少年外流。凡常住户籍所在地有监护条件的，应在常住户籍所在地接受义务教育；常住户籍所在地没有监护条件的，可在流入地接受义务教育。"①强调户籍所在地政府的责任。这实际上是对流动人口的农民工子女入学筑起了一道无形的门槛。

2. 注重对农村流动人口子女教育权利的保护

国务院于 2001 年在《关于基础教育改革与发展的决定》中提出："要重视解决流动人口子女接受义务教育问题，以流入地区政府管理为主，以全日制公办中小学为主，采取多种形式，依法保障流动人口子女接受义务教育的权利。" 2003 年 1 月国务院办公厅《关于做好农民进城务工就业管理和服务工作的通知》、2003 年 9 月国务院办公厅转发教育部等部委《关于进一步做好进城务工就业农民工子女义务教育工作的意见》，分别强调了流入地政府的主要责任，并明确了农民子女与城市学生一视同仁。

从中我们可以看出，教育主管部门，对农村流动人口子女教育权利的保障制度越来越完善。体现了教育公平思想。

三　建立对弱势群体的教育权利救助制度

《国家中长期教育改革和发展规划纲要（2010—2020 年）》明确提出："形成惠及全民的公平教育。坚持教育的公益性和普惠性，保障公民依法享有接受良好教育的机会。建成覆盖城乡的基本公共教育服务体系，逐步实现基本公共教育服务均等化，缩小区域差距。努力办好每一所学校，教好每一个学生，不让一个学生因家庭经济困难而失学。切实解决进城务工人员子女平等接受义务教育问题。"对经济困难学生和弱势群体子女的救助是政府的责任和义务。

1. 不让每一个学生因家庭经济困难而失学

我国在 2002 年实施了义务教育免费和建立农村义务教育经费保障机

---

① 国家教育委员会、公安部：《流动儿童少年就学暂行办法》，中国教育与科研计算机网，2004 年 2 月 17 日。

制，此后又加强对贫困家庭教育救助的工作力度，在义务教育、中等职业教育和高等教育三个阶段实施对贫困学生的资助。

在义务教育阶段建立家庭经济困难学生"两免一补"制度，据《教育部国家发展改革委财政部关于〈国家西部地区"两基"攻坚计划（2004—2007年）〉完成情况的报告》提供的统计数据，到2007年春季学期，在全部免除农村义务教育阶段学生学杂费的同时，西部地区1955万名家庭经济困难学生享受了免费教科书，占西部地区农村义务教育阶段学生总数的42%；604万名家庭经济困难寄宿生享受了生活费补助，约占西部地区农村义务教育阶段寄宿生总数的50%。"两免一补"政策的实施，切实减轻了农民的经济负担，保障了农村家庭经济困难学生接受义务教育的权利。西部地区农村义务教育学生入学率和巩固率都明显提高，流失率明显降低；其中初中辍学率从2002年的4.3%下降到2006年的1.87%，与东部地区基本持平。

国家十分重视中等职业教育，于2006年启动了中等职业教育学生助学金制度。这一普惠性助学政策的实施，对农村学生和城市家庭经济困难学生每生每年资助1500元，受惠面约占中等职业学校在校生的90%。这项政策的实施，使有志于接受中等职业教育的学生基本都能接受到应有的教育。

在高等教育阶段对家庭经济困难学生建立比较完善的资助体系。已基本形成以国家奖助学金和助学贷款为主体，勤工助学、特殊困难补助、学费减免有机结合的高校家庭经济困难学生资助政策体系。每年有将近400万学生获得不同级别的国家奖学金奖励，占在校大学生人数的23%。此外，"绿色通道"制度则确保每一位公办高校的学生不因家庭经济困难而失去学习机会。

2. 重视对残疾和智障儿童的特殊教育制度建设

新中国成立后就着手建立特殊教育体系，在各地设置了一批特殊教育学校，以保障残疾和智障儿童的教育权利。到2020年，基本实现地市和30万人口以上、残疾儿童较多的县都有一所特殊教育学校。为促进特殊儿童和其他儿童共同成长，国家鼓励和支持普通学校接受残疾人入学，不得在招生录取上存在歧视，以提高残疾儿童义务教育水平，并要加快发展残疾人高中阶段教育、职业教育和高等教育，提升残疾人社会就业能力和水平。

四　我国教育制度创新存在的问题

新中国成立以来，在国民经济处于极其困难的情况下，我国初步建立了从学前教育到高等教育的完整的教育体系，改革开放后我们不失时机地推行义务教育制度，并以国家法律的形式确定下来，这在中国追求教育机会均等的历史中无疑具有里程碑的意义。我国政府在扫盲领域实施的全民扫盲工程卓有成效，也是我国教育制度符合国情的一大创新。我国高等教育长期实行的高考制度、免费教育和人民助学金制度，都曾是计划经济时代我国政府坚持教育机会均等所采取的重大步骤。高等教育有了长足的发展，高等教育扩招使无数处于社会底层的青年实现了大学梦，给他们的命运带来转机。虽然我国在教育公平方面取得了很大成就，但是就我国的教育现状来看仍然不容乐观。

1. 地区差别

由于历史的原因，也由于我国教育投资体制的因素，我国东部经济发达地区和经济比较落后的中西部地区、西部贫困的山区、少数民族自治区之间经济发展水平不同，教育规模和教育水平也不同。我国东部某些地区和大城市的教育水平已接近发达国家的水平，而西部还有大面积贫困地区尚未完全普及九年义务教育。这种严重失衡状况必然会影响资金、人才等教育资源的流向，也必然会造成"贫域亦贫、富域亦富"的状况，形成"马太效应"。①

西部地区地处偏远、自然条件恶劣，而东部沿海地区，在国家改革开放政策影响下，依托自身的地理条件，经济突飞猛进。由于我国基础教育投资体制是以县乡为责任主体，所以经济发展的极大不平衡是我国教育不平衡的主要原因。② 根据胡鞍钢等的研究，20 世纪 90 年代中国的地区差异比发达国家历史上出现过的最大值还要大。以 1998 年我国"普九"的人口覆盖率为例，一片地区（东部）达到 96.47%；二片地区（中部）达到 81.87%，三片地区（西部）仅达到 42.26%。当沿海地区已经基本普及初中教育时，西部地区则仍有 2/3 的县未达到 85% 的普及初中标准，

---

① 杨瑞勇：《对教育公平问题的几点思考》，《科学决策》2005 年第 1 期。
② 杨东平：《对建国以来我国教育公平问题的回顾与反思》，《北京理工大学学报》2006 年第 4 期。

西部贫困的少数民族自治县则尚未普及初等教育。[1] 2004 年，我国普及九年义务教育的人口覆盖率已提高到 93.9%，到 2007 年，全国普及九年义务教育地区人口覆盖率达到 99%，比 2002 年提高了 8 个百分点。其中西部地区普及九年义务教育人口覆盖率由 2003 年的 77% 提高到 98%，提高了 21 个百分点。[2] 看起来这些地区的差距在缩小，但是，在不同地区入学率、辍学率上仍然有显著差距，学生在学习过程中所享受的教育经费、办学条件、师资力量也都有很大差别。

2. 城乡差别

由于我国长期实行二元制经济结构，教育投资的制度又是以县乡为责任主体，导致城乡之间在教育上呈现出明显的差距。随着九年义务教育的逐渐普及，农村教育有了较快的发展，但整体仍然落后。教育机会不均等的现象严重。农村学生辍学率、流失率仍然较高，初中生辍学率上升。1998 年全国初中在校生辍学率 3.23%，达 167 万人，而农村辍学率为 4.2%，高于全国平均水平 0.97 个百分点。[3] 高中以后，农村孩子上学的流失率更高。不断上涨的高等教育学费，也使农村学生失去了继续学习的机会。应该指出的是，有些地方实际的流失辍学率比统计数据还要高。由于义务教育经费严重不足，农村校舍破旧，危房比例较高，教学设施不全，学生们学习环境较差。城乡之间在人均教育经费、师资水平和办学条件等方面存在较大差距。2002 年全社会的各项教育投资共计 5800 亿元，其中用在城市的占 77%，占总人口 60% 以上的农村只获得 23% 的教育投资。低教育投资带来的是农村办学条件的落后。2001 年全国小学危房面积 3808.3 万平方米，城市为 188.3 万平方米，占 4.95%；农村为 3117.5 万平方米，占 81.97%。有的地方农村辍学率高达 10% 以上。[4]

此外，城乡教师待遇水平的差距也很大。根据全国教育工会 1999 年上半年调查，全国有 2/3 的省、自治区、直辖市拖欠教师工资。农村教师

①　杨东平：《对我国教育公平问题的认识与思考》，《教育发展研究》2000 年第 8 期。

②　杨东平：《对建国以来我国教育公平问题的回顾与反思》，《北京理工大学学报》2006 年第 4 期。

③　杨东平：《对我国教育公平问题的认识与思考》，《教育发展研究》2000 年第 8 期。

④　刘晓：《构建以公平为目标的教育政策》，《教育与职业》2005 年第 13 期。

有效需求严重不足，毕业生不愿到基层工作，导致农村教师资源匮乏，农村的教育问题依然非常严重。

3. 类别差别

不同类型的学校之间资源配置不公平。我国长期实行把优势资源配置给重点学校的政策。这对集中有限资源确保优秀人才的培养起到了历史性的作用。但是这个政策实行过程中出现了扭曲的现象，过分强调重点学校的作用，甚至把大量的资源配置给一所重点学校，势必会影响其他学校的积极性和办学水平。这样就会拉大重点学校与一般学校的差距。在普通教育与职业教育之间的差距也是非常明显的。职业教育在我国的境地非常尴尬，本来职业教育需要大量的经费，需要购置大量的教学设施，然而，由于受到教育经费的掣肘不能快速发展。职业教育被称为穷人和弱势群体孩子上的学校。1998 年以后，全国中等职业教育在校生占全国高中阶段的比例逐年下降，2003 年所占的比例（38.75%）要比 1990 年的比例（45.70%）还要低。① 造成这种局面的根本原因在于职业技术教育的投入不足，质量没有保证，职业技术教育的吸引力下降。事实上，职业教育所需要经费远比普通教育高，按国际上的测算，一般应是普通高中的 3 倍左右。② 而中国却相反，2003 年普通高中生人均预算内公用经费为 264.83元，职业高中却只有 239.23 元。③

4. 阶层差别

改革开放以来，随着我国所有制以及收入分配方面的变化，原来比较单一的社会阶层逐渐分化，贫富差距逐渐拉大，同时那些教育水平和社会地位不同的父母，为孩子提供的文化和知识环境存在比较大的差异。那些教育资源有比较优势的学校常常是那些优势群体家庭孩子的选择，而一般农村家庭的孩子，在同等条件下会进入一个一般的学校。高中阶段教育和高等教育实行收费，对社会弱势群体的教育权利产生不利影响，贫困生现象引起了全社会的普遍关注。贫困阶层可以分为城市中的弱势群体和农村中的绝对贫困群体两部分，城市中的弱势群体由失业者、退休人员等构成。对于农村来说，贫困仍然是许多人上不起学的最重要原因。

---

① 计科宪：《职业教育期待新突破》，《现代教育报》2005 年 8 月 31 日。

② 同上。

③ 同上。

　　我国于 1977 年恢复高考制度，这项制度使大多数农村以及弱势群体的孩子有机会改变自己的命运。但是，不可否认的是，我国高招录取制度极大地影响了政府的公信力，主要问题是不同地区的考生施行不统一的录取分数线。那些在大城市享受优势资源的学生反而会以比较低的分数进入高一级学府，而那些在偏僻山村、农村的孩子，反而要考取更高的分数才能进入资源比较优势的大学。比如，1999 年，北京考生只要获得每科相当于百分制 43.6 分就可以读本科，而这在农村孩子看来是根本不可能的。因此，高考制度的不合理性导致落后地区公民受教育机会的不公平，从而也失去了公平竞争的机会。

第五节　本章小结

　　本章通过对我国包容性增长制度创新的历史回顾，揭示我们在制度创新方面的成就和经验，同时我们也不回避存在的问题。新中国的成立为享受经济发展的成果奠定了制度基础。改革开放前的 30 年间，我们在所有制、分配制度、社会保障和教育制度方面做出了许多有益的探索，为改革开放政策实施打下坚实的基础。收入分配制度改革极大地调动了人民的劳动积极性，打破"大锅饭"格局到一部分人先富起来，收入分配制度创新起到了关键的作用。没有改革开放的伟大实践，没有市场经济的探索，包容性增长制度创新就无法显示其威力。同样，我们在发展模式的探索中，要坚持发展为了人民、发展成果由人民共享的原则，建立惠及城乡十几亿人口的"普惠型"福利制度，实现经济的包容性增长是我们努力的目标。

第四章

包容性增长制度创新的价值取向

制度创新需要有一个明确的目的，需要一个明确的价值导向，不然的话，制度创新就会迷失方向。那么包容性增长制度创新在现阶段需要什么样的价值导向呢？这是研究包容性制度创新首先要解决的问题。包容性增长制度创新就是要构建优良的制度，制度优良的评价标准不是由哪一部分群体或者专家学者能够确定了的，其实这是一个政治领域的价值判断问题。首先我们要追问，我们为什么而增长，是为增长而增长还是为这个社会的大部分社会成员的生活水平的提高而增长。

第一节　包容性增长制度创新的价值内涵：机会公平

制度创新、制度安排，实质上是社会价值与社会不同群体的利益整合与博弈。在既定体制下，一项具体制度的出台会影响一部分群体的利益，可能是一部分人在短时间内利益受到损失。例如国有企业改革，在社会保障体系还不健全的情况下，一部分人下岗就会让这部分人的生活质量迅速下降。所以选择一个什么样的制度安排，以一个什么样的价值导向设计制度，不是一个经济问题，而是一个政治问题。在当今价值多元、文化多元大碰撞、大融合的背景下，制度创新的价值选择关键取决于制度生成集团即决策集团的价值取向。制度创新不能脱离社会现实，不然的话就会成为"制度的乌托邦"，社会收入差距大、收入分配不公平与个人因素有关但最终决定于什么样的制度安排。

一　经济增长价值导向的追问

中国改革开放已经进行 30 年了，经济建设在取得巨大成绩的同时，也积累了不少的问题，比如贫富差距、地区发展不平衡、城乡差距问题，等等。也有一些人主张中国的经济体制改革应该照搬西方发达国家那一套，大力推进私有化，让市场这只无形之手完全代替政府的有形之手，走美国新自由主义者所倡导的所谓"华盛顿共识"之路。① 改革也是制度创新，是制度不断完善的过程，不顾中国国情一味搞市场化，就会把市场失灵带来的问题让普通百姓去承受，这些问题会给社会稳定带来隐患。所以中国的改革应该在发挥市场看不见的手作用的同时，也应该发挥看得见的手（政府计划）的作用，加强制度建设。就像清华大学学者胡鞍钢所说，如果说前 30 年我们是以经济建设为中心的话，那么后 30 年的改革要以制度建设为中心。② 以胡锦涛所提出的四个公平"权利公平、机会公平、规则公平、分配公平"的原则构建包容性增长的制度，就如美国政治哲学家罗尔斯所指出的："所有社会价值（包括自由和平等、收入和财富以及个人和尊严的各项基础）都应该平均分配，除非这些价值中的一项或全部的不平均分配能使所有人受益。"③ 制度失去了价值的指向，就会失去灵魂。

　　制度创新从某种程度上说就是一场博弈，要照顾不同群体的利益，既要满足社会精英群体的经济与物质利益，同时也要满足普通社会成员的利益，更要通过制度对社会弱势群体给以帮助与救济。按照联合国的贫困标准，我国在 2011 年调高了政府帮扶的标准，从 2010 年的 1274 元年均纯收入调高到 2011 年的 2300 元。这样我国的贫困人口由原来的 2688 万人一下子又上升到近 1 亿人，减缓贫困是我们需要解决的一个大问题。社会主要矛盾在公共领域表现为民众对公共产品需求的快速增长与政府对公共产品供应严重不足的矛盾。

二　包容性增长的价值内核：公平合理地分享经济增长成果

　　包容性增长不是一句时髦的口号，它有着丰富、深刻、严肃的思想内涵。世界银行作为长期致力于全球贫困减除和发展工作的国际机构，它关

---

　　① 华盛顿共识：1989 年由美国政府及国际经济组织（国际货币基金组织、世界银行、美洲开发银行）所制定，是一种以市场经济为导向的针对拉美国家和东欧转轨国家经济改革方案和对策的新自由主义的政治经济理论。

　　② 胡鞍钢、王绍光、周建明：《第二次转型：国家制度建设》，清华大学出版社2009 年版，第 7 页。

　　③ 王绍光：《安邦之道》，生活·读书·新知三联书店 2007 年版，第 36 页。

于减缓贫困与增长、不平等之间关系的认识也在不断深化，相应地，其关于包容性增长的理念和战略也在世界经济的发展中逐步形成，为包容性增长理论的完善和发展发挥了重要作用。世界银行关于包容性增长的理念集中体现在《2006 年世界发展报告：公平与发展》和《增长报告——可持续增长和包容性发展的战略》的文件中。这两个文件是世界银行针对经济全球化过程中，世界经济出现的问题所采取的政策措施。

1. 世界银行认为，包容性增长就是"倡导机会平等的增长"。① 让·皮埃尔·莱曼认为，"包容性增长最基本的含义是公平合理地分享经济增长，它涉及平等与公平问题。"② 在这里，莱曼强调了"包容性增长"的核心命题就是"平等与公平"问题，在莱曼看来，"包容性增长"所体现出来的价值及内涵极其丰富。亚洲开发银行认为，"包容性增长使人人都能参与到经济增长的进程当中，同时又保证每个人都能平等享有经济增长带来的福利。"③ 国外学者虽然对包容性增长的内涵表达不尽一致，但对"包容性增长"核心理念还是取得了比较一致的意见。我国学界对这个概念也有比较多的讨论。庄臣忠认为："包容性增长就是机会性增长，实现包容性增长需要两条腿走路，一条是高速持续经济增长，另一条是促进社会的包容性，减少和消除社会机会不均等的产生。"④庄臣忠对"包容性增长"的理解与国外学者意见也是比较一致的，也强调"机会均等，消除不公"。汤敏把"包容性增长"界定为一个战略框架，是一种经济社会发展战略，他说："包容性增长被界定为机会平等的增长。"⑤ 本书认为，包容性增长的前提是经济增长，核心要义是机会平等，最终价值导向是社会公平正义。

2. "包容性增长"的中国含义的核心价值就是"权利公平、机会公

---

① 蔡荣鑫：《"包容性增长"理念的形成及其政策内涵》，《经济学家》2009 年第 1 期。

② ［法］让·皮埃尔·莱曼：《探索包容性的增长》，《中国企业家》2008 年第 13 期。

③ Rauniyar、Kanbur，2009.（12）. Kanbur，Rauniyar. *Conceptualizing Inclusive Development：With Application sto Rural In frastructure and Development Assistance* ［Z］. ADB Occasional Paper，2009.

④ 王博：《透视"中国增长失衡"》，《新财经》2007 年第 10 期。

⑤ 汤敏：《包容性增长就是机会平等的增长》，《华夏时报》2010 年 10 月 16 日。

平、规则公平和分配公平"。在第五届亚太经合组织人力资源开发部长级会议的开幕式上，胡锦涛对"包容性增长"的论述拓展了这个概念的内涵，使包容性增长具有了中国意义。他说："我们应该坚持社会公平正义，着力促进人人平等获得发展机会，逐步建立以权利公平、机会公平、规则公平、分配公平为主要内容的社会公平保障体系，不断消除人民参与经济发展、分享经济发展成果方面的障碍。"① 胡锦涛主席的讲话，既强调了权利公平、机会公平，又着重强调规则公平和分配公平。这个界定拓展了"包容性增长"的内涵，使"包容性增长"的内涵扩展到权利和分配的领域，不仅局限在"机会公平"方面。

第二节　马克思公平思想是包容性增长
制度创新的理论指导

　　包容性增长的核心是要经济增长的成果惠及社会各个群体，包容性增长制度创新是要打破现有的利益分配格局，解决我国经济增长中出现的收入差距和贫富差距过大问题。制度经济学认为，制度创新的动力在于追求个人利益最大化，如何实现每个人利益的最大化，如何让每一个人都能从经济增长中获得利益，没有一个价值标准不行，这个价值标准得不到全社会的共识也不行。马克思主义公平理论是马克思主义理论的组成部分，只能由马克思主义公平思想指导我们制度创新，而不能由别的理论来指导。马克思主义公平思想为包容性增长制度创新指明了方向。

一　包容性增长制度创新的首要价值是公平
　　制度是维护社会公平、公正的根本保证，制度创新要把公平作为其首要价值。马克思在《哥达纲领批判》中一连用几个反问驳斥拉萨尔"公平的"分配谬论，马克思说："什么是'公平'分配呢？难道资产者不是断言今天的分配是'公平的'吗？难道它事实上不是在现今的生产方式基础上唯一'公平的'分配吗？难道经济关系是由法的概念来调节，而不是相反，从经济关系中产生出法的关系吗？难道各种社会主义宗派分子

---

① 胡锦涛：《深化交流合作　实现包容性增长——在第五届亚太经合组织人力资源开发部长级会议上的致辞》，《人民日报》2010年9月17日。

关于'公平的'的分配不是也有各种极不相同的观念吗?"马克思指出:
"问题的实质在于,在这个共产主义社会中,每个劳动者都应当得到拉萨
尔的'不折不扣的劳动所得'。"以马克思之见,在资本主义社会里要想
得到"不折不扣"的公平分配就是一种臆想。劳动者所得根本不是劳动
者创造价值的全部所得,至少应该扣除"用来应付不幸事故、自然灾害
等的后备基金或保险基金"。① 这些基金是用来作为应对社会风险紧急时
使用的,这个基金使用的目的是要实现社会公平。马克思在这里没有专门
论述如何运用分配制度来实现社会公平。罗尔斯认为,制度与正义是密不
可分的关系,"正义是社会制度的首要价值,正像真理是思想体系的首要
价值一样。"②

　　制度创新的目的是建立高效、稳定的社会秩序,保障社会良性运行。
社会由无数利益不同的群体和个体构成,彼此之间存在着利益的合作与冲
突,同时也存在着竞争,有竞争才有压力与活力,但这些合作和竞争要在
一定的制度下进行。社会的无序和不稳定则会导致整体效率的损耗和下
降。古典经济学家亚当·斯密认为,"正义好比支撑整个大厦的中心支
柱,它一旦动摇,人类社会这座宏大雄伟的建筑必定会在转眼间化为乌
有"。③ 在亚当·斯密看来,正义和公平是令一个社会坚固的基石。为了
维持争而不乱、治而不乱的秩序,就必须确立一定的制度,而只有公平的
制度才能更好地实现这个目的。

　　因此我们在进行制度设计时,必须对新制度注入社会公平、公正的思
想,一个国家如不能为自己的国民寻求公平和公正,将永远不可能获得真
正的发展。我国经过近 30 年的发展,国家综合实力有了明显增强,但是
我们的发展模式也备受争议,粗放型的经济发展模式,让我们承受了几代
人都难以承受的代价,资源、环境承受巨大压力。让一部分人、一部分地
区先富起来的指导思想,也造成了贫富不均、收入分配差距过大的问题,
这些问题不解决,我们的发展就不能持续,中等收入陷阱也许真的就会来

---

① 《马克思恩格斯选集》第 3 卷,人民出版社 1995 年版,第 302 页。

② ［美］约翰·罗尔斯:《正义论》,何怀宏译,中国社会科学出版社 1988 年
版,第 60 页。

③ ［英］亚当·斯密:《道德情操论》,韩魏译,光明日报出版社 2007 年版,第
84 页。

到我们脚下。转变经济发展模式，实行经济的包容性增长，把包容性增长制度创新作为我们当前工作的重中之重。公平、公正是制度的灵魂，制度创新就要把公平注入制度的方方面面，实现社会的公平正义。公平与公正关注的不是一些抽象的基本理论原则，而是这些理论原则与具体的历史条件和环境的内在联系；它追求的不是经院式的臆造定义和进行毫无意义的文字争论，而是在实践中充满活力的开拓创新精神。

公平、公正是制度权威性的根本来源，也是制度生命力的基本保障。罗尔斯认为："一种理论，无论它多么精致和简洁，只要它不真实，就必须加以拒绝或修正；同样，某些法律和制度，不管它们如何有效率和有条理，只要它们不公正，就必须加以改造或废除。"① 任何制度都是"方形"的，都意味着对人们行为的一定约束和激励，所以，制度必须有一定的权威性才能够贯彻实施。制度的权威来自哪里呢？来自于制度本身的道德感召力吗？来自于国家的强制力吗？我们认为，制度是否具有权威，最终还要看这个制度本身是否具有公正性以及人们普遍的认同。一个制度能够得到大多数社会成员的认同，这个制度就会有号召力，执行这个制度的成本就会低廉，就说明这个制度是有效率的。反过来，如果制度违背公平、公正价值原则而需要国家的强制力去执行，那么这个制度的生命力就不能持久。所以，一个制度如果失去了公平的灵魂，这个制度就不可能有效率。效率建立在社会成员真诚、持续的合作的基础上。只有公正的制度才能使社会成员的合作自觉自愿、积极主动、富于创造性，从而才能显示出制度的高效。

对于制度的设计，不仅要在形式上保持公平，而且要努力使其在实质上公平，使形式和实质上的公平相统一。朗·费勒认为，"实质性正义和形式的正义事实上倾向于结为一体，因此，至少那些很不正义的制度是不可能被公正一致地管理的，至少这种情况很罕见"。②

二 马克思公平观对包容性增长制度创新的重要价值

无论是建成完善的社会主义市场经济体制，还是建设社会主义和谐社

① ［美］约翰·罗尔斯：《正义论》，何怀宏译，中国社会科学出版社 1988 年版，第 3 页。

② 同上书，第 60 页。

会，都必须努力贯彻社会主义的价值观。马克思恩格斯的公平观对建设社会主义和谐社会意义重大。

1. 马克思公平观的社会主义原则

马克思公平理论是在批评资本主义虚伪的公平观基础上建立起来的。马克思在《哥达纲领批判》里指出："消费资料的任何一种分配，都不过是生产条件本身分配的结果。"① 在马克思看来，资本主义的分配公平其实就是资本主义条件下生产条件分配的公平，具有其虚伪性。因为在资本主义社会，"生产的物质条件以资本和土地的形式掌握在非劳动者手中，而人民大众所有的只是生产的人身条件，即劳动力。"② 在马克思看来，研究分配问题不能从抽象的公平原则出发，生产方式决定分配方式，在阶级社会，生产资料私有制决定了不可能有公平的社会分配。

马克思认为，在资本主义私有制基础上谈论公平，只不过是给普通劳动者一剂迷魂汤，其实就是"庸俗的社会主义仿效资产阶级经济学家（一部分民主派又仿效庸俗社会主义）把分配看成并解释成一种不依赖于生产方式的东西"。马克思认为，要实现真正的公平，就要消灭生产资料的资本主义占有制，消灭人剥削人的物质基础，才能实现真正的社会公平。在社会主义条件下，我们拥有比资本主义更加优越的社会公平。邓小平指出，"社会主义不是少数人富起来、大多数人穷，不是那个样子"。③ 社会主义目的就是要消灭剥削，消除两极分化，最终达到共同富裕，"如果我们的政策导致两极分化，我们就失败了"。④ 马克思给我们描绘的美好的社会蓝图，就是建立在社会公平的价值观基础之上的。没有"公平"的社会主义，就失去了社会主义有机体的"心脏"。我们要把马克思主义公平理论作为制度创新的指向标，自觉把马克思主义公平理论运用到我们建设社会主义和谐社会的伟大实践中去，使马克思给我们展示的美好人类图景能够实现。包容性增长制度创新要遵循马克思公平观，把公平渗透进制度创新的过程。当下，我们正在推动经济转型和社会转型，进入了制度创新的新时代。我们要完善社会主义市场经济体制，进一步提高社会主义

---

① 《马克思恩格斯选集》第 3 卷，人民出版社 1995 年版，第 306 页。

② 同上。

③ 《邓小平文选》第 3 卷，人民出版社 1993 年版，第 364 页。

④ 同上书，第 111 页。

效率，就要保证各项具体制度体现出社会主义的公平性，决不能以牺牲几代人的代价换取经济的发展和社会的进步。实践证明，失去了制度公平的经济发展，是不会长久的，拉美国家的"拉美陷阱"就是一个深刻教训。中国的现代化是在公平制度保障下的现代化，是广大人民群众共同参与、共同建设、共同享有现代化果实的事业，我们必须贯彻社会主义公平价值观，实施切实可行的经济社会政策，既保证中国现代化进程的高效、平稳和健康，又要竭力消除社会不公，维护社会公平正义。

2. 马克思公平观是具有阶级归属性的

马克思公平观是建立在对现实经济关系的分析基础之上的，马克思不是一般意义上地拒斥"公平"，而是拒斥脱离社会现实，抽象地谈论公平。资产阶级的公平观是建立在资本主义剥削方式基础之上的，是为资产阶级利益服务的，其实质是资本剥削劳动的权利和自由。马克思拒斥资本主义虚伪的公平观，因为任何公平都离不开一定的历史和经济条件。资本主义学者脱离社会现实、脱离经济关系谈论公平、公正，其实质就是为资本主义制度服务，为资本主义进行合法性辩护。马克思主义者从不隐瞒自己的观点，马克思公平观就是要维护社会绝大多数劳动者的利益，建立公正的社会制度，彻底扬弃资本主义人剥削人的不公平的社会制度。恩格斯在《卡尔·马克思》一文中指出，由于马克思的科学历史观与剩余价值学说的创立，"有产阶级胡说现代社会制度盛行公道、正义、权利平等、义务平等和利益普遍和谐这一类虚伪的空话，就失去了最后的立足之地。"[①]

马克思把公平建立在阶级分析的基础之上，是马克思主义公平观的一大特色。在《共产党宣言》里，马克思说，"至今一切社会的历史都是阶级斗争的历史"[②]，历史唯物主义把社会看作是不同阶级对立与对抗的社会，不同阶级公平观的对立，也是不同阶级意识形态的对立，代表无产阶级利益的马克思主义公平观，是无产阶级利益的坚决维护者，失去了这一点我们就会在现实的利益纷争中迷失制度创新的方向。

我们是社会主义国家，我们坚定走中国特色社会主义道路，虽然我们在公有制为主体的社会主义条件下，利益的冲突不是对抗性的，但也存在

---

① 《马克思恩格斯选集》第 3 卷，人民出版社 1995 年版，第 338 页。
② 《马克思恩格斯选集》第 1 卷，人民出版社 1995 年版，第 272 页。

不同个体、不同阶层、不同组织的利益纠葛，在不同群体的利益分配面前，我们如何解决好利益分配问题，需要有正确的理论做指导，我们要自觉以马克思主义公平分配观为指导，施行包容性增长，建设社会主义和谐社会，让更多的人享受到改革和发展的成果，到 2020 年初步建成小康社会，让绝大多数人走向共同富裕道路，这就是我们鲜明的立场。

三　马克思公平观是包容性增长制度创新的理论基础

马克思公平思想虽然经历了一个多世纪的洗礼和沉淀，但是其理论的光辉依然是指引我们前进的航标。马克思拒斥资产阶级抽象的公平观，第一次把公平正义的实现建立在科学的基础之上。马克思在揭露资本主义形式上的公平和实质上的不公平的同时，也阐述了社会主义社会和共产主义社会公平实现的条件。马克思公平观为我们在当代社会条件下透视纷繁复杂的各种形式的公平观提供了科学的参照系，也为我们认识和批判各种非社会主义的公平思潮，实现当代社会公平和个人自由与解放提供了强大的思想武器。当然，我们不能要求经典作家在他们那个时代解决我们当代遇到的所有问题，历史重任落在我们肩上，需要我们去承担，我们要沿着经典思想家们的足迹，回答当下社会主义制度下经济社会出现的不公平问题，把公平的思想注入制度创新过程中，解决目前我们面临的问题。

包容性增长制度创新需要科学公平观作为指导，没有公平理论的指导，制度创新就会迷失方向。制度创新是一项浩大的制度建设工程，需要解决现实中存在的尖锐问题，尤其是利益冲突的问题。在不同的利益群体面前，如何让制度成为有权威的划分不同利益所有者的均衡器，是摆在我们面前的一道严峻课题。

马克思公平观以历史唯物主义为依托，把公平观建立在科学的历史唯物主义基础之上，通过追溯公平的根基——人类社会物质生产实践，将公平问题置于现实社会历史的发展中，置于人与人之间、社会集团与社会集团之间的物质利益冲突之中，这本身就是一种直面现实的科学态度和科学方法。马克思公平观把公平作为一个历史的过程，置于辩证法的视域之下，在人类不同的历史时期，公平的内涵是随着历史条件的变化而变化的。仅有这些还不够，检验公平是否顺应了历史的发展规律，要看这一时期的公平观是否促进生产力的发展，是否有利于社会进步。阻碍经济发展和社会进步的公平观就是错误的公平观。

　　为什么要用马克思公平观指导我们实现社会公平的实践，而不是其他的公平观呢？资产阶级早期思想家和空想社会主义者也提出了许多有价值的公平思想，我们为何不拿这些思想家的理论来指导我们呢？原因在于这些思想家的公平观建立在唯心主义的沙滩之上，缺乏科学的理论做支撑，因而这些思想家的公平观是无法用来指导我们的社会实践的。马克思主义公平观建立在历史唯物主义的基础之上，把公平观置于历史的视野下考察，而不是抽象地谈论公平的概念。离开了一定历史条件抽象谈论公平，就会使我们的研究流于荒谬。恩格斯说："希腊人和罗马人的公平认为奴隶制度是公平的。"① 在我们今天看来，奴隶制度就是奴役人的社会制度，怎么会是公平的呢？因为在当时看来，奴隶制度促进了生产力的发展，恩格斯也给予奴隶制度很高的评价，他说："只有奴隶制才使农业和工业之间的更大规模的分工成为可能，从而使古代世界的繁荣、使希腊文化成为可能。没有奴隶制，就没有希腊国家，就没有希腊的艺术和科学。"②

　　美国著名学者罗尔斯当属研究公平正义问题的资产阶级学者第一人。罗尔斯在《正义论》中阐述了著名的罗尔斯正义二原则。我们不能说罗尔斯正义二原则理论不精致，特别是他的第二个原则——差异原则，设计得非常完美。在自由原则优先的情况下，对于那些由于个体差异而在竞争中处于劣势地位施以社会的公正，既体现了自由优先的资本主义民主精神，又照顾了因个体差异而在竞争中处于不利地位的那一部分弱势群体。然而，罗尔斯理论的一个薄弱之处是他的"无知之幕"理论。罗尔斯试图假定每一个人在原始状态下都是平等的，在此基础之上公平地安排游戏规则。其实，在"无知之幕"之下，在资本主义生产资料私有制下，人与人的关系不像罗尔斯所设想的"不存在任何自然的和社会历史因素的差别"，这些人都是在一定历史条件下的人，他们有不同社会地位和阶级差别。

　　因此，我们可以看出，罗尔斯理论下的公平与马克思理论下的公平观的理论前提是有很大区别的。罗尔斯的"无知之幕"假定好像是采取了价值中立的方法，实际上脱离了经济和社会发展的现实。在罗尔斯看来，资本主义制度是预先存在的，不存在剥削和社会不平等，这个制度下的社

---

①　《马克思恩格斯选集》第 3 卷，人民出版社 1995 年版，第 212 页。

②　同上书，第 524 页。

会成员首先接受这个制度所定下的规则，然后每个社会成员都是理性人，都在利益最大化的驱使下，像大大小小的鲁滨逊那样寻找自己的利益。在这里，罗尔斯显然忽视了人类社会的历史进程对人的本质规定性的影响，也忽视了历史与现实对公平内涵的影响。因此，其正义理论的科学意义被削弱。同时，我们不能否认罗尔斯的公平理论的积极意义，其对社会弱势群体的关注，在资本主义制度的框架下努力寻求社会的公平与正义，突出对社会不同利益阶层的保护与调节，对于凝聚社会共识、发展进步力量，有很重要的积极意义。

马克思公平观表明，公平的内涵是历史的、具体的，会随着社会历史条件的变化而变化，要解决我国目前面临的收入分配差距过大、城乡发展不均衡的种种问题，就要坚持实事求是的原则，认真研究我国目前经济社会中存在的突出问题，找出这些问题的成因，在吃透国情的基础上，才能真正把制度创新置于科学的基础之上，才能为社会大多数人所认同、所接受。

我国正处在经济转型和社会转型加速期，著名学者胡鞍钢认为，我国的改革开放第一阶段是以经济建设为中心，第二阶段则要以制度建设为中心，加速制度建设、制度创新已成为大势所趋。制度创新从根本上说是为了经济和社会进一步发展，解决的主要问题是让经济发展平稳、高效和有持续性，同时要以公平正义的原则架构社会制度，协调不同群体利益关系，走共同富裕的道路。正如 2005 年胡锦涛在省部级主要领导干部提高构建社会主义和谐社会能力专题研讨班上的讲话中指出的："公平正义，就是社会各方面的利益关系得到妥善协调，人民内部矛盾和其他社会矛盾得到正确处理，社会公平和正义得到切实维护和实现。"① 调节分配领域的居民收入差距，维护社会公平正义，实现经济的包容性增长，主要在于体制改革和制度创新。马克思恩格斯公平观表明，制度公正对于社会公平具有决定性的意义。

当代中国的所有制关系是以公有制为主体，多种经济方式（包括私有制经济）并存的；适应这样的生产制度的是以按劳分配为基础，技术、资本、管理等生产要素按贡献共同参与分配的分配制度，这样的生产和分

---

① 中共中央文献研究室：《十六大以来重要文献选编》（中），中央文献出版社 2006 年版，第 706 页。

配制度适应了生产力发展的需要，在短短的 30 多年内创造出了举世瞩目的经济成就。这种分配制度充分发挥市场的作用，其效率是明显的。然而，我们也面临着市场经济所带来的收入差距和贫富差距的鸿沟，面临着更为复杂的利益格局调整，在诸如分配、社会福利及教育方面存在制度不完善、不健全的问题。我们要通过制度建设和创新来维护和实现社会公平正义，这是生产力发展的必然要求，对经济关系进而对社会关系的改革在今天恰恰是必须的。

总之，马克思公平观为我们当前的制度架构和体制改革提供了道义支撑和方法论依据。解决当前我国分配领域的公平正义问题，必须坚持以马克思公平观为指导，坚持同平均主义公平观尤其是西方自由主义公平观作斗争，坚持马克思公平观对其他各种公平理论的主导地位和统摄作用。

第三节　包容性增长制度创新对"公平"的诉求

马克思在《第六届莱茵省议会的辩论（第一篇论文）》中指出："人们奋斗所争取的一切，都同他们的利益有关。"[①] 因此我们说，公平问题归根结底是人与人的利益关系问题。"包容性增长"理论的提出就是由于利益的分配机制出现了问题，经济增长的成果没有被社会大多数人所分享，利益的天平偏向了社会的一部分群体。要实现"包容性增长"，就要调整利益的分配机制，把利益分配失衡的天平调整过来，建立公平的分配秩序，使社会各个群体都能分享经济发展的成果。

一　公平含义的考察

公平作为一个政治哲学范畴，对许多国家的政治经济产生影响。古希腊的公平观最初来自对不平等社会关系的调节。在梭伦生活的时期，就有多数人被少数人奴役，人们起来反抗贵族。亚里士多德的《政治学》描写了一位贵族对奴隶起来造反的愤怒，贵族恼怒地说，很想一脚把那些造反的奴隶踢翻，然后再在他们的背上叉上鱼叉。后来梭伦被推选为调停人和执行官。梭伦当政时期大力改革，首先从贵族开刀，对所有制关系进行调整，避免两极分化，以调整社会关系。梭伦认为，公平就是不偏不倚。

---

① 《马克思恩格斯全集》第 1 卷，人民出版社 1960 年版，第 82 页。

伯利克里发展了梭伦的公平思想，他把公平理解为规矩认可的行动。在伯利克里看来，公平首先是一种大家认可规则，这种规则要为人们所认可，如果这种规则超越了当时人们的认可范围，这种公平就会流于形式。希腊大哲学家亚里士多德把公平的认识推到了新高度，他把公平分为相对公平和绝对公平。相对公平也即是法律上的公平，绝对公平是不受时空限制的公平，是一种自然公平。在这里，亚里士多德把公平与自然法联系起来，表明他把公平理解为最高的价值。

在公平问题上，自由主义和平等主义观点不一致，甚至还走向对立。自由主义思想家们把生存、财产和自由看做是至高无上，他们所理解的一切人得到的唯一平等就是过程公平，过程公平包括机会均等等方面。自由主义者认为，这种平等趋于最大限度地发挥个人的自由，尤其是在经济领域获得经济成果和经济价值的自由。他们认为，人们按自由的方式从事经济活动，并取得经济利益，这些都是自由选择的结果，按经济贡献分配财富承担经济责任就是公平的。因为在一定社会条件下，每个人选择什么和怎么样选择都是自由的，在这种状态下，自己对自己的选择承担责任也是自然的。平等主义者与自由主义者相反，他们把公平理解为条件平等，认为公平是就一种分配状态、结果状态而言的，也就是说，这里所讲的公平不关注社会成员个体的差异，不论社会成员之间的差异有何变化，每个人都应该享有公平的结果，人人都应当受到平等的对待。在这里，公平主义者强调的是社会的责任，也正好与罗尔斯《正义论》的第二个原则不谋而合，罗尔斯的第二个原则就是机会原则与差别原则的结合。罗尔斯认为，由于个体的差异，人在社会中的生存状态是存在差异的，那些在个体能力方面的弱者，在无法获得良好的生存状态的情况下，社会要以适合最少受惠者的最大利益原则，施行财富的再分配，也就是正义优先于效率原则。马克思主义者的观点是公平问题来源于人类社会实践。在实践中人们结成不同的社会关系，在实践中结成的不同社会关系进行调节就要秉承一种价值，这个价值就是公平问题。虽然我们对罗尔斯的"无知之幕"有不同的看法，但是在马克思这里，公平问题不是抽象的，而是历史的、具体的。离开具体的历史条件和社会环境谈论公平，都会使公平之说流于形式。公平观念的内涵会随着历史的变化而变化。社会公平的实现程度总是同一定的社会制度相联系。

二　公平与平等内涵的辨析

公平与平等在字面上来看都有一个"平"，但是这两个概念的内涵有很大的差异。在英文里，这两个词就不像在中文里那样"亲近"了，"公平"的英文是 Justice 或 Equality，意思是公正、正义、公平。"平等"的英文是 Equality，意即均等、等同、平等。公平和平等这两个概念如果是离开历史条件和社会现实抽象阐述其内在含义，只会陷入空泛。任何平等和公平都是在一定社会条件下的平等和公平，没有绝对的平等和公平，它们也只是在特定条件下才成立。因此我们要区分这两个概念，不能脱离一定社会历史条件，不能脱离社会现实。平等与公平在含义上有一定的内在联系，平等的内涵比起公平来要宽泛一些，公平是平等的下位概念。它们之间的区别也只能在一定现实中才可以阐释清楚。对此，马克思在谈起搬运夫和哲学家的区别时说，不平等是分工和私有制的产物，搬运夫和哲学家之间的差别要比家犬和猎犬的差别小得多，他们之间的鸿沟是分工掘成的。在马克思看来，分工是不平等的根源，旧的分工是对个人自由的剥夺，"个人本身完全屈从于分工，因此他们完全被置于相互依赖的关系之中"。马克思说，"只要分工还不是出于自愿，而是自然形成的，那么人本身的活动对人来说就成为一种异己的、同他对立的力量，这种力量压迫着人，而不是人驾驭着这种力量"。[①] 要真正实现平等就要消灭私有制和旧的分工，"任何超出这个范围的平等要求，都必然流于荒谬"[②]。在马克思看来，只要有私有制存在，真正的平等就不会存在，所以，要实现平等就要先消灭私有制。而公平则不同，在历史不同时期，公平的内涵是有不同的含义的。马克思在谈到人类不同时期的公平观时说："希腊人和罗马人的公平认为奴隶制度是公平的；1789 年资产阶级的公平要求废除封建制度……所以，关于永恒公平的观念不仅因时因地而变，甚至也因人而异。"[③] 在这里我们不难看出，马克思在这里强调的是，公平是一定社会关系下的相对公平，公平的标准是相对的、历史的，就某一历史时间段的公平是那一历史时间段人们对公平的认识和评价。平等是公平的理想境

---

① 《马克思恩格斯选集》第 1 卷，人民出版社 1995 年版，第 85 页。
② 《马克思恩格斯选集》第 3 卷，人民出版社 1995 年版，第 146 页。
③ 同上书，第 212 页。

界，是最高意义上公平。①

孟德斯鸠说："平等的真精神和极端平等的精神的距离，就像天和地一样。平等的真精神的含义并不是每个人都当指挥或者是都不受指挥；而是我们服从会指挥我们平等的人们。这种精神并不是打算不要主人，而是仅仅要和我们平等的人去当主人。"② 在孟德斯鸠看来，绝对的平等与我们所讲的平等的核心价值是有极大区别的，就如天和地的距离那样遥远，平等不是人人都要去做指挥，而是要与人平等地一起去做主人。公平关注的焦点主要是利益的分配，以及对这种分配的评价和认同，平等则不仅意味利益分配的合理化，而且更加关注人的社会地位和人的尊严。③ 公平关注的是利益的分配，认为大凡存在利益分配的地方，涉及对这种利益分配的评价，便会产生社会公平问题。这种利益分配的标准的设定不是由社会某一个利益集团具体规定，而是由这个社会的物质生产的统治者所决定，因此我们说，公平是有阶级性的，公平是统治阶级意识形态的组成部分，利益分配是在阶级博弈的过程中由权力来划定的。因此，我们认为，公平是对一定历史条件下的平等的认同；平等是公平的理想境界，是最高意义上的公平。公平引导平等的观念，平等是公平的必然结果。④

三　马克思主义的公平思想

马克思经典著作中专门论述"公平"的内容不多，但这并不表明经典作家不关心公平问题。实际上马克思关于人类解放的学说论述的就是人类的公平问题。马克思所追求的公平是人类的终极平等。绝对的平等是公平的一个取向和维度。从《关于林木盗窃法的辩护》到《共产党宣言》再到《资本论》，经典作家思想的展开也是对公平问题探索的展开。马克思并没有论述公平的专门著作，也没有就这个命题进行专门的论述，但是不代表经典作家没有公平的思想，实际上，经典作家关于公平的思想和论

---

① 　洋龙：《平等与公平、正义、公正之比较》，《文史哲》2004 年第 4 期。
② 　[法] 孟德斯鸠：《论法的精神》（上册），商务印书馆 1961 年版，第 114 页。
③ 　洋龙：《平等与公平、正义、公正之比较》，《文史哲》2004 年第 4 期。
④ 　朱冬英：《确立科学的公平观，坚持公平与效率的统一》，《江苏大学学报》2002 年第 6 期。

断散见于其相关著作中。在《哲学的贫困》《哥达纲领批判》等著作及其部分书信中，经典作家阐述了其公平思想。我们通过对经典作家对公平问题的探索，可以窥见马克思及其他经典作家对公平的探索的思想脉络。

首先，公平的内涵不是固定不变的。随着时代及其历史条件的变化，公平的内涵也会随之变化。公平在任何时候都是一定历史条件下的公平，不能超越那个时代的政治生活和经济生活。公平作为人类对社会的一种主观性评价，属于上层建筑中观念的范畴，公平的范畴就是那个时代政治生活和经济生活的反映，并由那个时代的经济和政治生活所决定。奴隶社会有奴隶社会的公平观，例如古希腊的民主政治的公平观、古罗马民主公平观等无不是那个时代特征的反映。而共产主义作为人类的终极理想，则要在实现物质生活矛盾根本解决的基础之上彻底超越人类此前各个历史阶段上的狭隘的公平观。在这个历史阶段内，物质生活得到极大的丰富，约束人们自由的物质生活条件得到彻底的解决。"在共产主义社会高级阶段，在迫使个人奴隶般地服从分工的情形已经消失，从而脑力劳动和体力劳动的对立也随之消失之后；在劳动已经不仅仅是谋生的手段，而且本身成了生活的第一需要之后；在随着个人的全面发展，他们的生产力也增长起来，而集体财富的一切源泉都充分涌流之后，——只有在那个时候，才能完全超出资产阶级权利的狭隘眼界，社会才能在自己的旗帜上写上：各尽所能，按需分配。"① 同时，特定时代的公平观体现了那个时代的特定阶级的主观意志，这表现在公平观念的阶级性上。古希腊时期的民主制，也只是占雅典三分之一人口的雅典公民的民主和公平，占人口三分之二的奴隶与妇女则谈不上民主和公平。后者不被当做人来看，他们被当做动物一般看待，可以随意地买卖处置。上层的贵族认为，对奴隶讲民主和公平，那是对公平的讽刺和嘲弄。美国黑人在建国后100年的时间里依然是奴隶，被剥夺投票权，处于美国社会的底层。而奴隶主、贵族和骑士是那个时代的统治阶级，他们是那个时代的公平信念的主流群体。即使是资产阶级民主社会，他们也会把资本主导的社会分配关系说成是最公平的。所以马克思说，权利不能超越那个时代的经济和政治结构和物质生活条件。任何时代的公平观念都是那个时代阶级关系状况和阶级力量对比的产物。公平"是一种历史的产物，这一观念的形成，需要一定的历史条件，而这

① 《马克思恩格斯选集》第3卷，人民出版社1995年版，第305—306页。

种历史条件本身又以长期的以往的历史为前提。所以，这样的平等观念说它是什么都行，就不能说是永恒的真理"。① 所以任何时代的公平观念都要打上那个时代的烙印，是由那个时代特定阶级的立场所决定的。

最后，资本主义的公平是形式上的公平、虚伪的公平，是有局限性的。马克思对资本主义公平观的评价是从资本主义的生产关系入手的，他从资本主义最司空见惯的商品开始，发现了资本主义生产的秘密，资本主义生产就是要从劳动者身上榨取剩余价值。劳动者无法改变自己被剥削、被雇佣的地位，从而得出资本主义的公平是虚伪的，是有局限性的。资产阶级是从理性人的角度出发去理解人类社会和人与人的关系。他们首先假定在没有社会强制措施的干预下，人们行为的自然动机都是为了追逐自我利益的最大化，即人们在利益选择面前总是选择自认为能够带来预期最大化收益的那个方案。既然社会为每个人提供了自由选择的机会，而每个人的选择又是自由、独立的，他所得到的与其付出的成正比，那么就可以说社会公平地对待了这个个体。当然，社会个体由于自己的机遇以及能力问题，造成在社会竞争中失去机会，或者在竞争中失败，相应地他就要承担失败的后果。这就是资本主义自由、公平的逻辑。所以马克思说："蒲鲁东先生从与商品生产相适应的法权关系中提取他的公平的思想，永恒公平的思想。顺便说一下，这就给一切庸人提供了一个使他们感到宽慰的论据，说商品生产形式像公平一样也是永恒的。"② 在马克思看来，从资本主义的法权关系中寻找"公平"，去探索人类实现公平的秘密，那只会得出"让庸人们感到宽慰的论据"。因此，"在雇佣劳动制度的基础上要求平等的或仅仅是公平的报酬，就犹如在奴隶制的基础上要求自由一样"。③ 马克思主义公平观，为我们理解公平、探索公平的内在本质提供了理论指导，如果仅仅从观念层面去理解公平，就会迷失寻找公平的方向。

四　只有到共产主义社会才能真正实现人类公平

在《共产党宣言》中，马克思、恩格斯明确指出："代替那存在着阶级和阶级对立的资产阶级旧社会的，将是这样一个联合体，在那里，每个

① 《马克思恩格斯选集》第 3 卷，人民出版社 1995 年版，第 448 页。
② 《马克思恩格斯全集》第 23 卷，人民出版社 1972 年版，第 102 页。
③ 《马克思恩格斯选集》第 2 卷，人民出版社 1995 年版，第 76 页。

人的自由发展是一切人的自由发展的条件。"① 在马克思看来，实现彻底公平的方式是通过人与人之间根本对立和冲突关系的消灭来完成的。在这个联合体里，人与人之间的关系是相互独立又相互依赖的，每一个人的自由发展是一切人的自由发展的条件，只要这个联合体里还有不自由的个体存在，那么其他人就不会有真正的自由发展存在。马克思在这里揭示了人类社会自由发展的最终条件。在人类社会没有发展到自由联合体阶段前，人们的自由和公平还受到生产力发展水平的限制，人与人之间的对抗关系还不能从根本上消除。按照马克思主义的逻辑，一个社会阶段的不公平观念是由这个社会的经济状况和阶级状况决定的，最终是由这个社会的生产力发展状况决定，只有当人类社会生产力发展到足以满足人类社会需求，消除了排他性和竞争性的时候，人类社会才能最终摆脱对抗性的社会关系。在生产力没有达到极大发展、极大满足人类社会成员的物质和精神需求之前，任何关于公平的看法都是有局限性的。它至多只能是在人际对立、冲突和竞争的假定下所寻求的一种相对的公平，或者说是在一定条件下对利益关系的调整，来满足这种对立、冲突和竞争关系的缓和。资本主义在近一百年的发展中，在竞争性的社会关系的范畴内对公平的追求已经取得了相当大的进步。福利国家制度让许多下层社会成员有了体面的生活，社会财富分配也日趋合理化。社会公平在资本主义发展阶段也呈现出符合资本主义经济结构和政治结构特征的发展。但是在资本主义社会里是无法完全实现实质性的公平的。资本主义至多也就是在资本所允许的范围内对利益关系进行局部的调整。因为资本主义的所有制性质并没有实质改变。只要资本主义生产资料还是属于资本主义私人所有，只要资本主义物质生产还是由资本家阶级所控制，那么资本主义的公平观念就会打上资本主义社会的烙印。

　　马克思为人类社会指出了实现公平的未来社会场景。马克思指出，在未来社会，生产力的极大发展，人与人之间对抗关系的完全消除，每个人的自由发展是其他人自由发展的条件，只有到了这个阶段，真正的社会公平才能完全实现。在资本主义社会，公平至多也只是资本主义政治和经济结构在观念上反映，具有其虚伪性，不会有实质上的真正公平。马克思主义公平观，为我们实行科学发展，实现经济的包容性增长，提供了理论指

①　《马克思恩格斯选集》第 1 卷，人民出版社 1995 年版，第 294 页。

导，具有理论和现实意义。

第四节　包容性增长制度创新对
公平与效率的选择

改革开放的 30 年也是我们对公平与效率关系的阐释与解读并指导中国经济发展的 30 年，包容性增长问题实际上也是公平与效率的关系问题。只有解决好公平与效率的关系问题，才能实现经济的包容性增长，才能为制度创新提供理论指导。

一　公平与效率关系的基本观点

"效率"一词主要是在经济学意义上来使用，其含义是指，生产中所耗费的经济资源与生产出的、能够满足人们需要的产品和劳务的对比关系，生产出的产品和劳务越多效率就会越高，反之效率就会越低。其实就是单位投入与单位产出之比，它所反映的是一个社会的生产状态。公平一般在政治领域使用，其含义就是善，是一套价值评判体系；在经济领域使用，所反映的是一个国家社会财富的分配关系。对公平与效率关系的不同阐释，揭示出在公平与效率关系上不同的价值取向。如果强调效率，忽视财富在不同群体之间的分配，就会侵蚀公平。资本在追求效率的同时舍弃了由社会成员合作产生的经济成果的公平分配。从政治的角度去审视公平与效率关系的话，我们就会发现，效率无法离开公平而存在，一个稳定的社会环境是生产处于高效率的前提和基础，反过来，没有效率的话，公平是无法实现的。公平与效率关系问题被经济学家称为经济学上的哥德巴赫难题，总括起来主要有以下三种观点。

1. 效率优先论

持"效率优先论"观点的大部分是市场原教旨主义的经济学家，他们奉行市场万能的理论，强调自由竞争机制在资源配置中的基础性作用，那些在市场竞争中被淘汰出局的资源可以优化组合进入新的配置，以适应市场的需求。经济学家赫希曼在谈到这个问题时指出，"我们的目的是使不平衡存在，而不是使其消失。要使经济向前发展，发展政策的任务是保持紧张、不成比例和不平衡……这就是我们艰苦努力所要寻求的一种机制，它是有益于经济发展过程的无价之宝"①。赫希曼的观点看起来有些另类，他所追求的市场自由就是保持不平衡的存在，这与其他经济学家所主张的自由经济会自动使市场恢复平衡的观点相悖。被西方经济学家称为经济学奠基人的亚当·斯密也主张市场这只看不见的手的作用，让市场作为资源合理配置的主导者，主张让政府做一个"守夜人"。他说："由于宁愿投资支持国内产业而不支持国外产业，他只是盘算他自己的安全；由于他管理产业的方式目的在于使其生产物的价值能达到最大程度，他所盘算的也只是他自己的利益。在这种场合，像在其他许多场合一样，他受着一只看不见的手的指导，去尽力达到一个并非他本意想要达到的目的。也并不因为事非出于本意，就对社会有害。他追求自己的利益，往往使他能比在真正出于本意的情况下更有效地促进社会的利益。"② 在斯密看来，由于投资者关注他自己的利益和产业安全，每一个投资者都会受到看不见的手的引导，从而在实现投资者自己的利益的同时，也促进社会的利益。

哈耶克是保守主义的鼻祖，他对市场的推崇到了登峰造极的地步。他认为，"市场秩序之所以优越，这个秩序之所以照例要取代其他类型的秩序（只要不受到政府权力的压制），确实就在于它的资源配置方面，运用着许多特定事实的知识，这些知识分散地存在于无数的人们中间，而任何一个人是掌握不了的"③。在哈耶克看来，在市场条件下，机会均等就可以保证效率，公平是在效率前提下的公平。在市场自由竞争条件下，就能使效率得到提高，并使公平与效率在自由竞争中得到统一。试图用牺牲效率来换取公平，不仅会使效率受损，而且还会造成新的、更大的不公平。

弗里德曼把起点公平和结果平等作为研究对象，认为人们追求效率本身体现的结果不平等本身就是公平的。他说："自由主义者在一方面会严格区别均等权利和均等机会，而另一方面，严格区别物质的均等或成果的均等。"④在权利均等和机会均等的条件下，由于每个人自身条件和机遇的

① ［美］艾伯特·赫希曼：《经济发展战略》，经济科学出版社1991年版，第59页。

② ［英］亚当·斯密：《国民财富的性质和原因的研究》，商务印书馆2005年版，第27页。

③ ［奥地利］弗里德里希·奥古斯特·哈耶克：《知识的虚伪》，见《现代国外经济学论文选》第2辑，商务印书馆1982年版，第73页。

④ ［美］弗里德曼：《资本主义》，商务印书馆1986年版，第188页。

差异，每个人的产品分配是不均等的，"根据产品计酬的资本主义制度能够而且在实际上也是具有相当程度的收入和财富不均等的特征"。① 在弗里德曼看来，在自由竞争的市场经济的制度中，这种不均等本身促进了社会的进步和经济效率的提高。

从以上分析中我们可以看出，奉行"效率优先论者"都认同自由的市场机制对效率的作用，反对政府对市场的调节和干预，保持市场的效率本身就是公平，反之会更大的损害公平。

2. 公平优先论。"公平优先论"者把公平视为社会发展的首要价值。凯恩斯认为，效率的前提是社会秩序，不公平的收入分配会引起资源配置的失调，经济运行机制的混乱必然使经济缺乏效率。他指出："我们所生活的经济社会最大的缺点是它不能提供充分就业以及它任意的不公平的财富和收入分配方式。"② 在凯恩斯看来，我们生活的经济社会，如果不能公平地分配财富，那是社会的缺陷。效率要建立在公平之上，社会秩序是效率提高的前提和基础，而贫富悬殊和两极分化导致社会排斥，最终导致社会对立和不稳定。因此，"公平优先论"主张国家干预来实现收入分配的均等化。

被称为福利经济学之父的庇古认为，富人要想在良好的社会秩序获得财富，应当把一部分财富转让给穷人，以增加社会福利总量。他从货币的边际效用入手，分析富人与穷人持有货币的不同边际效用。他指出，富人收入多，货币的边际效用小，而穷人收入少，货币的边际效用大，因此，增加穷人收入会有利于社会财富的增加。③

美国哲学家罗尔斯是秉承公平优先论者代表。罗尔斯的思想是建立在对制度、社会结构的考察之上的。虽然罗尔斯的"无知之幕"理论备受争议，但是在《正义论》中，罗尔斯提出了资本主义社会经济和政治结构下，如何实现社会正义的理论。在罗尔斯看来，正义否认为了一部分人分享更大利益而剥夺另一些的人的自由是正当的，不承认许多人享受的较大利益能够绰绰有余地弥补强加于少数人的牺牲。因此，罗尔斯说："所有社会价值——自由和机会、收入和分配、自尊的基础——都要平等地分

---

① ［美］弗里德曼：《资本主义》，商务印书馆1986年版，第161页。

② ［英］凯恩斯：《凯恩斯文集》（上卷），改革出版社2000年版，第230页。

③ ［英］庇古：《福利经济学》，华夏出版社2007年版，第88页。

配，除非对其中的一种价值或所有价值的一种不平等分配合乎每一个人的利益。"在这里我们可以看出，罗尔斯的第二个原则是要在公平、平等的条件下，职务和机会无差别地向所有人开放，让所有人平等地享受这些机会。即社会成员毫无差别地站在机会的起跑线上，在统一规则下发挥自己的所能。在私有制的市场竞争中，由于性别、种族、肤色、阶级等差别而受到歧视，以及由于家庭出身条件和个人差异而造成的不平等，都会使人们得不到同等的机会。在罗尔斯看来，出身和天赋的差异不应该是人与人不平等的理由，相反，这些天赋是人们共有的财产。

从以上分析中我们可以看出，在公平与效率关系上，罗尔斯是强调公平优先于效率的。罗尔斯指出，"如果效率原则意味着只有改善所有人前景的改变才是允许的，那么民主原则就和效率原则不一致了。公平正义是优先于效率的"。① 在罗尔斯看来，效率原则在公平正义中处于从属地位。

3. 公平与效率兼顾论

公平与效率是一对既有矛盾又有内在一致性的统一体。一些学者试图从中寻找两者的契合点。一部分学者认为，公平与效率有内在的一致性，两者关系处理得好可以相互促进，即在公平的旗帜下，效率不但不会受损，反而会对效率有积极的影响；效率的提高，会进一步促进公平的发展。另外一部分学者主张，公平与效率两者之间的关系是水火不相容的，提高了公平程度就会损害效率，反之，提高效率就一定会影响公平。对公平与效率关系做系统研究的第一人是美国经济学家阿瑟·奥肯，他在《平等与效率》一书中，系统阐述了公平与效率的关系。他认为，公平与效率的关系是一对对抗性的矛盾，很难取舍。平等与效率的选择是当今社会最大的抉择，同时也是最困难的选择。他说："平等与效率是目前最棘手的抉择问题…… 一种恐怕是更为困扰人心，更为普遍的抉择，而且它在社会政策的各个方面困扰着我们。"② 奥肯认为，"我们无法在保留市场效率这块蛋糕的同时又平等地分享它"。③ "因为平等和经济效率之间的冲

① ［美］约翰·罗尔斯：《正义论》，何怀宏、何包钢、廖申白译，中国社会科学出版社1988年版，第75页。
② ［美］阿瑟·奥肯：《平等与效率》，陈涛译，华夏出版社1999年版，第2页。
③ 同上。

突是无法避免的。"① 在奥肯看来，效率与平等之间根本就无法找到平衡点，两者之间就是一种零和关系，要想得到平等就肯定会损失效率，反之，如果你想要得到效率就一定会牺牲公平。

现在我们知道了为何经济学家把效率与公平之间的关系称为经济学界哥德巴赫猜想，让我们做出一个清晰干脆的回答也是困难的，走进了效率的小胡同就再也寻觅不到公平的路口，找不到效率与公平的平衡点。在这里，罗尔斯和弗里德曼回答得倒是很干脆，奥肯说："罗尔斯有一个清晰干脆的回答：把优先权交给平等。密尔顿·弗里德曼也有一个清晰干脆并且是一贯的回答：把优先权交给效率。我的回答很少是清晰干脆的……我不能接受罗尔斯的平等主义的差别原则……与弗里德曼不同。"② 在奥肯看来，在资本主义社会，平等与效率必须兼顾。资本主义社会以奉行资本的效率、以一种赏罚形式来激励人们去发展生产力的社会制度。它创造出有效率的经济，因而市场需要有它的地位。但是，市场也必须被界定在它必要的范围内，不然的话市场这匹野马会把公平拖垮，最后导致社会崩溃。正因如此，奥肯认为必须采取兼顾的办法。

奥肯认为，平等与效率"兼顾"的关键在于度。"真正的问题通常在于程度。国家以什么代价用平等来交换效率。"③ 奥肯在这里强调，在取舍效率与公平时要恰到好处。奥肯看来，"资本主义和民主确实是一种最不可能的混合物。或许这正是为什么它们互相需要的道理……在平等中注入一些合理性，在效率中注入一些人道"。④ 资本主义一方面追求效率，一方面又虚伪地追求公平，最后的结果是贫富悬殊，造成结果的不公平。

综合以上分析可以看出，奥肯在处理平等和效率关系时，强调二者相互"兼顾"，并且要把握好这个"度"。在批评资本主义的追求效率而又虚伪地寻找公平时，把资本主义说成是"最不可能的混合物"，但是奥肯也主张，在效率中注入一点公平，在公平中注入一点效率，寻求一个效率与公平的平衡点。

---

① ［美］阿瑟·奥肯：《平等与效率》，陈涛译，华夏出版社 1999 年版，第 84 页。

② 同上。

③ 同上书，第 82 页。

④ 同上书，第 105 页。

4. 公平与效率关系的交互同向论

我国学者程恩富在《公平与效率交互同向论》里阐述了他的主要观点，他认为，"效率本身意味着公平，而公平本身也体现着效率，公平与效率之间是一种交互同向的辩证关系"。① 在程恩富看来，公平与效率之间不存在对立关系，不存在序数问题。这个观点与西方学者的观点不同。他认为，在中国特殊的国情下，要坚持中国特色社会主义道路，使社会主义优越性得以彰显。在微观层面上，程恩富指出："在微观上的公平与效率，在公有制企业内部具有正反同向的交促互补关系。一方面收入分配公平和经济公平的实现有赖于企业效率的提高；另一方面，企业效率的提高也要以收入公平和经济平等的实现为条件。"②

二　马克思主义公平与效率思想

马克思对公平与效率的关系虽然没有专门论述，但是并不代表马克思没有关注公平与效率对社会发展的影响，实际上，在马克思有关著作中有丰富的效率与公平思想。马克思认为，公平和效率是生产力和生产关系这对基本矛盾本质的一个表现形式，公平和效率选择是每一个社会都必须面对的问题。

马克思对公平与效率关系的理解是从生产力与生产关系入手的。物质资料生产是人类社会存在和发展的基础，生产工具是标志人类文明的尺度，它体现的是人与自然的关系。但是，"人们在生产中不仅仅同自然界发生关系。他们如果不以一定方式结合起来共同活动和互相交换其活动，便不能进行生产。为了进行生产，人们便发生一定的联系和关系：只有在这些社会联系和社会关系的范围内，才会有他们对自然界的关系，才会有生产。"③ 在马克思看来，效率呈现的是生产力的发展状况，属于生产力范畴；而公平则是那个时代的政治结构和经济结构在观念上的反映，属于生产关系的范畴。每一个社会形态都有代表那个统治阶级意志的价值形态，每个时代对公平都有不同的理解。反映那个时代的公平观念要与那个时代的政治结构和经济结构相适应，因此，公平会打上那个时代的政治和

---

① 程恩富：《公平与效率交互同向论》，《经济从横》2005 年第 12 期。

② 同上。

③ 《马克思恩格斯全集》第 6 卷，人民出版社 1961 年版，第 486 页。

经济的烙印。

马克思分析了资本主义制度下公平与效率的关系。在《共产党宣言》中，马克思指出："自然力的征服，机器的采用，化学在工业和农业中的应用，轮船的行驶，铁路的通行……"① 使得"资产阶级在它的不到一百年的阶级统治中所创造的生产力，比过去一切时代创造的全部生产力还要多、还要大"。② 但是，资本主义在创造出史无前例的高效率的同时，由于生产资料的资本主义私有制，导致收入分配上的巨大不公平，"在一极是财富的积累，同时在另一极，即在把自己的产品作为资本来生产的阶级方面，是贫困、劳动折磨、受奴役、无知、粗野和道德堕落的积累。"③ 因为资本主义收入分配从来就是生产资料的分配，谁拥有了生产资料的所有权，谁就拥有分配上的主导权。这种由资本主义所有制引起的公平与效率之间的严重对立，表现为无产阶级和资产阶级之间的尖锐矛盾。在马克思看来，在资本主义社会范围之内是无法解决这些矛盾的，矛盾尖锐化的结果就是资本主义的灭亡和无产阶级的胜利。那么，在社会主义阶段实行了社会主义公有制，公平与效率的矛盾是否就可以消除了呢？在马克思看来，在社会主义条件下，公平与效率的矛盾依然存在，但是这个矛盾的性质已经发生变化，在社会主义内部不会演变成为对抗性的矛盾。生产资料的公有制奠定了从根本上解决公平与效率矛盾的物质基础。马克思预言：只有当生产力有巨大发展和物质产品极大丰富时，人们才能够在"全面发展"的意义上处理公平与效率的矛盾。

十月革命一声炮响，世界上诞生了第一个社会主义国家苏联，列宁也成为人类历史上第一个开始研究并且实践社会主义经济条件下公平和效率关系是怎样运行的实践者。列宁十分重视社会主义条件下如何实现公平的分配，他认为分配"是提高生产的一种方法、工具和手段"④，一切劳动、一切经济活动都应该根据经济效果来评价，就是政治教育的好坏也"只能用经济状况的改善来衡量"。⑤ 工资、奖金一定要同产量、劳动生产率、

---

① 《马克思恩格斯全集》第 1 卷，人民出版社 1974 年版，第 277 页。
② 同上。
③ 《马克思恩格斯全集》第 23 卷，人民出版社 1972 年版，第 708 页。
④ 《列宁全集》第 41 卷，人民出版社 1986 年版，第 352 页。
⑤ 《列宁全集》第 42 卷，人民出版社 1987 年版，第 201 页。

营业额、利润等劳动成果、经营结果相适应。在这里我们可以看出，列宁是反对平均主义的，他既强调效率，用劳动产品、劳动生产率、营业额作为工资、奖金报酬的标准，同时也强调公平，收入分配的标准只有一个，就是看你向社会提供的劳动的数量。

在列宁之后，斯大林认为，社会主义苏联率先实行了生产资料公有制，为公平分配奠定了物质基础，同时，消灭了资本主义市场经济中的无政府状态和周期性经济危机的制度性条件，因而能够获得比资本主义市场经济更高的效率。斯大林认为，社会主义国家实行计划经济，不会产生在资本主义生产条件下那样的经济危机，社会主义的高效率是理所当然的，同时，每个人"都有按各人能力劳动的平等义务，一切劳动者都有按劳取酬的平等权利……"① 劳动者在生产资料所有上是平等的，因此，只有按劳分配的收入才是公平。

中国革命在毛泽东同志领导下，取得了新民主主义革命的胜利，从此开始了探索建设社会主义道路的艰难曲折的历程。在苏联模式的影响下，毛泽东同志试图在比较短的时间内取得社会主义建设的新成就。他指出："在社会主义时期，物质的分配也要按照'各尽所能，按劳取酬'的原则和工作的需要，绝无所谓绝对的平均。"然而，随着"三大改造"的完成，在社会主义中国这块热土上，如何走出一条既与西方发达国家不同，又能快速发展社会主义经济、使人民生活迅速得到改善的新道路，是以毛泽东为核心的第一代领导人必须思考的问题。在斯大林模式的影响下，毛泽东改变了要在10—15 年的时间里完成向社会主义过渡的设想，开始了一场轰轰烈烈的"大跃进"和"人民公社"运动。毛泽东同志开始转变了其初期的观点，提倡一种脱离生产力发展水平的绝对公平观。忽视了生产关系调整和分配政策变动是促进经济发展这一根本目的，试图建立一个纯而又纯、公而又公的社会主义经济体系，割裂了公平与效率的内在联系。这种"绝对的公平"观并没有带来经济发展的高效率，反而导致经济发展的停滞，甚至使国民经济走向崩溃的边缘。

邓小平对在社会主义条件下如何建设社会主义，如何处理好公平与效率的关系，进行了深入的思考。他指出，消灭剥削，消除两极分化，最终达到共同富裕，这种公平的前提是解放生产力和发展生产力，消灭贫困。

---

① 《斯大林选集》下卷，人民出版社 1979 年版，第 308—309 页。

针对改革开放初期我国经历长达十年的动乱，国民经济处于崩溃的边缘，人民生活十分困难，全国有近4亿人口处于贫困状态的现实，邓小平提出"社会主义阶段的最根本任务就是发展生产力"。在邓小平看来，贫穷不是社会主义，贫富不均、收入差距过大也不是社会主义，因此，在商品短缺的现实情况下，国家的首要任务就是要大力发展生产力，提高劳动效率。邓小平说："马克思讲的共产主义是'各尽所能，按需分配'的社会。什么是按需分配，没有生产力的极大发达，没有物质产品的极大丰富，怎么搞按需分配？"他还主张，"要允许一部分地区、一部分企业、一部分工人农民，由于辛勤努力成绩大而收入先多一些，生活先好起来"。① 在邓小平看来，让一部分人、一部分地区、一部分企业先富起来并不是搞两极分化，其目的是让先富起来的一部分人带动一部分人后富起来，最终实现共同富裕。邓小平指出："我们允许一些地区、一些人先富起来，是为了最终达到共同富裕，所以要防止两极分化，这就叫社会主义。"② 可见，邓小平同志的公平效率观是既允许收入分配在不同人们之间保持合理的差别，又不至于造成财富分配两极分化。在平等与效率二者关系上，邓小平一贯主张既要重视效率，又要注重公平，坚持两者的辩证统一。

三　包容性增长制度创新对公平与效率关系的政治选择

包容性增长制度创新在对公平与效率的关系选择中对公平与效率的价值内涵进行重新审视，要在制度创新中加深对公平与效率的价值的确认。任何国家、任何社会制度都要对公平与效率的关系做出现实的选择。一个有活力的制度安排应当建立在经济发展的客观基础之上，对公平与效率的关系做出取舍。对于中国特色的社会主义来讲，公平效率关系的抉择意义更为重大，它关系到当代中国是否能够继续沿着改革开放三十多年来开辟的中国特色社会主义道路继续前进的大问题。

本书认为，制度创新要以维护公平价值为首要责任，在公平与效率的选择中，包容性增长制度创新要以维护社会秩序与平等权利为第一要务。无论其他人类价值具有怎样的理论正当性和现实必要性，都不能以牺牲社会公平为代价。这也是制度创新首先要解决的问题。

---

① 《邓小平文选》（第2卷），人民出版社1994年版，第152页。
② 《邓小平文选》第3卷，人民出版社1993年版，第195页。

　　从根本上说，效率是一种事实判断，效率的体现是现实的，效率的高低要以当时这个国家的生产发展状况来判断，也要结合当时世界大多数国家的经济发展状况来判断。比如在 2008 年经济危机之后，我们国家的 GDP 曾一度小于 8%，这在我们国家来讲是处于比较低的水平，但与其他国家相比，这个数据已经是比较高的了，不能说我们的经济发展处于相对比较低的水平。而公平是一种价值判断，公平要以一种应然的实质原则来处理人与人之间的关系。从根本上说，效率的提高要以改变生产要素和生产工艺的改进来提高，没有生产要素的改进，就不能促进效率的提高，在公平与效率之间既有内在的联系，也有本质区别。在这里我们需要指出的是，虽然公平是制度创新的首要价值，但在一个国家的价值谱系中，公平也只是价值链条中的一环。公平的制度集合会对效率产生影响，并且这种影响有时是很直接的。公平价值要最终影响效率，还要在经济生活的直接作用下发生变化。绝对不能这么认为：只要制度公平了，效率自然就提高了。最终的效率还要经济生活本身去创造。在这一点上，我们是有深刻教训的。社会的发展要依赖社会成员之间的合作，没有合作就根本谈不上效率。

　　因此，推动社会合作是最大的效率。在公共政策制定的过程中，要根据现实情况的不同，努力寻找公平与效率之间的平衡点，在不危害社会根本公平原则的情况下，实现两种价值的和谐共赢。在改革开放初期，由于商品严重短缺，粮食、布匹、轻工一度实行凭票证供应，因此，采取"效率优先，兼顾公平"的分配原则，激发体制活力，大力发展生产力，提高市场效率，这在当时是必须的。必须通过政治的这种关注和支持为新的效率的产生打开空间。现在，随着市场经济体制的逐步完善，我国的经济和社会发生了很大变化，公共决策的原则应该从为经济发展突破制度局限转移到维护公平的政治本职领域来，将"维护公平、关注效率"作为制度设计的基本原则。

第五节　本章小结

　　本章探讨了包容性增长的价值意蕴。包容性增长要实现的是发展成果被社会大多数人享有的发展理念。社会发展和制度创新离不开价值导向，社会公正和公平是建构社会主义和谐社会的基础。马克思主义公平理论是指导我们制度创新的航向标。包容性增长理论的价值就是要在公平与效率之间取舍和均衡。西方有些学者把公平和效率的关系看做是水火不容的两种价值；我国的学者提出，公平和效率是可以兼得的，没有社会的公平，无法实现社会的稳定，效率就无从谈起，因此效率和增长要建构在公平的价值基础之上。中国特色社会主义道路注定要在公平与效率之间做出正确的选择，我国经济发展道路不是建立在人剥削人的制度基础之上的，社会主义的本质就是发展生产力和解放生产力，最终实现人民的共同富裕，因此，包容性增长制度创新要以马克思主义公平观为指导，处理好公平与效率之间的关系，走出一条经济社会和谐发展的经济增长之路。

第五章

包容性增长制度创新理论与实践借鉴

西方发达国家走过了近300年的发展历程，在走向现代化过程中也遇到诸如社会排斥和收入分配差距过大等问题，尽管出现这些问题的原因可能因国情不同而有差异，但是，解决这些问题的理论和经验不妨为我们所借鉴。本章因篇幅所限，无法对资本主义包容性增长问题进行全面分析，而只能从有助于研究我国制度创新的问题出发，从几个重要的理论视角，对资本主义具有"包容性"思想的理论进行概括分析。在此基础上，以美国、欧洲部分市场经济国家为例，考察西方发达国家具有"包容性"思想的经济社会发展理论和具体实践，期望从中获得对我国包容性增长制度创新有借鉴意义的启示。

第一节 西方具有"包容性"思想的
经济社会发展理论

理论创新是制度创新的基础，面对市场失灵带来的一系列经济社会问题，死抱市场自由的思想家们一筹莫展，资本主义世界不得不对普通劳动者做出妥协，不得不调整发展模式，走"共享"发展成果之路。一些有战略眼光的思想家们从"包容性"的视角整合社会各阶层的利益，提出了涵盖收入分配、社会福利、社会融合等方面的理论，这些理论为西方国家建构"包容性"的经济社会发展制度奠定了理论基础，当然，这些"包容"仅局限在资本主义制度所容许的范围内。

一 社会排斥与社会融合理论

较早对社会排斥和社会融合理论展开研究的国家当属英国，英国学者汤森（Townsen）比较关注英国社会的社会剥夺现象，并首先对"社会剥夺"一词展开分析，他是这样界定社会剥夺的："社会上大多数人认为或风俗习惯认为应该享有的食物、基本设施、服务与活动的缺乏与不足"①。人们对"社会剥夺"的研究首先是在贫困与失业的语境中展开的，周期性经济危机使"许多人因长期失业被排斥在劳动力市场之外"，这部分群体失去了生活的基本保障，无法享有社会发展的权利，汤森认为，受剥夺的社会群体，容易成为社会的隐患。如何让这部分群体回归社会，沐浴在社会正义的阳光里，由"社会剥夺"走向"社会融合"，这是一个值得深思的问题。

1. 社会排斥的内涵

法国学者勒纳（Lenoir）把"社会剥夺"理论向前推进了一步，提出了"社会排斥"这个概念，早先这个概念仅是在经济领域使用，主要研究弱势群体权利被定向剥夺的问题。而我们今天所用的这个概念已经远远超出了经济领域的含义，成为在社会生活、政治生活等各个领域内被广泛使用的概念。英国政府对社会排斥研究倾注极大的努力，该理论已经运用在社会政策的决策方面。它对社会排斥的定义是："人民或地区遭受到了失业、低技能、低收入、简陋的住房、高犯罪率、不健康和家庭破裂等问题的综合影响。"② 我们从这个概念中知道，社会排斥是与贫困连在一起的。这一部分群体低技能、低收入和在社会中享受不到社会正义的恩赐，备受社会排斥之苦。

对社会排斥研究的目的是为了促进社会的整合。吉登斯（Giddens）认为，社会排斥是社会力量与被排斥者双重作用的结果。社会排斥让社会成员失去参与社会的信心。因此，吉登斯认为，研究社会排斥不但要研究社会排斥者，还要研究社会力量，研究社会排斥形成的机制，然后采取针对性的应对措施。③

卡斯特尔（Castel）从社会孤立的角度研究社会排斥。卡斯特尔认为，非社会整合是社会结合（Social bond）中社会联系失散的一种特殊形

① 代利凤：《社会排斥理论综述》，《当代经济人》2006 年第 4 期。

② Social Exclusion Unit, 2001, *Preventing Social Exclusion*. UK：Social Exclusion U-nit, 2001.

③ Anthony Giddens. *A Sociology*. Cambridge：Polity Press & Blackwell Publishing Company, 2001, pp. 323 – 32.

式。他把工作作为社会整合和社会排斥的轴心，失去工作会使个体远离社会中心，只有工作才能使个体恢复正常生存状态，提高其经济水平。卡斯特尔也从家庭和社会网络研究社会整合问题。家庭作为一个社会的细胞，对社会的稳定起到很重要的作用，可以使失散的个体有效参与社会，起到非常有效的整合作用。个人得到的社会支持和家庭支持的多少，可以表明他们的社会整合或社会排斥的状态。①

2. 社会排斥与社会参与

参与（participation）被认为是社会排斥概念中的重要因素。一个社会中的个体如果在生产、消费和社会活动的其他方面参与不足就被认为是排斥存在。社会成员希望参加社会的正常活动，但是被某一个他自己不能控制的因素阻止了，不管这些因素来自制度还是来自组织，都表明社会群体之间互不融合问题的现实存在。在一个社会群体里，为何一部分社会成员会被排斥在社会之外，排斥的机理是什么，这些需要我们去探究。社会参与不足不是社会个体成员不愿意去参与正常的社会活动，而是被排斥出他本该参与的组织，因此，我们研究社会参与，对于帮助社会成员参与正常社会活动、实现社会成员民主权利有重要意义。

吉登斯还把不同群体的社会排斥进行比较，发现社会地位高的社会成员也有被排斥的现象，只是被排斥的程度不同。地位高的群体受排斥的程度要比地位低的个体低。吉登斯还深入分析了社会排斥的内容，他发现，社会排斥不限于某一个方面，它包含政治、经济、社会和文化多个方面。在经济方面主要是指失去工作机会，在竞争中处于不利地位，受到制度的干扰和限制。比如在就业方面一些社会群体受到人为的干扰，一部分用人单位设置一些障碍，阻止一部分群体获得某个职位。在政治方面的排斥表现在缺少参与政治活动的资格和权利；有些虽然并没有违背法律，但是一些社会的潜规则让一部分社会成员进入不到那个透明的玻璃门里。另外，社会方面的排斥表现在社区的活动范围和设施严重不足，公共财政资源分配严重不均。②

---

① Castel. R. The Roads to Disaffiliation: Insecure Work and Vulnerable Relationships. *International Journal of Urban and Regional Research*, 2000. 24 (3), pp. 519 – 535.

② 彭华民：《福利三角中的社会排斥》，上海人民出版社 2007 年版，第 13—14 页。

社会排斥理论的研究推动了社会政策的改进。政治家和社会成员反对社会排斥，促进社会的融合。社会排斥理论支持社会政策的制定，在社会政策的具体运作过程中，它演化为具有很强操作性的概念。社会排斥在建构社会政策层面上，是从社会整合的角度给政策制定者提供一种视野。

二　西方的市场社会主义理论

20世纪90年代苏联解体后，西方左翼学者反思了苏联模式溃败的深层次原因，在此基础上，提出了一个将生产资料公有制与市场经济结合的理论模式。该模式论证了"社会主义与市场经济相结合""公有制与市场经济相兼容"的可能性。这个理论的源头可以追溯到苏联的"战时共产主义政策"和后来的实行的"新经济政策"。该政策对苏联摆脱现实的困境发挥了重要作用。但是在和平时期，"战时共产主义政策"遇到很大阻力，难以继续实施，不得不对"战时共产主义政策"进行调整，随后的"新经济政策"包含了市场调节的因素。在列宁看来，在生产力发展水平处于欠发达状态时，生产关系就要与之相适应，发挥市场在配置资源方面的作用，迂回过渡到共产主义。

尽管市场社会主义理论还不成熟，还处在建构中，但是他们毕竟把社会主义的因素注入效率之上，市场社会主义尽管还不完美，他们"无意回答有关市场社会主义的所有问题，也无意对各种可能提出的批评做出回应。……我们提供了一幅社会蓝图，在这个图景中无剥削、高效率、平等且自由，这就是一种社会主义社会"①。

西方一部分左翼学者着眼于公有制与效率的嫁接，从经典社会主义模式与资本主义模式的优势中求解，这本身就是一种有益的理论探索。我们要汲取其理论的精华，通过制度创新解决中国当下存在的收入分配不均、贫富差距过大的社会问题，走经济社会和谐发展之路。

三　北欧国家的社会民主主义理论与社会政策理论

由于在第二次世界大战中没有遭受战争的蹂躏，北欧国家经济在战后

---

① ［英］埃斯特林、格兰德：《市场社会主义》，邓正来等译，经济日报出版社1993年版，第26页。

迅速发展，这为北欧国家进行福利制度改革奠定下物质基础。北欧国家工党政府在费边社会主义和讲坛社会主义理论的影响下，大胆启动社会福利政策，走出一条民主社会主义道路。北欧国家的发展模式在西方资本主义国家独树一帜，受到世界各国的关注。民主社会主义理论和社会政策理论推动了北欧国家社会政策和经济政策的改革与创新，为这些国家进行资本主义改良提供了理论指导。应当指出，资本主义的改良政策是资本主义制度的自我完善，是在资本主义制度所容许的范围的局部调整，并没有改变最终走向灭亡的轨迹。提出这些理论的代表人物有 T. H. 马歇尔、蒂特马斯、贝弗里奇等。民主社会主义与社会政策理论包含两个部分：一是 T. H. 马歇尔的社会权利理论；二是蒂特马斯的社会政策理论。

1. T. H. 马歇尔的社会权利理论

我们对公民的政治权利和经济权利这两个概念并不陌生，但是我们对社会权利这个观念就不那么熟悉了。英国著名社会学家 T. H. 马歇尔第一次提出"社会权利"这个概念。马歇尔在其开创性的著作《公民权利与社会阶级》（*citizenship rights and social class*）一书中，对公民社会权利这个概念进行了分析，他第一次把社会权利与政治权利、经济权利并列在一起，马歇尔认为，公民社会权利与公民其他权利一样，是公民作为自然人不可或缺的权利，公民社会权利包括：最起码的经济福利，完全享有社会遗产和生活在一个普通标准的文明生存条件里。在马歇尔看来，公民社会权利是公民权利的主要组成部分，只有经济权利和政治权利而没有社会权利，公民权利就是不完整的。马歇尔认为，我们对公民权利的认识是遵循历史发展的逻辑的，我们走过了一条为争取政治权利、经济权利和文化权利的不平凡之路。马歇尔社会权利理论的提出，为英国社会政策的制定提供了理论指导，也推动了欧洲国家社会政策改革与发展。①

马歇尔提出了公民权利构成三要素理论。他说，公民权利由公民的要素、政治的要素和社会的要素构成。其中"社会的要素（social element），是指从某种程度的经济福利与安全岛充分享有社会遗产并依据社会通行标准享受文明生活的权利等一系列权利"②。

---

① ［英］T. H. 马歇尔：《公民资格与社会阶级》，刘继同译，《国外社会学》2003 年第 1 期。

② 同上。

马歇尔公民权利三要素理论与之前霍布豪斯的公民资格理论有很大的不同。霍布豪斯在公民资格理论中强调，"共同体对个人的责任在于为人们提供足以维持最低生活的需要。"很显然，这个理论与马歇尔的权利理论有许多不同之处，马歇尔理论中公民社会权利是公民权利中独立的权利，这个权利不依附于其他任何权利而存在。在马歇尔看来，并非一切公民资格的权利在逻辑上都是从公民权利特别是财产权利中衍生出来，社会权利可直接且独立地隶属于公民资格本身。①马歇尔认为，作为一名公民，在被剥夺劳动能力或残疾的情况下，他或她有权利希望社会满足其基本生活需要。有了足够的经济资源、适当的教育、相称的医疗服务，以及住宅，是一个国家保障国民公民权利与政治权利必要的条件。如果缺乏社会权利的保障，公民权利和政治权利也就无法真正落实。② 社会权利的提出，使公民摆脱了那种作为抽象的政治个体而存在的窘况，从而变成有血有肉的社会个体。他指出，国家必须保障某些必需品和服务（如像医疗机构、药品供应、收容所和教育）的最低供应或者国家必须在这一方面投入基本的货币岁入——比如养老退休金、保险收益和家庭津贴、住房、国民教育等。③

在马歇尔公民权利理念影响下，公民社会权利成了一项公民的基本权利，在这一权利架构下，公民对权利的诉求有了法理上的依据，国家承担为公民提供基本福利的责任，因此"国家有义务建立社会福利制度体系，以履行其对公民的福利责任。公民权利理论使社会的弱势群体拥有了向国家要求福利的基本权利"④。

在马歇尔社会权利理论的影响下，英国伦敦经济学院院长贝弗里奇提出一份"从摇篮到坟墓"的社会保险和社会工作计划，这个计划也叫《贝弗里奇报告》。英国在该报告基础上建立起了福利制度的框架，为资本主义几十年来平稳运行提供了有力的制度保障。这一理论对我国建立普

---

① ［英］巴巴利特：《公民资格》，谈古铮译，台北桂冠图书股份有限公司1991年版，第26页。

② 吴水洁：《析马歇尔的社会权利与公民权利矛盾》，《理论界》2007年第4期。

③ 马歇尔：《公民资格与社会阶级》，刘继同译，《国外社会学》2003年第1期。

④ 钱宁：《现代社会福利思想》，高等教育出版社2006年版，第185页。

惠型社会福利制度具有一定的借鉴意义。

2. 蒂特马斯的社会政策理论

理查德·M. 蒂特马斯（Richard Titmuss）是英国和欧美国家社会政策体系与福利理论奠基人，其思想在欧洲国家有很大的影响。中国学界也许对蒂特马斯并不熟悉，但是，在西方蒂特马斯已经成为一面旗帜，成为"蒂特马斯典范"，其理论思想对当今社会政策的影响已经超出学术的意义。蒂特马斯所设计的社会福利具有六方面责任：分配和再分配、促进社会整合和协调、补偿"去福利"、增进个人和社会福利、促进社会投资、弘扬利他主义精神。① 蒂特马斯在其代表作《社会政策十讲》里对其政策主张进行了系统论述。

蒂特马斯认为"社会政策基本上是有关矛盾的政治目的和目标的抉择，以及它们的厘定过程"。②依蒂特马斯之见，在社会利益的分配面前，人们首先要厘定的是政治目标，在这个目标下，社会政策抉择者最终要设定利益分配的框架。因此，社会政策不是一个中性的价值复合体，代表阶层利益的政党要做出取舍。蒂特马斯认为，我们所能做得到的，是更清楚地揭示要社会正视的价值抉择。如果我们将社会政策领域视为一个专为社会某一或某些集团而设的封闭及分割的福利系统，我们将不会发掘出有意义的问题。蒂特马斯始终强调社会政策的研究必须放进广阔的政治及地理架构之内分析，因为"社会政策完全是关乎社会目的及其选择的问题"。

蒂特马斯曾明确指出，社会政策完全是关乎社会目的选择的问题③，建立福利国家有助于降低社会不平等，使社会成员之间容易建立起强有力的社会联系，有助于社会成员对国家的政治认同④。蒂特马斯的社会政策理论对于我们国家创新社会福利制度有一定的借鉴意义。由计划经济到市场经济，我国社会政策的改革也走过近 30 个春秋，社会群体分层、价值

---

① 钱宁：《现代社会福利思想》，高等教育出版社 2006 年版，第 184 页。

② ［英］蒂特马斯：《社会政策十讲》，江绍康译，商务印书馆 1991 年版，第 120 页。

③ 同上书，第 120 页.

④ Miller, S. M.（1987），*Introduction*：*The Legacy of Richard Titmuss*, pp. 1 - 17. Abel-Smith, B. & Titmuss, K.（eds.），The Philosophy of Welfare：Selected Writings of Richard M. Titumuss. London：Allen & Unwin. p. 6.

观趋于多元，在城乡之间推行公平的福利政策有助于消除社会群体的相互排斥，增加社会成员的国家归属感，对于凝聚民心，构建社会主义和谐社会意义重大。

四　凯恩斯政府干预的分配理论与普遍福利政策

约翰·梅纳德·凯恩斯（John Maynard Keynes）是现代西方经济学发展史上最有影响的经济学家之一，在其名著《就业、利息和货币通论》中，凯恩斯对"总供给等于总需求"的萨伊定律提出了批评，强调如果任由市场机制自发作用，宏观经济就不能保持均衡状态。要想保持宏观经济的均衡状态就必须发挥政府这只"有形的手"的作用，来纠正市场这只"无形的手"的偏差。"国家必须用改变租税体系、限定利率，以及其他办法，指导消费倾向……要达到离充分就业不远之境，其唯一办法，乃是把投资这件事，由社会来总揽。"① 在凯恩斯看来，国家不仅要在生产领域设定产业政策引导社会生产，而且要在消费领域对社会成员施加影响。资本主义危机的本质就在于有效需求不足，因此，国家通过金融政策和税率调整，增加公共需求，保持经济总量的均衡。

在收入分配理论方面，凯恩斯以有效需求理论为出发点，将分配中的利率、工资与投资、消费、就业、增长、物价等一系列宏观经济变量联系起来，并考察了这些数据的内在联系。凯恩斯发现，资本主义制度下生产过剩和失业产生的根源是有效需求不足，解决经济危机的关键在于增加有效需求。凯恩斯没有从资本主义的局部关系中去寻找资本主义经济危机的原因，而是从资本主义生产和消费的总状态中去求解。在深刻分析了资本主义经济危机宏观上的原因之后，凯恩斯又对资本主义生产条件下的收入分配提出了批评。他说："我国生活于其中的经济社会的显著弊端是：第一，它不能提供充分就业，第二，它以无原则和不公正的方式来对财富和收入加以分配。"② 在凯恩斯看来，资本主义在收入分配方面存在的问题不是有些经济学家所称的那样，是资本家以及财富所有者节约的结果，而是资本主义采取了无原则的分配方式。是资本主义的收入分配方式有问

---

① ［英］约翰·梅纳德·凯恩斯：《就业、利息和货币通论》（第2版），徐毓枬译，商务印书馆1983年版，第325—326页。

② 同上书，第372页。

题。他说："因之我们可以得到结论：在当代情形之下，财富之生长不仅不系乎富人之节约（像普通所想象的那样），反之，恐反遭此种节约之阻挠。故主张社会上应当有财富之绝大不均者，其主要理由之一已经不成立了。"①基于有效需求不足的考虑，凯恩斯认为，收入分配的均等化将提高消费倾向，促进经济增长，而收入分配不平等，最终将阻碍资本主义的自身发展。在这里我们可以看出，凯恩斯对收入分配不公对经济增长的影响是持积极态度的。分配不公会影响居民的消费趋向，从而影响经济的增长。因此，他主张以国家干预经济的方式，配合一些政策措施，增加全社会所有要素的收入，特别是要提高居民收入，同时解决收入分配不公问题，以刺激消费，增加有效需求，实现充分就业的经济增长。他主张政府采取"普遍福利"政策，大幅度提高社会福利，就可以抑制危机，实现社会和谐。

我们国家当下的经济状况也有类似的问题，长期依赖投资和外需这两驾马车的作用，导致我们的经济增长方式难以为继，国内有巨大的消费市场，但是由于收入分配的问题，造成内需不旺，国内市场无法得到有效的启动。从实践来看，依赖国家投资拉动经济增长的办法是不可持续的。要依靠增加国民收入，转变经济增长方式，才能从根本上解决我国经济社会中存在的问题。

第二节　危机与变革：政府主导下的分配制度创新

在经济稳定增长时期，资本家和工人的矛盾并不十分突出，矛盾会暂时掩盖在经济增长的红利下，一旦遇到经济危机或者经济增长滞缓，这种矛盾就会爆发。大规模的罢工、示威甚至起来暴动严重影响资本主义统治，为了缓和矛盾，资本家集团不得不做出一些让步，通过分配制度创新为核心的一系列制度安排，提高劳动者社会地位和福利待遇，使劳资矛盾暂时有所缓解。

---

① ［英］约翰·梅纳德·凯恩斯：《就业利息和货币通论》（第2版），徐毓枬译，商务印书馆1983年版，第322页。

一　政府强制：劳资集体谈判制度

在资本主义生产条件下，工人集团、雇主集团和政府在收入分配制度创新过程中追求的目标可能不尽一致。工人集团改变收入分配制度的目的就是要使新的分配规则在有利于充分就业条件下提高劳动者收入水平及其在国民收入中所占份额和实现"公平分配"①。雇主集团也力图创新更有利于自己的收入分配制度，但在当代，雇主集团（包括经理阶层）变迁收入分配制度的目的具有二重性：（1）作为资本所有权主体，资本家以利润最大化为目标，因而力求提高对工人的剥削率而获取较高的利润率，以使自己在总收入中占有较高的份额；（2）作为资本经营权主体——经理阶层则在一定程度上放弃了利润最大化的经营目标，转而追求能够保证"适度利润长期化"、企业销售人员收入最大化和增长率的最大化，甚至追求权力、威望和职业成功感。②

政府，作为代表国家凌驾于社会之上的一个特殊利益集团和统治者，创新收入分配制度自然也是出于某种动机或目的。诺思认为："统治者总想使他的财产权制度得到的租金愈多愈好。在这个目标的限度内，统治者又总想减少交易成本，以使社会产出极大化，从而扩大征税收入的基础。"③政府统治者，它创新收入分配制度自然也是出于某种动机或目的。政府创新分配制度也是由动机驱动的，其目的在于实现与其统治相关的两大利益目标，即政治利益目标与经济利益目标。首先，作为"管理资产阶级的共同事务委员会"，变革分配制度的政治目的是巩固和发展资本主义生产关系、稳定社会秩序，以保障资产阶级统治，并通过它所代表的利益集团垄断和租金最大化，使其政治支持最大化"④。其次，变革分配制度一方面要维护资本家集团的既得利益，另一方面，为了最大化政治支持，也必须考虑公众利益，调节劳资关系，健全社会保障，实现充分就业

---

①　韩保江：《西方世界的拯救——现代西方收入分配制度变迁与贡献》，山东人民出版社1998年版，第105页。

②　同上书，第106—107页。

③　[美] 戴维·菲尼：《制度安排的需求与供给》，载 V. 奥斯特罗姆等编《制度分析与发展的反思——问题与抉择》，商务印书馆1992年版，第132页。

④　[美] 道格拉斯·诺斯：《经济史中的结构与变迁》，陈郁等译，上海三联书店1994年版，第110页。

和稳定物价，实现社会公平。美国总统罗斯福曾明确表示；"政府的首要职责是保护各阶层和各个集团的全体人员的经济福利。"最后，"政府和企业的一切精力都必须引导到增加国民收入，增加资方就业人员，对各行业的一切人提供安全保障和安全感。"①

　　劳资冲突升级而引起的社会动荡，对资方的利益和政府统治带来了巨大的冲击。资本家和政府渐渐学习懂得，依靠高压或绝对不平等的交易方式来处理劳资利益分配及其他劳资关系问题，对资方和政府统治都极其不利。只有寻求新的方式缓和工人的反抗，才能避免资本和国家的生命遭到致命的摧残。因此，一种有利于降低交易成本和减少社会震荡的收入分配交易制度——劳资集体谈判制度应运而生②。在早期，工人组织向雇主要求提高工资被视为非法。直到1842年，马萨诸塞州最高法院在审理"州与亨特诉讼案"时，宣布工会并不是非法组织。美国诺里斯—拉瓜迪亚法案的通过成为标志，集体谈判作为一项较为普及并受到法律保护和政府提倡的制度最终确立。随后在《全国产业复兴法》、《社会保障法》和《公平劳工标准法》里进一步完善了美国的工资集体谈判协商制度。《全国产业复兴法》第7款规定，工会成员"有权在不受雇主干涉、强迫和限制下通过自己选择的代表进行集体性谈判交涉"③。德国工人及工会经过艰苦斗争，在19世纪中叶，获得了缔结劳动工资协议的权利。1873年书籍印刷工人与雇主订立的劳资协议被认为是德国历史上的第一个劳资协议。④ 法国于1895年成立第一个规模较大的全国性工人组织——法国总工会。法国政府在劳资双方谈判争执不下时拥有最终决定权。第二次世界大战以后，几乎所有资本主义国家的政府都推行了劳资集体谈判制度，并且由政府法律予以确定，使之成为当代西方世界通行的初次收入分配制度。

　　① ［美］罗斯福：《罗斯福选集》，关在汉译，商务印书馆1982年版，第175—178页。
　　② 韩保江：《西方世界的拯救——现代西方收入分配制度变迁与贡献》，山东人民出版社1998年版，第208页。
　　③ 梁晓滨：《美国劳动市场》，中国社会科学出版社1992年版，第92页。
　　④ 张泽荣：《当代资本主义分配关系研究》，经济科学出版社1994年版，第54页。

二　劳资谈判与政府援助：最低工资制度

在当代发达资本主义国家，尽管工人集团有所发展，但是"劳动力对资本的隶属"的关系与制度并未改变，工人集团与雇主集团谈判中的讨价还价力量处于相对的"劣势"。雇主集团或者垄断集团对工人集团的剥削可能导致社会矛盾的加剧，也会使后生劳动力趋于萎缩，从而影响资本主义长远利益。政府通过规定最低工资对工人集团的权利进行援助，有利于平衡劳资力量，减少冲突。所以在战后，西方国家政府无一例外（尽管形式不同）地对企业的初次分配进行干预，制定有关"最低工资"的法律或规定。1938 年美国国会通过《公平劳工标准法》[1]　（Fair Labor standard Act），标志美国从此有了最低工资标准。此后，美国最低工资标准逐年增长，最低工资增长的标准依据当年美国的经济增长率、就业状况和物价水平等综合考虑。

法国的最低工资标准的确定是根据物价指数、经济发展、就业状况、和低收入人群的生活支出水平等因素来确定。2001 年的法国最低工资是月收入 1127 欧元，高于大部分欧洲国家，这种做法虽然体现了政府对普通工人生活的尊重，但也带来了负面的影响，就是雇主集团出于对成本的考虑，会用机器来代替工人，增加了工人就业的难度。

在当代发达资本主义国家，特别是美国，在初次分配中政府援助制度的确立，最低工资标准的确定，为工人集团在劳资谈判中的地位的巩固，保护工人的权益，维护社会公平，稳定社会秩序，无疑起到非常大的作用。应该指出，资本主义在利益分配上的这些妥协也是工人阶级长期斗争的结果。

三　政府援助：职工持股制度

职工持股制度盛行于美国及欧洲国家，美国学者科里·罗森将其誉为"在扩大经济公正的同时又能刺激经济增长"的"社会发明"。英国职工持股计划（employee stock—ownership plan，ESOP）的实施方法主要有以下三种，如表 5 - 1 所示。

---

① 该法案第 6 条规定：凡适用于本法案的雇员，其最低小时工资标准在 1938 年 10 月 24 日以前为 25 美分。

表 5 - 1　　　　　　　　　　　英国职工持股计划实施方法

项　目	内　容
(1) 用工资购买股票	这种方式持股计划是工人用自己所得工资的一部分换取公司的股份。购买公司的股份是职工在自愿的基础上实施的，公司不能强迫职工购买公司的股份。
(2) 通过贷款购买股票	这种方法是公司成立一个职工信托基金会，然后从金融机构贷款购买本公司的股份，公司作为持股信托基金贷款的担保人。
(3) 股票奖励计划	股票奖励计划就是把公司的红利以股票的形式发给职工。不过发给职工的股票，职工暂时不能持有，要在信托机构保留至少 2 年；如果是免税的，要在信托机构保留 7 年。一旦到了规定期限，股票所有权属于职工，可以自由出售。

美国政府也积极推崇职工股份所有制，并全面实施其"职工持股计划"（employee stock—ownership plan），1974 年的《就业退休收入保险法》，允许用公司的税前利润偿还职工持股信托基金会所借贷款的本金和利息；在《减税法》、《经济复苏税收法》和《减少赤字法》里都对实施持股计划的企业给以税收或者贷款利息的优惠。到 20 世纪末，美国工人中的 25% 拥有所在公司的部分或全部股票。

职工持股计划提高了职工在企业的参与度，增加了职工个人的财富。职工通过持股可以拥有一定的资本权利，股东与劳动者的这种"一体化"使其形成利益共同体，在某种程度上，实现激励与约束相容，既提高了企业的生产经营效率，促进了经济社会的发展，又缓和了劳资的对立与冲突。

第三节　发展与分享：社会保障制度创新

在危机与变革中，资本主义国家找到了稳定社会秩序的"稳定器"，就是建立比较完备的社会保障制度。社会保障制度可以促进社会公平，调节收入的再分配，使社会各个群体分享经济发展的成果。从"济贫法"到建立完备的"从摇篮到坟墓"福利制度，资本主义走过了一条艰难的社会保障制度创新之路。

一　从济贫到全民福利——英国社会保障制度创新

社会保障制度的形成和发展，是人类社会发展进步的产物，同时也是人类文明发展的产物。西方经济发达国家一般都有较为完善的社会保障制度。推行社会福利制度可以有效应付经济危机，减少社会摩擦，作为稳定社会秩序的"稳定器"，同时也可以作为应对"市场失灵"、缩小居民收入差距、促进经济包容性增长的有效手段。

1. "济贫法"：现代社会保障制度的早期尝试

英国工业化早期的圈地运动改变了英国传统的社会结构，固着在土地上的农民一夜之间成了一无所有、依附于机器生存的工业工人。由于早期资本的贪婪剥削，从而导致失业大军的存在，饥饿与贫困时刻威胁社会的稳定。疯狂起来的失业工人，成了资本主义制度的威胁。为了资本主义的长远利益，也为了缓和社会矛盾，英国女王伊丽莎白一世于 1572 年开始征收"济贫税"，这成为资本主义福利制度的开端，对欧洲国家福利制度的建立产生了深远的影响。英国政府于 1601 年又颁布了世界上第一部"Poor Law"，即"济贫法"，这部法律是资本主义世界第一部专门用来救济"穷人"的正式法律，政府承当了由慈善机构承担了几个世纪的社会责任，这是资本主义国家对政府职能的一个重大调整，也是资本主义在危机面前不得不对其生产关系进行调整的无奈之举。在《济贫法》基础上，英国还制定了《教区救济贫民税法》（Parish Poor Rate law），作为《济贫法》的补充。尽管《济贫法》还有许多不完善的地方，其"固然缺德甚多，但仍不失为社会组织的一大进步"①。

20 世纪初，席卷欧洲的经济危机威胁着欧洲社会。英国失业及贫困人口数量剧增，英国保守党政府为了应对突如其来的经济危机，对《济贫法》的有关内容进行扩充和调整。因为依照该法许多需要救济的失业人员无法得到救济。此后，相继出台了一系列法律法规，此举使英国的福利制度在已有法律制度基础之上更加完备。新的一系列法规的实施使英国福利救济的覆盖范围得到进一步扩大，福利水平也得到进一步提高。

---

① ［英］屈勒味林：《英国史》（中译本），商务印书馆 1988 年版，第 401 页。

2.贝弗里奇报告：现代西方社会保障制度的重建与创新

第二次世界大战中，英国遭到重创，大英帝国一夜之间轰然倒塌。这个昔日的日不落帝国再也抬不起高昂的头颅。为了恢复国民的信心，1941年，英国内阁决定采用坎特伯雷大主教在其《公民与教徒》一书中首次提出的"福利国家"作为战后重建的目标。1942年11月，伦敦经济学院院长威廉·亨利·贝弗里奇向国会提交了一份名为《社会保险及相关服务》（*Social insurance and Allied Services*）的报告，引起了很大的反响。贝弗里奇报告中所构想的社会福利和保障计划，得到了主张通过扩大社会福利建立"福利国家"的英国工党政府原则上的批准。而且英国政府在此基础上，通过了一系列社会保险法案。1948年首相艾德礼向全世界宣布，英国建成了第一个"福利国家"。随后英国的社会福利体系日臻完备，成为资本主义国家竞相效仿的对象。

通过以上的叙述我们可以看出，英国在建构国家福利体系时，走过了一条由民间施舍到政府实施建构比较完备社会保障网络体系之路，这条路是用法律的金砖一块一块铺起来的。没有政府的资金投入，没有法律的切实保障，就无法建构广覆盖的社会保障体系。

二　美国社会保障制度的创新与探索

作为世界上最发达的工业化国家，美国的社会保障制度不仅形成较晚，而且在完善程度上也逊色于有些欧洲国家。

1.由于美国人崇尚竞争，信奉个人主义，认为个人应该为个人的行为负责。社会给每个人提供了成功的平等机会，造成贫困的责任在个人而不在社会，因此应尽量减少公共（国家）救济。在上述理念的指导下，美国涉足社会保障领域较晚，从18世纪末美国建国到20世纪初这一段漫长的历史中，美国除个别地方政府和私人慈善机构做些社会保障事务外，全国没有统一的社会保障制度，政府在社会保障方面只发挥着微弱的作用。

1929—1933年，爆发了全球性的经济危机，全球经济进入萧条期。经济危机导致美国整个金融系统崩溃，使大批工厂倒闭，大量劳动力失业，数千万的美国人生活无着落，社会动荡日趋严重。此时，凯恩斯经济学为政府直接干预经济提供了理论依据。凯恩斯主义经济学主张国家干预，反对自由放任，要求扩大政府职能。

经济萧条使美国经济社会陷入前所未有的困境，如何摆脱经济大萧条给美国带来的困扰、挽救美国，成了时任美国总统富兰克林·罗斯福的首要任务。这位受命于危难之际的残疾人总统，采取了一系列大刀阔斧的"新政"措施。"新政"的重要内容之一就是建立社会保障体系。将社会保障体系作为国家干预经济的措施加以实施，并由联邦政府承担起应有的责任。1933 年 5 月，国会通过《联邦紧急救济法》，在此基础上成立联邦紧急救济署，负责救济法的落实。在罗斯福任期内签署的重要法案中当属 1935 年 8 月 14 日生效的《社会保障法》，又称《社会安全法》。罗斯福认为，美国人民没有经济上的独立就没有真正的自由，美国也就无法成为一个真正的自由社会。因此，《社会保障法》为人民生存所必需的经济权利提供保障，它被视为继《独立宣言》《解放宣言》之后的第三个人权法案。1935 年的《社会保障法》是一个确立社会保障制度、规划有关保障项目、解决经济安全问题的综合性立法。它放弃了长期主导美国社会的自由主义主张，改变了过去那种由地方政府和民间团体救助的形式，这是美国政府实行社会保障制度的开端。美国联邦政府还设立社会保障局（SSA）和健康信贷管理局（HCEA）两个专门机构，负责对社会保障制度计划的管理和监督。

2. 美国社会保障制度的主要特征

美国社会保障制度追求效率与公平的统一，它的特征明显不同于欧洲国家，其实也是美国意识形态上的自由主义传统在社会保障领域的具体体现，如表 5 - 2 所示。

表 5 - 2　　　　　　　　　美国社会保障制度的主要特征

特征	内容
1. 社会保障管理主体多元化	美国的社会保障是由政府、社会及个人三个层面的主体来管理运行。联邦政府与各州在社会保障职责上分工明确。社会保障有关的法律对责任主体都有明确的规定。
2. 社会保障资金来源多元化	美国社会保障的资金来源是与美国基本制度相适应的。市场化的运作使美国社会保障的资金来源多元化。其中资金来源的重头是雇主和雇员的社会保障税，约占社会保障总收入的87%。其次是联邦政府。联邦政府依靠政府的税收来支撑美国庞大的社会保障支出。此外，还有社会福利组织、宗教组织以及个人慈善捐款等。

续表

特　征	内　容
3. 社会保障的多层次性和不平衡性	美国社会保障项目繁多，几乎涉及社会成员生活的各个方面。诸如衣、食、住、行、就业等方面。另一个方面就是美国社会保障的不平衡性。由于美国社会保障制度是与美国的社会基本制度是黏着在一起的，所以个人的社会保障水平也因人而异。依据每个人的职务、技术等级以及每个人缴纳社会保障税的多少，在保障水平上差距也是很大的。

3. 美国社会保障制度的发展与繁荣

自罗斯福政府推动颁布《社会保障法》后，美国的社会保障制度得到迅速发展。一直到 20 世纪 70 年代，美国的保障制度建设都处在美国历史上最好的时期。由于美国对越战争，在 1946 年颁布军人保障调整法案，并于 1961 年由肯尼迪政府推动颁布《社会保障法》社会服务修正案，还修改了"公共福利修正案"，提出"伟大社会"和"无条件向贫穷开战"等口号，特别是在 1964 年《食品券法》的颁布，标志美国社会保障进入黄金时期。《食品券法》规定了美国低收入家庭日常生活困难时政府所承担的责任。1965 年 7 月美国颁布了《医疗保险法》。经过近 40 年的高速发展，到 20 世纪 70 年代中期，美国已经建成了完整的、种类繁多的、多层次的社会保障体系，（如表 5—3 所示）

表 5 - 3　　　　　　　　美国社会保障制度基本框架

		基本福利	保证计划	资金来源
社会保险类	养老	公共退休养老保障	养老金、残障补偿、遗嘱福利等	OASI、DI、SSI；联邦政府雇员的 CSRS 和 FERS 计划等	个人与雇主共同缴纳（FICA 税）；个人缴税（SECA 税）
		雇主退休养老保障	养老金	ERISA 规定的各种雇主养老计划	
	医疗保障	医疗费用报销	Medicare、HI、Medicaid	
	失业保障	失业金	UI	

续表

		基本福利	保证计划	资金来源
社会救助类	社会慈善	生活保障	私人和机构举办的很多计划	社会救助
	救助政策	医疗援助、教育培训、低保住房、非公民福利等	SCHIP、TANF、SSI、Medicaid、食品券、职工离职休假政策等	联邦和州公共资金

　　资料来源：孙浩进：《国外收入分配制度变迁对中国的启示》,《黑龙江社会科学》2009 年第 4 期。

三　瑞典的社会保障制度

　　瑞典位于北欧的斯堪的那维亚半岛，在第二次世界大战中没有像其他欧洲国家那样遭到战争的破坏，也由于瑞典政府采用符合本国国情的发展战略，社会民主党执政后致力于实现社会公平，缩小贫富差距，实行民主社会主义的发展模式，国民经济一直保持平稳发展的势头，所以经济和社会发展水平高于其他欧洲国家。瑞典政府于 1956 年通过新的《社会救助法》，建立起一套全面覆盖的社会保障体系。这个被称为"从摇篮到坟墓"的社会保障体系，是一个庞大的社会保障网络，具有开创性的意义。"全国养老基金方案"《国民普遍年金保险法》于 1913 年经瑞典议会讨论通过。社会民主党大力推动社会福利建设，赢得选民的支持，各种社会保险和社会保障措施日益完善。1935 年通过《国民年金保险法》，1948 年又在全国范围内实施《全国退休法》，通过这些制度的实施，瑞典建立起了内容广泛的福利制度，真正成了"福利国家"。瑞典的福利制度内容广泛，主要由几个方面构成，如表 5 - 4 所示。

　　瑞典广覆盖、高福利标准的社会保障制度，为公民提供了优越的物质和精神生活，以追求价值公平为取向的福利保障制度，不仅增强了社会凝聚力、缓和了阶级矛盾，而且增进了居民的安全感。

表 5 - 4　　　　　　　　　　瑞典福利制度体系

制度体系	制度的基本内容
国民基本年金制度	这项制度是针对年龄达到65岁的老年人。凡是年龄达到65岁的老人，都一律享受由瑞典政府提供的基本养老金。而且是全国施行统一的标准。根据规定，雇主交纳工薪总额的7.45%，约占普通养老基金的57%；政府财政负担43%；雇员无需交纳。独立劳动者交纳收入的7.45%。
国民健康保险制度	国民健康保险适用于那些身患疾病和生育的公民。不过这项保险可不是免费的，要有当事人定期缴纳一定数额的保险费用。这个保险共有两个项目，一个是医疗费用，一个是病假津贴。
失业保险制度	失业保险是在一定范围内为那些失去工作的公民提供保险金。根据公民年龄的不同，提供保险金的时间也不同，55岁以下的提供300天的失业津贴，55—65岁的提供450天的失业津贴。超过规定期限依然没有获得工作机会的，领取政府失业救助金，不过这个数目要比失业津贴少得多。
免费教育	瑞典的公立学校从小学到大学一律免费，而且还提供学费和书本费。在小学阶段政府还提供免费午餐。对于那些离学校较远者还提供交通津贴。
儿童补助	这项制度是对于从出生到16岁的儿童而设立的。这个年龄段的儿童均可享有儿童补助。而且三个以上孩子的家庭还可以享有儿童附加津贴。
老年福利	这项制度是为老年人提供包括老年公寓在内的各项福利。
社会救助	保证公民的最低生活水平。

　　资料来源：孙炳耀：《当代英国瑞典社会保障制度》，法律出版社2000年版，第192—194页。张桂琳、彭润金：《七国社会保障制度研究——兼论我国社会保障制度建设》，中国政法大学出版社2005年版，第52—55页。

第四节　促进教育公平分享发展机会

　　英国经济学家米德认为："教育是影响人们获得收入能力的一种重要投资，它可间接地对财产的分配产生意义深远的影响。由税收收入资助的公立教育基本上体现了向穷人子女进行教育的投资倾向，是有利于公平的。"① 另一位诺贝尔经济学奖得主萨缪尔森说"在走向平等的道路上，没有比免费提供公共教育更为伟大的步骤了。这是一种古老的破坏特权的社会主义。"② 发达国家在均衡经济社会发展过程中普遍采用向社会成员提供均等的受教育机会，解决贫困者因无力进行人力投资而造成收入差距过大的问题。

一　美国依靠制度来保证教育公平

美国政府把教育公平视为社会公平的重要手段。1993 年出台的《美国教育法》把教育的公平性和质量标准作为联邦政府教育政策和教育项目的核心指导思想。1979 年《教育部机构法》中规定了联邦教育部 7 个主要方面的任务，第一条就是"保证联邦政府关于人人得到平等教育机会的承诺得以实现"。对于家庭生活贫困的弱势群体子女的教育问题，美国政府一般根据学生生活、教育的需要，通过立法或制定分类援助的计划，对学前、中小学、大学学生分别按项目进行拨款援助。③

为了公平分配教育经费，采取了不同的方法资助学区，其基本形式有两种：一种是基本资助拨款，它属于一般性补助，即公式拨款（Formula funding）。这种拨款形式体现了公平性，以促进州内各学区的义务教育能够得到比较均衡的发展。另一种是专项拨款，主要考虑地方学区特殊需要，多用于特殊教育、职业教育等。④ 在美国，为了保证不同地区之间义务教育的公平性，联邦和州政府采取差别拨款补助方式，保证各学区的均衡发展。联邦政府对义务教育的投入不是以直接拨款的方式来展开的，而是以资助、奖学金形式进行。⑤ 义务教育一直是各州和地方政府的事情，

---

① 张馨、杨志勇：《当代财政与财政学主流》，东北财经大学出版社 2000 年版，第 215 页。

② ［美］保罗·A. 萨缪尔森、威廉·D. 诺德豪斯：《经济学》，高鸿业等译，中国发展出版社 1992 年版，第 1253 页。

③ 郑玉清：《当代美国联邦政府教育平等政策的发展及其启示》，《世界教育信息》2007 年第 7 期。

④ 刘乐山、鲁析：《美国调节收入分配差距的财政措施及启示》，《喀什师范学院学报》2007 年第 1 期。

⑤ 同上。

各州在各学区之间进行平衡,使各个学区之间的教育资源保持平衡。

随着国家财政实力的逐渐增强,美国改变了联邦政府对教育的投入比例,州政府和联邦政府对教育的投入连年增长。"联邦政府和州政府对公立中小学教育投资的比例以 1940 年为分界点,在此之前,分别是 0.4% 和 16.9%,之后猛升到 1.8% 和 30.3%。此后这一比例不断攀升,到 1980 年,联邦政府的投资比例达到历史最高点 9.8%,州政府达到 46.8%。然后,又有所下降,1990 年,联邦、州和地方政府的投入比例分别是 6.1%、47.2% 和 46.2%。"①

美国政府十分重视弱势群体家庭子女的教育问题,通过专门的法案向这些低收入家庭注入资金,提供财政援助,使这些家庭不因经济困难失去在社会竞争中的机会,从而保证每一个人在机会面前的平等。1965 年的《初等和中等教育法》(ESEA)规定:"联邦政策是向那些服务于低收入家庭儿童集中的区域的地方教育机构提供财政援助,以通过能特别有助于满足教育处境不利儿童之特殊教育需要的各种办法来扩展和改进它们的教育方案(包括学前方案)。"

在初等和中等教育立法的基础上,美国政府又对学前教育进行了规划,于 1990 年提出了"学前教育计划",该规划要求对弱势群体的儿童进行补偿教育。补偿教育的目的是让更多弱势群体家庭得到联邦政府更多的资助。

美国根据《特许学校立法》还在 36 个州和哥伦比亚特区建立起"特许学校"(Charter School)。《特许学校法》授权特许学校不受州、学区管理和公立学校规章制度的限制,在教师聘用上享有较大的自主权。有些州要求聘用的老师要有教师资格证,有些州对教师的资格没有要求,可以自由聘用。对于就读于那些"持续失败的学校"(即连续 3—4 年未能达到州级标准的学校)的学生而言,依据《不让一个孩子落伍法》(NCLB)第 1 款的资助经费,从公立或私立教育机构中获得补充的教育服务,包括在"特许学校"就读的机会。

由于美国高昂的学费,使一部分弱势群体家庭无力承受。联邦政府为了让弱势群体的学生有平等享有接受高等教育的机会和选择学校及专业的

---

① 周玲:《英美两国义务教育财政支出的中央化趋势》,《教育评论》2002 年第 5 期。

权利，由政府出面担保，给学生提供"贴息"和"不贴息"贷款，学生无须提供抵押担保，发生拖欠后由联邦政府承担损失。该贷款发展很快，2000年美国有64%的学生靠贷款上大学。

总之，美国政府为了实现"教育公平"的目标，构建了实现教育公平的一系列制度，这些制度确保了美国弱势群体家庭享受公平教育的机会。使这些低收入家庭的孩子，不因为家庭困难而享受不到国家优质的学校资源。从而保证弱势群体家庭的孩子有公平参与社会竞争的机会。

二　法国依托转移支付制度来保障教育公平

法国于1882年3月28日制定《义务教育法》，该法适用于小学5年义务教育，义务教育阶段的儿童一律免费入学，书本教材、作业本等都由政府提供，家庭只用给一点学习用具就可以了。法国的《教育法典》是调整法国国民教育最基本和最全面的法典，其中也涉及一些义务教育的条款："凡年满6周岁的儿童，不论性别、国籍，都应接受义务教育。""本条款不对有关实施更长义务教育的特殊规定构成妨碍。"法国现行的《义务教育法》仅对1883年的《义务教育法》做了部分的补充和完善。当时的法国总统戴高乐针对教育的状况，颁布了教育改革法令，在这个法令里，法国将义务教育由6岁延长至16岁。法国大学实行的是：义务教育＋淘汰制。所有高中毕业生只要愿意继续读书，都有进入大学继续深造的机会，但由于法国大学里的淘汰率较高，所以法国大学生较难毕业获得学士、硕士，乃至博士学位。

为了实现教育公平，法国政府对教育制度实施多次改革，最有力的一次是由著名物理学家郎之万和心理学家瓦隆具体"操刀"实施的改革。二人提出了一个教育改革报告，史称"郎之万—瓦隆方案"。这个法案提出了6条教育改革的原则，其中三条为：一是强调人人都有受教育的权利；二是尊重儿童的性格，发展每个人的才能；三是各级学校教育实行免费。这个方案虽然没有成为正式的法律条款，但是为后来"教育改革方案"的出台奠定了基础。

法国的义务教育经费转移支付制度有利于保障教育公平，这个制度是一种以中央政府为主的集中管理型的转移支付制度。

1. 法国在义务教育办学体制上实行行政分级管理模式。法国在义务教育办学体制上实行集中模式。初等教育是由市镇承办，初中教育由省承办，教育经费则由中央、省和市镇政府共同分担。教师工资由中央财政负担（法国的公务员经费全部由中央财政承担，而不论其在中央或基层政府工作，教师类似于公务员）；各级学校的建设费用则由各级政府承担。小学由市（县、镇）政府、中学由省级政府的财政负担。法国的财政转移支付制度始于 1975 年，根据不同地区的行政机构的财政状况，以及这个地区的人口数量，采用不同的财政转移制度。一般性补助主要是针对不同城镇的人口比例来确定数额。另外一种是依据各级行政机构兴建教育工程设施而进行的补助。

2. 中央及各级政府共同承担义务教育责任。法国政府对地方各级政府的教育补助分为两种，一种是经常性补助，另外一种是临时性补助。经常性补助主要涉及义务教育的和师范学校的老师的工资。临时性补助涉及校舍建设的补助。地方各级政府对义务教育的责任主要是提供校舍和场地。中央政府负担教师的工资，减轻了不少地方政府的财务负担。

3. 中央政府对贫困区域采取专门转移支付制度，促进教育公平。法国政府通过财政转移支付手段加强对经济不发达地区教育的财政支持。对于偏远山区和农村地区采取一系列行之有效的措施保证在几年内达到一般经济发达地区的教育水平。法国义务教育的教师工资由国家统一拨付，保证了经济不发达地区的教师工资的足额发放。

第五节　学习与借鉴：西方包容性增长制度创新的启示

本章第一部分考察了西方主要经济学、社会学流派所包含的"包容性"经济社会理论观点和政策主张，第二、三、四部分着重考察了美、英、法等西方市场经济国家在制度创新方面采取的一系列政策和措施，在一定程度上实现了收入分配的公平和平等化（平等化不等于平等，所谓"化"是一种趋势，一种与过去相比改进的动态过程）。在我国包容性增长的实践中，需要深入研究西方经济学和社会学理论，借鉴西方国家的有益经验，概括西方发达国家调节收入分配的经验，主要包括在起点实行以机会均等为核心的各种政策；在过程中实行以公平竞争为核心的各种政策；在终点实行以平等收入为核心的各种政策。这些理论和制度对我国实施制度创新、调节收入分配，实现包容性增长具有一定的借鉴意义。

一　在发展经济的同时重视分配制度创新

当代西方发达国家经过资本主义几百年的发展，积累起了雄厚的经济实力。资本主义在经济增长的过程中，为了缓和社会矛盾，在资产阶级所容许的范围内做出了有利于工人阶级的制度安排，在一定程度上缩小了贫富差距。

西方国家的个人收入分配制度是建立在市场经济基础上的，但也不是任由市场恣意发挥作用。因为在早期收入分配制度建设过程中，雇主集团是不会任由工人集团来与之商讨他们工资的事宜，工人收入分配直接涉及雇主集团的自身利益，所以雇主集团会百般阻挠有利于工人集团分配的制度通过。为了资本主义的整体利益，政府在收入分配中充当调停人的角色，主导两大集团就工资分配制度商议的进程。政府的介入以及允许成立代表工人群体利益的"工会组织"，实际上就是给处于弱势地位的"工人集团"以支持，改变"工人集团"在谈判中的不利地位。两大集团通过谈判对工资率、工时、生产安全、职工福利等方面达成协议书或合同书，以此来约束雇主和雇员，这样可以给工人争取工资、小额优惠、有利的工作条件以及合理的就业水平。

我们国家在初次分配中也很重视政府的作用，但是有些制度还不完善。经常性的机制还没有建立起来，比如，劳资双方的工资谈判制度。在现阶段，雇主集团在收入分配中还处于比较优势的地位，代表工人利益的工会发挥作用的渠道还不很畅通，所以我们要进一步在国有企业和民营企业中探索有利于缩小收入差距的收入分配机制。

在国有企业和民营企业中，逐步尝试工资集体谈判制度，这个制度的外部环境条件已经具备。我国有各级工会，这些工会在党的领导下，使工人群体在谈判中不至于处于弱势地位，关键的是如何去操作实施。行政机关和事业单位个人收入的分配在我们国家还处于很不平衡的状态。发达地区的公务员和事业单位工作人员的工资相差很大。这与我们国家的财政分级体制有很大的关系。一个地方的财政收入直接决定这个地区的收入水平。有些发达地区的各种补贴就足以超过某些地区的工资水平。再有就是某些垄断行业的工资水平远远高于其他行业的工资水平，推高了我们国家的收入差距。因此，形成正常的工资形成机制十分急迫。

二　建立公平、广覆盖的社会保障网络

社会保障制度在发达国家建立较早，经过上百年的完善和发展，已经建立起比较完备的法律制度保障体系。每个国家的国情不同，社会保障制度也各有特点，对于中国来讲，这些发达国家的社会保障制度建设经验给我们的最大借鉴就是，建立与中国国力相适应的、与中国特色社会主义市场经济相容的社会保障制度。

1. 建立多层次的、覆盖全社会的社会保障制度

美国的多层次社会保障体系和瑞典"从摇篮到坟墓"的社会保障制度，都是在政府的强力主导下进行的。社会保障的多层次性可以满足社会成员的不同需求。而社会保障的广覆盖可以为社会成员提供基本生活保障和需求。这些社会保障措施在政府财政资助下显得坚实而又有活力。对于中国来讲，建立广覆盖的社会保障体系显得很有必要。

2. 确定合理的社会保障目标

西方国家目前的社会保障水平比较高，这与其雄厚的经济实力相适应的。英国的保障制度是从《济贫法》开始的，在保障的起步阶段仅仅是对社会成员中的极少数实行救济。所以在发展中国家，在社会保障的起步阶段，一定要结合自己国家的经济实力，不能超越自己的能力，不然的话就会掉入"福利陷阱"。在发达国家，政府用于社会保障的支出占国内生产总值的比重，一般在15%—30%之间。[①] 我们应将社会保障目标进行划分，即分为长期社会保障目标和短期社会保障目标。当前一个时期，我们只能把建立起"生活安全网"及提供必要的教育培训作为改革目标。

3. 公平与效率相统一

建立覆盖全社会的社会保障体系一定要把公平与效率结合起来，西方国家的社会福利的一个重要教训就是，广覆盖的高福利成为懒惰的温床，从而影响整体的运行效率。所以我们在制度创新的过程中一定要把二者结合起来，要把福利保障措施与工作绩效结合起来，让那些真正需要福利救济的人得到社会的保障。

---

① 张建波、郭泓：《西方国家社会保障改革趋势分析及启示》，《商业研究》2004 年第 4 期。

三　重视教育制度创新，实现教育公平

实现教育公平是实现社会公平的重要环节和手段。实现教育公平是一个长期的、动态的综合发展过程，仅凭社会支持是很难达到教育公平的目的的。发达国家十分重视教育公平的制度创新，在制度创新的过程中，政府扮演着十分重要的角色。从前述有关国家实施政策措施来看，政府在实现教育公平的制度建设中起主导作用。美国政府是通过推动立法和教育专项拨款来保障教育公平，瑞典政府是通过全民免费教育实施教育公平。由此来看，政府的宏观决策和制度创新是促进教育公平的关键。各个国家的国情不同，经济实力和社会发展水平以及文化传统都会表现出各自的特点，实现教育公平的关键是政府明确自己的责任，把教育公平作为制度创新和宏观决策的基本原则，主动消除在公共政策上的不平等措施，同时在已经表现出的教育不平等各个方面要采取确实制度措施，分步骤、分阶段地解决这些问题。

根据不同国情保障教育发展的区域平衡。尽管各个国家的国情不同，但是保障一个国家的教育公平，实现一国之内教育发展的区域平衡，是政府的基本责任。美国是在各个州设立"特许学校"发放"教育券"制度来保障各州教育发展的平衡。法国是对义务教育的教师薪酬实行国家统一财政拨款的政策来实现教育资源的公平。美国还推动国会通过《不让一个孩子落伍法》来落实对落后地区贫困家庭的孩子的资助。依据该法第一款，对于贫困家庭孩子的入学，以及在学校不能达到教育标准的孩子通过政府资助和教育行政措施让这些孩子在一定期限内达到美国国家教育标准。我国二元社会结构所形成的东西部、城乡之间教育发展水平的巨大差异，是我国政府在教育公平方面面临的和要解决的主要问题。

政府要在对教育的公共财政投入方面实现公平。教育公平的实质是政府作为社会运行的中枢与公共资源的主体，对不同地区的教育资源合理配置。美国的《不让一个孩子落伍法》就比较注重教育资源配置的公平性。法国对义务教育阶段的教师实行统一的工资标准，没有地区的差别，这首先就保障了教育资源的合理配置。我们国家实行的是分级财政体制，农村义务教育由县一级政府负责。这就造成了不同经济发展水平的地区教育发展公共投入不平衡。经济发达地区经济实力雄厚，就可以拿出更多的资金投入到教育领域，这个地区的教育资源配置水平就一定会高，而经济欠发

达地区和边远山区的教育资源就得不到公共财政投入的有力支持。这是我们要在今后一个时期着力解决的问题。

第六节　本章小结

本章把包容性增长制度创新的理论与实践的视野投向西方发达国家，西方国家在走向现代化的过程中，也遇到了如何使包容性增长的问题。社会学家和经济学家对包容性增长进行了探索，社会排斥理论和社会融合理论是这些学者的探索的标志性成果。特别是北欧国家在民主社会主义探索中，建立了广泛的社会福利制度，这些制度创新丰富了包容性增长制度创新的内涵。虽然北欧国家福利制度建设过程中也遇到了一些问题，但是，它们建设经济发展成果由人民分享的制度的决心没有发生动摇。政府在收入分配制度创新中，并不是一个旁观者，而是主导者，资本主义国家政府这只有形的手在这一方面伸得很长，在弱势的工人集团一边增加筹码。西方发达国家在包容性增长制度创新方面的理论和实践值得我们去研究。

第六章

包容性增长制度创新实现路径

"包容性增长"提倡社会公众平等参与经济活动，共享经济发展成果。所谓"公平参与，合理共享"，是指社会公众或经济主体无论初始地位、原始财富、所属地区、类属行业如何都有权利参与经济社会活动，并根据贡献的大小合理地分配应得的社会财富。公平分享是"包容性增长"的精髓，在经济社会生活中，社会公平表现为体制公平、权利公平、机会公平、规则公平、分配公平为主的制度保障体系。国家和社会一方面要从最根本上消除制度性歧视、弥补制度缺失，建立公平的竞争体制；另一方面要保障各阶层群体，尤其是弱势群体在环境共享、资源利用、信息交流、经济生产等各个方面能够享有平等参与以及合理共享的机会。本章试图从收入分配制度、福利制度、地区和城乡平衡发展和教育制度等方面提出一些创新的设想。

第一节　收入分配制度创新

包容性增长的核心理念就是让社会各个群体公平分享经济发展的成果，具体到分配领域就是要处理好公平与效率之间的关系，以马克思公平效率观为基础，完善收入分配制度，缩小收入分配差距。发挥政府在收入分配中的主导作用，通过完善市场机制改善初次分配格局，提高劳动者收入在国民收入中的比重，实现居民收入与经济发展同步增长，要使普通劳动者和社会中下层群体的收入增长水平与社会平均水平持平或者有所提高，缩小收入分配差距，实现经济社会的和谐发展。

一　完善按生产要素分配的制度

按劳分配制度是我国收入分配制度的基石，按生产要素分配（即按照进行物质资料生产时所投入的生产要素的多少进行收益分配）是按劳分配的一种补充形式。在这里，坚持以按劳分配为主体有三层含义：一是在公有制经济的劳动收入中，按劳分配应占有较大份额，其他非劳动收入应占较少份额；二是在全社会范围内，按劳分配在所有分配方式中占主体地位，其他分配方式处于次要地位，起补充作用；三是公有制经济的劳动者按劳分配的收入量，是其他所有制形式下的劳动者收入水平的参照标准。[①] 正确认识按劳分配与按生产要素分配之间的关系，可以帮助我们处理好我国收入分配中的乱象。

目前按生产要素分配在实现过程中存在着参与分配的生产要素不完全、生产要素泛化、分配的具体衡量标准不确定、各生产要素之间的分配比例不合理等突出问题。目前情况下，我国劳动力供给始终是供大于求，劳动力要素参与分配存在较多不合理因素。从近几年国家统计局的数据来看，这个数值一直呈下降趋势。当然，我们也不是说其他生产要素在生产中的作用不重要，而是说过度地强调其他要素的作用，而忽视劳动者在收入分配的决定地位和按劳分配在收入分配中的主导作用，就会使收入分配走向歧途。最终的结果是造成收入分配差距拉大，贫富悬殊，抑制消费需求，损害经济增长。因此，我们要加强对生产要素的宏观调控，形成一种有利于按劳分配的制度环境。

1. 构建各生产要素产权的法律制度。既然我们国家确定了按生产要素分配的政策，就要建立明晰的各生产要素产权制度。按生产要素产权分配实质上是生产要素产权主体凭借对生产要素的合法产权获得相应的收入。如果产权不明晰，按生产要素分配的政策就无法落到实处，或者会导致收入分配中的乱象。比如农村的土地产权问题，现在农村的土地属于集体所有制，对土地的处置农民没有最终的决定权，怎么出让土地、出让哪些土地、出让价格等问题，农民是没有主导权的。虽然在出让农民土地问题上国家出台了许多相应的法规，但最终因为产权问题，农民的利益无法得到有效保护，造成农民因土地问题到处上访，甚至导致群体事件，影响社会稳定。因此，要公平实现生产要素所有者的利益，关键在于明晰生产要素产权关系。生产要素产权关系包括两个方面：一是对参与分配的各生

---

① 丁春福：《试论社会主义初级阶段的按生产要素分配》，《中国特色社会主义研究》1998 年第 4 期。

产要素产权做出明晰的规定，特别是计划经济时代的遗留问题，要在解放思想的基础上着力处理好生产要素产权不清的问题，要对生产要素的所有权做出明确的界定；二是在明晰生产要素所有权的基础上，要界定好各生产要素所有者之间的利益关系。在生产要素所有权实现利益的过程中，不同利益群体之间的利益关系要靠相关的法律制度做出明晰的界定，只有在明晰产权利益关系的前提下才能保证各生产要素所有者的利益所得。每一个参与市场的各生产要素所有者都期待在市场中获得平均的利润份额，所以在界定各生产要素所有者的利益关系时，要对生产要素在生产过程中的作用进行客观的界定，保证生产要素所有者的利益得以公平地实现。

2. 健全按生产要素分配的市场环境。按生产要素分配的市场环境的优化是落实我们国家按生产要素分配的制度的一个关键步骤。由于历史因素，我国东西部地区、沿海与内地、城市与农村社会环境和经济环境差异很大。市场机制要求生产要素在全国范围内自由流动，按照市场规则优化配置资源，如果不能形成统一的全国生产要素大市场，而是搞条块分割、行业垄断和地区封锁，那就不能实现各生产要素在全国范围内的合理流动。所以，构建有利于生产要素合理流动的法制环境对目前的中国来讲尤为重要。推动劳动力市场专业化，形成统一有序的劳动力市场，健全劳动力市场法规，对于广大农村地区的农民来讲至关重要。城乡二元体制导致农村基础设施落后，信息不畅，造成农村劳动力的盲目流动，农民对劳动力市场的反应过于迟钝。由于法规不健全，农民的合法权益无法得到保障。在中国特有国情下，农民群体在市场环境下感到茫然失措，在自己的合法权益受到损害的情况下，不知道该如何保护，以至于采取极端手段来追索自己的利益。

3. 逐步建立生产要素贡献的价值测评体系。我们国家实施按生产要素分配的制度的时间还不长，如何合理、公正地确定各要素的收益比例，是摆在我们面前的很紧迫的任务，参与市场分配的要素会随着市场发育的成熟而越来越多，这是一项十分复杂的系统工程，我国收入分配领域出现的问题也是与这个问题没有合理解决有很大关系的。过度强调某一要素在生产中的作用，会造成市场秩序的混乱。各种生产要素的贡献是在生产过程中实现的，是动态变化的过程。因此，确定不同生产要素按贡献参与分配的有效形式不能凝固化。

建立各生产要素的贡献的价值测评体系，依照其在生产中所起的作用及其贡献合理地参与分配，获得各个要素公平的收益。在这里要严格按照市场的规律评估各要素的价格，不能采用行政手段人为地干预各生产要素的分配比例。必须遵循价值规律，充分发挥生产要素市场中价格、供求、竞争三大机制的作用，由市场评估并决定要素价格，运用价格、利率、税收等经济杠杆调节生产要素分配比例。在目前情况下，我国劳动力资本与其他生产要素在市场中博弈的时候常常处于弱势地位，建立健全的劳动力市场，实施西方国家比较成熟的工资集体协商制度，使劳动者工资收入随经济发展逐步提高，在当下尤为迫切。

二　确定科学合理的国民收入各项比例

一个国家的国民收入总额是一定的，由政府财政收入、企业收入和居民个人收入三部分构成，其中任何一部分数额提高就会使另两部分收入减少。要实现分配的公平就要有一个宏观的调控，使各部分比例有一个合理的限度。

表 6 - 1　　　　　1992—2008 年全国初次分配总收入的分类构成

年份	劳动者报酬		生产税净额		财产收入				经营性留存			
	D1	居民	D2	政府	D3	居民	政府	企业	D4	居民	政府	企业
1992	0.546	100	0.1450	100	0.084	52.86	3.53	43.61	0.226	31.37	7.82	60.80
1993	0.515	100	0.1565	100	0.093	54.61	3.77	41.62	0.235	25.41	5.50	69.09
1994	0.524	100	0.1558	100	0.102	56.48	3.86	39.66	0.218	32.02	5.08	62.90
1995	0.536	100	0.1421	100	0.084	59.37	3.18	37.45	0.238	27.90	3.11	68.99
1996	0.529	100	0.1525	100	0.087	60.72	2.88	36.40	0.232	35.95	4.83	59.22
1997	0.536	100	0.1577	100	0.077	55.86	2.42	41.72	0.229	35.29	4.94	59.85
1998	0.534	100	0.1668	100	0.081	53.70	3.72	42.85	0.218	38.16	3.48	58.36
1999	0.533	100	0.1650	100	0.059	58.50	3.26	38.24	0.243	34.22	1.86	63.91
2000	0.510	100	0.1651	100	0.059	54.33	4.16	41.51	0.266	34.48	3.37	62.15
2001	0.503	100	0.1710	100	0.058	53.13	4.61	42.26	0.268	29.51	4.22	66.27
2002	0.509	100	0.1736	100	0.060	52.18	4.59	43.23	0.257	25.17	5.87	68.99
2003	0.494	100	0.1736	100	0.063	44.91	5.25	49.84	0.269	27.46	6.23	66.13

续表

年份	劳动者报酬		生产税净额		财产收入				经营性留存			
	D1	居民	D2	政府	D3	居民	政府	企业	D4	居民	政府	企业
2004	0.507	100	0.1541	100	0.062	42.86	6.10	51.03	0.277	22.46	4.10	73.45
2005	0.501	100	0.1559	100	0.066	38.67	4.70	56.63	0.277	24.16	5.58	70.27
2006	0.489	100	0.1595	100	0.085	39.82	4.87	55.32	0.266	25.02	5.76	69.22
2007	0.477	100	0.1625	100	0.093	38.81	5.52	55.67	0.267	25.29	5.77	68.94
2008	0.476	100	0.1600	100	0.092	37.86	6.12	56.02	0.272	22.59	3.49	73.93

　　资料来源：1992—2003 年数据来自《中国资金流量表历史资料：1992—2004》，2004—2008 年数据由《中国统计年鉴 2010》中 2005—2008 年资金流量表（实物交易）计算所得。

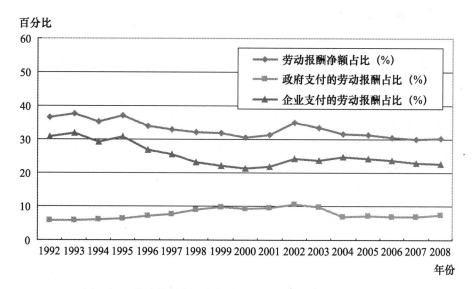

图 6 - 1　劳动报酬净额在初次分配总收入中所占比重的构成

　　1. 政府财政收入要在国民收入构成中保持一个适当的比例。从表 6 - 1 我们可以清楚地看到，从 1994 年起，政府财政收入和企业的盈利汇报逐年上升，与劳动者收入逐年下降形成鲜明对照。2009 年的财政收入是 1978 年的 60 倍。从改革开放的 1978—1994 年，我国的财政收入呈现出下降趋势，但是从 1994 年开始，国家实行了新的税制，财政收入呈加速增长态势，各个地方成立了国家税务机构，此后，国家财政收入不断增长，而在同期，居民收入的比重在 GDP 中逐年下降，从表 6－2 中还可以看出，企业付给工人工资的数额也在逐年下降。从 1992 年的 30.67% 下降到 2008 年的 22.72%，总共下降了近 8 个百分点。政府和企业部门在收入分配中的占比持续强化，居民在收入分配的地位持续弱化。造成这种情况的根本原因在于财产性收入比率和劳动者报酬比率下降，这反映了以下事实：居民部门在金融抑制（低利率）环境下变相补贴储蓄资金的使用部门——企业部门，以及劳动相对于其他生产要素在初次分配环节日趋弱化。①

2. 逐步提高劳动报酬在初次分配中的比重。提高劳动者报酬在国民收入中的比重，是我们今后一个时期收入分配制度创新的重点。中国社会科学院发布的 2008 年《社会蓝皮书》中显示，从 2004 年开始，在按支出法统计的地方 GDP 构成中，劳动者报酬比重呈逐年下降。2003 年以前一直在 50% 以上，2004 年降至 49.6%，2005 年降至 41.4%，2006 年降至 40.6%。企业营业盈余（或称"资本回报和资本利润"），由原来的 20% 提高到 2006 年的 30.6%。② 目前美国的国民收入分配结构是，劳动者报酬占 56% 左右，企业经营利润占 12% 左右。因此，我国要想改变目前劳动者报酬在收入中的比重，就要进行分配制度创新，而当前情况下把工资集体谈判协商制度移植进来的条件已经成熟。对于中国是否有工资集体谈判协商制度的土壤，是否符合中国的国情，众多学者的意见比较一致，已经取得了众多的共识。我们国家在 2000 年已经颁布了《工资集体协商试行办法》，该办法第十七条规定："职工和企业任何一方均可提出进行工资集体协商的要求。工资集体协商的提出方应向另一方提出书面的协商意向书，明确协商的时间、地点、内容等。另一方接到协商意向书后，应于20 日内予以书面答复，并与提出方共同进行工资集体协商。"但是这个办法是由国家社会保障部颁布的，并没有强制实施。在实际操作中没有具体的实施细则，也无法具体去贯彻执行。其原因有以下几个方面：

---

① 余斌、陈昌盛：《国民收入分配：困境和出路》，中国发展出版社 2011 年版，第 39 页。

② 汝信、陆学艺、李培林主编：《社会蓝皮书：2008 年中国社会形势分析与预测》，社会科学文献出版社 2008 年版。

表 6 - 2　　　　　劳动报酬净额在初次分配总收入中所占比重的构成

年份	劳动报酬净额占比 （%）	政府支付的劳动报酬占比 （%）	企业支付的劳动报酬占比 （%）
1992	36.66	5.90	30.76
1993	37.70	5.89	31.81
1994	35.28	5.99	29.30
1995	37.23	6.30	30.92
1996	33.94	7.01	26.93
1997	32.98	7.51	25.47
1998	31.99	8.91	23.08
1999	31.91	9.80	22.10
2000	30.63	9.27	21.37
2001	31.36	9.59	21.77
2002	34.96	10.45	24.23
2003	33.35	9.68	23.67
2004	31.66	6.91	24.72
2005	31.36	7.00	24.29
2006	30.58	6.95	23.56
2007	30.01	6.92	22.97
2008	30.19	7.32	22.72

资料来源：1992—2003 年数据来自《中国资金流量表历史资料：1992—2004》，2004—2008 年数据由《中国统计年鉴 2010》中 2005—2008 年资金流量表（实物交易）计算所得。

（1）机制不健全，实操性不强。工资集体协商制度尚未进入立法程序，目前由社会保障部颁布的部门规章其效力还不足。这个部门规章没有设定相应的责任条款，所以在实际运用中受到方方面面条件的限制，资方在自己的利益受到损害的情况下，就会躲避法律条款的限制，不与员工或者员工的代表进行谈判。所以，没有强制性条款和法律效力，使这个部门规章在实际操作中出现许多问题。另外，在遇到工人罢工或工人与雇主发生纠纷时，劳动执法部门或者工会无法依据相关法律进行协商或进行仲裁。

（2）行业协会缺位，主体双方不平等。在没有政府援助的情况下，职工代表与资方的谈判地位存在着实质上的不对等，不可避免地受制于企业，往往不敢理直气壮地维护职工的合法权益。所以，行业协会显得非常重要，行业协会最了解这个行业的生产情况，是这个行业与社会相联系的纽带，健全的行业协会能使这个行业健康地发展。而目前，我们国家的行业协会还很不发达，发展还很不平衡，组织很不健全，还与经济发展的水平很不适应。所以，要改变目前的状况，必须发展健全的行业组织，使其成为解决本行业自身发展的一个自我约束的机构。

（3）工资集体协商信息不对称。由于工人集团或者说是代表不熟悉这个行业的发展状况，对整个社会环境的信息掌握得不够，所以在谈判中不免处于劣势，这时政府要给予相应的援助，在企业与工人代表无法达成协议时，由政府最终裁定。

针对当前以工资待遇为主因的劳资矛盾凸显的现状，以及工资集体协商试行办法在实际操作中遇到的各种问题，提出如下建议：

（1）首先要着力推行工资协商政府援助制度。首先要明确工资集体协商的依据和标准，职工工资是以上年度 CPI 变化幅度、行业平均工资收入、地区最低工资指导线、企业经营业绩等数据，作为该年度职工工资提高或降低的标准，如果没有可供操作的标准和依据，就无法商议职工工资的额度。最后是要明确政府在工资集体协商中的指导地位。由于工人代表在协商中的地位无法与资方形成平衡，所以，在工资集体协商中，要明确在协商遇到障碍时，要由行业协会进行调解，在调解无效的情况下，由政府裁定。

（2）要着力推进工资集体协商立法和行业协会建设工作。建立工资集体协商机制需要克服许多现实中的困难，首先，要做到有法可依。建立工资集体协商制度就必须建立和健全完善的法律保障体系。这项制度的建立是对工人集团和雇主集团的利益调整，所以，会遇到这样那样的问题，法律的相关规定要明确。其次，要明确责任主体和其相关义务。要设置强制性条款，强化工资集体协商的刚性要求，如达到一定比例的职工提出协商要求、工会代表职工发出协商要约、用人单位提出协商要求的，都应进行工资集体协商。给予工资集体协商在工资决定机制中应有的法律地位，从而解决工资集体协商行为的规范。最后，还要大力推进行业协会建设。工资集体谈判协商涉及面广、工作量大，要发挥行业协会的作用，应因地制宜、因企制宜，进行区域性、行业性工资集体协商，把问题放在基层解决。

（3）要充分发挥劳动执法部门的作用，加大工资集体协商执法力度。劳动部门作为政府对工资集体协商制度落实的主管部门，要充分发挥政府在工资集体协商中的主导作用，做好工资集体协商协议的签订工作，还要负责工资协商协议条款的落实，用法律手段进行监督，提高履约率。

3. 在完善工资集体协商制度的同时，要推行职工持股计划。"职工持股计划"（Employee Stock Ownership Plan，简称 ESOP），就是企业发行的一些股票，以奖金的形式赠送给本企业的每名职工，或者以低价（低于市场价格）将企业的一部分股票售给职工，职工凭股份获得股份红利和股价上涨收入。

在我国社会主义市场体制下，无论是国有企业或私人企业，推行职工持股计划（ESOP），会增加职工收入水平，对职工来讲，参与企业的管理，成为公司股份的持有者，将职工的利益紧密地与企业利害融为一体，把职工从一般劳资关系的对立方变成企业的"利益攸关者"（stake holder），会增强他们的主人翁意识，从而激发他们的劳动热情，为企业的发展建言献策。

4. 建立和完善最低工资制度。最低工资制度是指国家通过立法规定劳动者在法定工作时间或依法签订的劳动合同约定的工作时间内提供了正常劳动的前提下，用人单位依法应支付的最低劳动报酬的制度。[①]

（1）对我国最低工资制度的现状分析

我国劳动部于 1993 年 11 月制定了《企业最低工资规定》，这个规定是部门规章，法律效力有限。1994 年 7 月颁布的《中华人民共和国劳动法》（以下简称《劳动法》），国家以法律的形式确立了我国的最低工资保障制度。

我国的最低工资保障制度自实施以来，发挥了很大的效能，充分保障了城镇低收入群体的基本生活，维护了社会的和谐稳定。但由于我国尚处于社会主义初级阶段，经济社会发展水平与西方发达国家相比显得仍相对落后，社会保障体系还没有覆盖广大农村地区，有些覆盖的地方，社会保

---

① 靳少泽：《完善我国最低工资制度的对策研究》，《价格理论与实践》2011 年第 6 期。

障水平处于较低的层次，基本上是为了解决温饱问题；《最低工资规定》经过近十几年的实践，也发现其中有许多问题需要优化，如表6—3所示。

表6－3　　　　　我国各省、直辖市2012年最低工资标准排行
（时间截至2012年4月26日）

月最低工资标准排行			小时最低工资标准排行	
排名	省区市	工资（元）	省区市	工资（元）
1	深圳	1500	北京	14
2	上海	1450	深圳	13.3
3	天津	1310	天津	13.1
4	浙江	1310	山东	13
5	广东	1300	广东	12.5
6	北京	1260	上海	12.5
7	山东	1240	山西	12.3
8	新疆	1160	新疆	11.6
9	江苏	1140	福建	11.6
10	山西	1125	四川	11
11	湖北	1100	宁夏	11
12	宁夏	1100	辽宁	11
13	福建	1100	河北	11
14	辽宁	1100	浙江	10.7
15	河北	1100	安徽	10.6
16	河南	1080	甘肃	10.3
17	四川	1050	河南	10.2
18	内蒙古	1050	陕西	10
19	湖南	1020	湖北	10
20	安徽	1010	湖南	10
21	陕西	1000	贵州	10
22	吉林	1000	青海	9.3
23	广西	1000	江苏	9.2
24	甘肃	980	云南	9
25	云南	950	内蒙古	8.9
26	西藏	950	重庆	8.7

月最低工资标准排行			小时最低工资标准排行	
排名	省区市	工资（元）	省区市	工资（元）
27	贵州	930	江西	8.7
28	青海	920	广西	8.5
29	黑龙江	880	西藏	8.5
30	重庆	870	吉林	7.7
31	江西	870	黑龙江	7.5
32	海南	830	海南	7.2

资料来源：中国新闻网 2012 年 4 月 27 日，数据截止时间 2012 年 4 月 26 日。

（2）地区间经济发展不平衡，导致我国不同地区最低工资标准存在较大差异。

当前我国各个地区的最低工资标准存在较大的差异。以 2008—2012 年 6 月我国 35 个大中城市的最低工资标准为例。这 35 个城市中，最低工资标准最高的是深圳，为 1500 元/月，最低的是江西和海南，为 870 元/月和 830 元/月，最低工资标准的极大值和极小值相差高达近一倍。由于各地的经济发展水平不同，不同地区的生活成本存在差异，最低工资标准在地区间的高差异会导致落后地区掉进贫困陷阱。在这些地区工作和生活的家庭难以支付在发达地区学习的高额学费。使这些家庭的孩子无法享受到优质的教育资源，进一步扩大不同地区居民的收入分配水平。

（3）最低工资标准与人均 GDP 和城镇职工平均工资的比例低于国际平均水平，使这一部分群体的收入一直处于较低的水平。

如表 6 - 4 所示：最低工资标准和人均 GDP 的比值的世界平均水平为 58%，而我国 35 个大中城市的这一比例的平均水平仅为 22.2%，比例最高的重庆市的这一数值为 45.3%，远低于国际水平，而广州市的这一比值仅为 12.7%，连国际平均水平的 1/4 还不到。附加值低、劳动力廉价造就了我国商品的低价。[1]此外，我国 35 个大中城市的最低工资与城镇职工平均工资的比例偏低，比值最高的是石家庄，为 39.6%，最低的是北

---

① 韩兆洲、魏章进：《最低工资标准：问题与对策研究》，《广东社会科学》2011 年第 1 期。

京，为 17%，其他城市中，除昆明和济南的比值超过了 30% 之外，最低工资标准和城镇职工平均工资的比例都在 20%—30%。国际上，这一比值的标准通常为 40%—60%。因此，相对于国际标准，我国的最低工资标准是偏低的。[①] 由于我们国家的最低工资水平偏低，造成我国一部分群体的收入水平长期处于较低的温饱水平。要想拉动内需，改变我们国家过度依赖出口带动经济增长的局面，就要逐步提高最低工资水平，因为这一部分群体的边际消费还有很大的提升空间。

表 6-4　全国 35 个大中城市最低工资、职工月平均工资与人均 GDP 比例表

城市	最低工资标准（元/月）	最低工资与职工月平均工资比例关系		最低工资与人均 GDP 比例关系	
		职工月平均工资（元/月）	比例系数	人均 GDP（元/年）	比例系数
北京	800	4694	0.170	63029	0.152
天津	820	3450	0.238	55473	0.177
石家庄	750	1896	0.396	28923	0.311
太原	610	2466	0.247	42378	0.173
呼和浩特	680	2573	0.264	49606	0.164
沈阳	700	2796	0.250	54248	0.155
大连	800	2859	0.280	63198	0.152
长春	650	2247	0.289	34193	0.228
哈尔滨	650	2127	0.306	29012	0.269
上海	960	4714	0.204	73124	0.158
南京	850	3323	0.256	60808	0.168
杭州	850	3349	0.254	70832	0.144
宁波	850	2986	0.285	69997	0.146
合肥	560	2533	0.221	34482	0.195
福州	650	2293	0.283	33615	0.232
厦门	750	2695	0.278	62651	0.144

---

① 韩兆洲、魏章进：《最低工资标准：问题与对策研究》，《广东社会科学》2011 年第 1 期。

续表

城市	最低工资标准（元/月）	最低工资与职工月平均工资比例关系		最低工资与人均GDP比例关系	
		职工月平均工资（元/月）	比例系数	人均GDP（元/年）	比例系数
南昌	580	2247	0.258	36105	0.193
济南	760	2633	0.289	45724	0.199
青岛	760	2520	0.302	52677	0.173
郑州	650	2207	0.295	40617	0.192
武汉	700	2369	0.295	44290	0.190
长沙	635	2653	0.239	45765	0.167
广州	860	3806	0.226	81233	0.127
深圳	1000	3644	0.274	89814	0.134
南宁	580	2448	0.237	19142	0.364
海口	630	2277	0.277	24420	0.310
重庆	680	2249	0.302	18025	0.453
成都	650	2568	0.253	30855	0.253
贵阳	650	2199	0.296	20638	0.378
昆明	680	1869	0.364	25826	0.316
西安	600	2479	0.242	26259	0.274
兰州	620	2177	0.285	25628	0.290
西宁	590	2205	0.268	19494	0.363
银川	560	2771	0.202	31436	0.214
乌鲁木齐	670	2778	0.241	37343	0.215

资料来源：（1）最低工资标准来源于各地劳动和社会保障部门网站，时间截至2008年年底；（2）职工月平均工资、人均GDP来源于《中国统计年鉴2009》。

5. 完善我国最低工资制度的执行和监督机制。

由于我们国家对最低工资制度的宣传力度还不够，造成这一制度在实践层面上没有完全地贯彻执行。比如，一些企业将员工的食宿费、社保费等也囊括在最低工资之中；还有些企业故意加大工人工作量并以计件方式支付工资，导致拿最低工资的工人只能加班加点完成工作。还有一些地方，以实行最低工资制度会加大劳动力成本为由，不严格执行最低工资制度，对企业的监督检查也难以到位。

针对上述问题，我们要采取切实措施完善这一制度。

首先要完善最低工资标准的核算方法。我们现在的最低工资标准核算方法值得商榷。对最低工资标准设定以什么为标准，这个问题存在理解上的偏差。有人认为，最低工资只要保持家庭成员的基本生存就可以了，对于家庭成员的发展消费、生老病养问题则视而不见。还有一部分学者认为，设定最低工资标准过高，会影响我们国家劳动力的国际竞争力，担心劳动力成本过高会影响外资流入，对我国投资环境产生影响。这些因素都影响着我们对最低工资标准的设定。因此，在考虑我国国情的基础上，要逐步制定和完善最低工资标准法规，使最低工资标准随着经济增长逐步提高。

最后，政府部门要对最低工资标准制度的落实情况进行检查和监督。针对企业变相降低职工工资、加大工人劳动强度、克扣工人合法工资等违法行为，要坚决予以纠正。政府要对违法企业进行查处，按照有关规定，加大处罚力度，使这些企业因违法成本过高而不敢以身试法。此外，要发挥基层工会的作用，对工人与企业之间的摩擦进行调解，把矛盾消灭在萌芽状态。

三　建立公平的行业准入制度

行业收入差距是目前我国收入分配差距中的三大差距之一。行业垄断行为违背了市场公平竞争原则和社会公平正义原则，已成为我国全面建设小康社会、构建和谐社会的主要障碍。行业收入分配改革势在必行。

1. 行业收入差距呈现继续扩大趋势

我国行业间收入差距一直存在，特别是垄断行业与竞争行业间工资收入差距呈现扩大趋势。垄断企业是市场上的价格制定者，其高工资收入分配机制能够方便转化为成本并通过市场定价行为消化，从而造成对消费者利益的侵犯，以及由此带来的不公正的高收入，成为影响收入分配的重要原因。

表6-5给出了我国垄断行业和非垄断行业职工工资的差距及这种差距在年度间的变化趋势。以按主观指定法确定的垄断行业和非垄断行业的对比为例，2002—2009年，垄断行业的职工年工资收入的中位数是6.78万元，非垄断行业是3.67万元，前者是后者的1.85倍，这种差异在1%

的水平上显著。2005 年，电信、金融、水电气供应、石油、烟草、电力等行业共有职工 833 万人，不到全国职工总数的 8%，但他们的收入相当于全国职工工资总额的 55%。①国资委公布的资料显示，全国有 40 家国有垄断企业，占到了 169 家央企全部利润中的 95%。其中有 12 家垄断企业（号称"十二豪门"）的利润均超过 100 亿元，占到了央企总利润的 78.8%。这"十二豪门"垄断企业主要来自石油、化工、冶金、通信、煤炭、交通运输和电力系统。"十二豪门"员工工资是全国平均工资水平的 3—4 倍。而电力集团公司的普通职工年薪竟高达 15 万元，相当于最低收入行业职工年薪的 10 倍，这其中的隐性收入还不包括在内。②垄断行业的高收入，是我国收入差距扩大、基尼系数迅猛提高的重要原因。

此外，表 6 - 5 的分析结果表明，2002—2009 年，垄断行业与非垄断行业的差距总体看来有不断扩大的趋势，这说明我们在过去几年采取的行业治理政策并没有收到预期效果。

表 6 - 5　　行业垄断与职工人均工资收入：描述性统计和差异检验

年度	垄断行业			非垄断行业			差异检验	
	样本量	中位数	均值	样本量	中位数	均值	中位数	均值
主观指定垄断行业								
2002	110	4.03	6.96	689	2.64	4.08	1.39 *	2.88 *
2003	147	4.86	8.28	823	2.80	4.37	2.06 *	3.91 *
2004	164	4.91	7.94	897	3.09	4.66	1.82 *	3.28 *
2005	188	4.96	8.54	977	3.34	4.98	1.62 *	3.56 *
2006	198	6.00	8.76	986	3.55	5.08	2.45 *	3.68 *
2007	231	7.07	10.83	956	4.12	6.00	2.95 *	4.83 *
2008	249	8.44	11.53	934	4.80	6.51	3.64 *	5.02 *
2009	249	8.30	11.17	945	4.89	6.80	3.41 *	4.37 *
2002—2009	1471	6.78	9.57	7204	3.67	5.37	3.11 *	4.20 *
客观确定垄断行业								
2002	137	4.03	6.74	659	2.59	4.01	1.44 *	2.73 *

---

①　王小鲁：《国民收入分配状况与灰色收入》，《比较》2010 年第 3 期。

②　单东：《加强对国有垄断企业的立法监管体制》，《经济学家》2007 年第 1 期。

续表

年度	垄断行业			非垄断行业			差异检验	
	样本量	中位数	均值	样本量	中位数	均值	中位数	均值
2003	183	4.57	7.93	787	2.74	4.27	1.83 *	3.66 *
2004	205	4.74	7.69	856	3.05	4.56	1.69 *	3.13 *
2005	231	5.04	8.17	934	3.30	4.94	1.74 *	3.23 *
2006	227	5.61	8.23	943	3.54	5.04	2.07 *	3.19 *
2007	238	6.92	10.20	916	4.09	5.95	2.83 *	4.25 *
2008	275	8.01	10.93	890	4.73	6.45	3.28 *	4.48 *
2009	290	8.32	11.02	904	4.79	6.65	3.53 *	4.37 *
2002—2009	1786	6.47	9.15	6889	3.65	5.29	2.82 *	3.86 *

　　资料来源：参见刘渝琳、梅斌：《行业垄断与职工工资收入研究——基于中国上市公开数据的分析》，《中国人口科学》2012年第1期。

　　说明：中位数差异采用wilcox检验；均值差异采用t检验；＊表示1%水平上显著。

　　我国行业垄断的一大特征是行政垄断。行政垄断是"指地方政府、政府经济主管部门或其他政府职能部门或者具有某些政府管理职能的行政性公司，凭借行政权力排斥、限制或妨碍市场竞争的行为"。[①]由于行政垄断行为的主体是国家行政机关或其授权的单位，这些行业有更多的行政资源可以利用，他们在不受约束的利润最大化的驱使下，容易逃避限制垄断行为的制度约束。这些行业例如电力行业，同时兼有行政部门的部分职能，他们会借助政府的行政手段或命令，设置过高的行业准入门槛，在制定价格方面失去了市场竞争的约束力，从而妨害了市场的公平竞争原则。在社会主义市场经济条件下，行业垄断会造成有些行业不是通过市场竞争来获取利润，而是利用非市场手段获取市场非竞争有利地位。因此，要实现经济的包容性增长，就要缩小行业之间的分配差距，推动垄断行业的改革和制度创新。

　　2. 推进对垄断性行业的改革和制度创新

　　对垄断性行业的改革，首先是要加强市场化，引入竞争机制。引入竞争机制，可以推动企业对科学技术投入，从而促进企业产品的换代升级。

---

　　① 钟明钊：《竞争法》，法律出版社1997年版，第314页。

企业要生产具有竞争力的产品，就必须提高劳动生产率，把社会必要劳动时间降低到同行业的最低点，才能取得价格的优势，赢得市场的主动权。

由于我国垄断性行业具有行政垄断的特征，而行政垄断的形成和国有经济垄断密切相关。所以，垄断性行业要进一步改变单一所有制的格局，通过对垄断行业所有制产权改革，实现产权的多元化，这样才能真正改变企业的治理模式，使企业走向市场，为企业的长远发展奠定基础。同时，由于我国的市场经济是社会主义制度下的市场经济，社会主义的制度性质要求公有制经济占主体地位，国有经济控制国民经济命脉，对经济发展起主导作用。这也是我国社会主义市场经济的一大特征。国有经济在经济发展的主导作用不能动摇。要改变企业的治理模式，企业内部的收入分配制度要依照《公司法》的要求运行，规范企业的收入分配制度，避免企业私自侵吞应缴纳的国家税款，制止利用不正当手段提高其收入分配水平的做法。只有这样，才有助于实现垄断行业的真正市场化和收入分配的合理化。

3. 推动政企分开，规范政府对垄断行业的监管。我国行业垄断的特征在于行政垄断。要想打破行政垄断，首先要转变政府职能，实现政企分开，使政府真正成为市场的裁判员，成为仲裁者，而不是直接干预企业的具体经营活动，既是运动员又是裁判员。要健全与市场经济相适应的国有资产运行机制和监管体制，使企业成为市场运行的主体，政府则从繁杂、低效的干预中解脱出来，做好政府应该做的事情。政府主要职能应该是市场监管和社会管理。一方面，要把自然垄断行业的非垄断业务剥离出来，让非自然垄断业务进入市场，让更多具有资质的企业进入该行业，从而通过市场竞争来促进该行业的良性发展；另一方面，在涉及公众利益的公共产品和服务要加强监督和管理。特别是在涉及公共产品和服务价格方面，一定要实施规范的听证制度，避免出现走过场、摆样子等现象。坚持公共利益优先原则，防止公共资源部门化或企业化。国资部门要对垄断行业内部收入分配进行监管，根据行业实际生产率确定垄断行业的管理成本和工资增长率。要依法维护国有资本的正常收益，不能把国有资产投资的收入和用于维护稀缺资源的收入，作为垄断企业的收入，成为某一部分集团利益的盛宴，而损害国家利益。

4. 加快国有控股企业公司制改造，规范垄断企业的经营和收入分配行为。

我国的垄断行业分为自然垄断行业和非自然垄断行业，或者含有非自然垄断行业的成分的自然垄断行业。我国垄断行业大多是自然垄断行业。自然垄断行业的改革和制度创新是大势所趋。经过改革开放以来几十年的发展，我国自然行业已经发展壮大，其垄断地位已经相当巩固。对其进行改造和改革是市场经济发展的需要，也是建立现代企业制度的需要。我国自然垄断行业有深刻的历史原因，是计划经济时代的产物，虽然经过几十年的改造和完善，但依然还有许多问题。国家也出台了相关法规，如《公司法》《反垄断法》等，这些法规在解决我国垄断行业问题方面，还没有触及我国垄断行业的实质性问题。

从源头上打破行业垄断就要改变国有控股企业投资单一化的现状。要让非国有资本以投资入股的方式进入自然垄断行业，形成一定程度的竞争格局，实现产权多元化。在产权明晰的前提下，通过调整股权结构使国有控股公司的资本来源多元化，国家资本以投资入股和控股形式，实现政资分开、政企分开。政府要推动控股企业的改造，就要制定完善相应的法律法规。

四　推进税收制度创新，强化税收对收入分配的调节功能

税收是一个国家财政收入的主要来源，也是国家实现收入分配调节的重要资金来源和基础。因此，要充分发挥税收在调控国民收入分配中的作用，特别是在我国居民收入分配差距相对比较悬殊的情况下，改革和创新我国的税收制度，制定科学合理的税收体系，实现税收对国民收入分配的调节显得尤为重要。

（一）现行的税收制度在调节收入分配方面存在的问题

我国现行的税收制度经过改革开放近30年的完善与创新，对我国居民收入分配起到了一定的调节作用。但是，随着改革开放的深入，我国居民收入分配差距逐渐拉大，特别是进入21世纪后，这种趋势越来越明显，反映收入差距的基尼系数不断攀升。这对于我国经济的持续健康发展是不利的，这样下去，就会陷进"拉美陷阱"。所以，我们要深入分析税收制度在运行中出现的问题，采取积极措施，合理应对。

1. 税种的设置还不健全，税种的衔接还不尽合理。发达国家已经走过了一条从税制不完善到完善的过程，特别是美国，建立了以个人所得税为主体，辅之以遗产税、赠予税、个人财产税、个人消费税、社会保障税的税收调节体系，税种的设置比较合理，在调节收入分配中，充分发挥了

不同税种相互协调配合的调节功能。而我国目前对个人收入的调节主要依靠个人所得税，其他相关税种要么没有建立（如社会保障方面的税种），要么功能不够（如财产税制）。财产税在发达国家是调节个人收入分配的主要税种之一，但在我国，没有真正意义上的财产税。现有的税种房产税和城市房地产税，尽管在名义上可以归为财产税，但其设定的纳税人并非个人而是"单位"。随着社会主义市场经济的不断发展，我国高收入阶层拥有巨额财富，现行的个人所得税对高收入群体的调节力度是有限的。从个人所得税的功能来看，他的调节能力是远远不够的。2002年个人所得税占全部税收的比重为6.91%，远远低于发达国家30%左右的水平，也低于许多发展中国家的水平（如印度、印尼等国家为8%—10%）。①因此，在税收制度创新中，要对我国目前的税种进行科学设置，使税种之间有一个合理的衔接。

2. 现行税制对高收入者的调节还很不力。我国现行个人所得税制起征点为3500元，超额累进率中第1级税率3%，最高一档由原来的10万元降到8万元，适用45%的税率。虽然最低起征点比原来的起征点高了1500元，税率也降低了2个百分点，但这个点明显还是偏低。许多属于中低收入的工薪阶层承担了相当部分的个人所得税。对于财富比较集中的高收入阶层而言，由于收入的多渠道和隐蔽性，也由于没有相应的财产税，许多应当缴纳而且可以缴纳的没有纳税，税收对收入分配调节的功能没有发挥好。据国家税务总局的调查显示，个人所得税目前主要来自于工薪所得、个体户所得、承包和承租所得、利息股息和红利所得。从1994年至2001年，上述四项所得收入占全部个人所得税的93.70%，上述收入中来自工薪项目的收入又占到个人所得税收入的50%左右。② 而美国个人所得税高收入者与低收入者所占之比与我国刚好相反。1991年美国10%的最高收入者缴纳的个人所得税占55%；50%的低收入者缴纳的个人所得税只占4.8%。③这些数据说明，我国现行的税制在调节收入分配方面还有改革的空间。

---

① 石坚：《强化税收对个人收入分配的调节作用》，《宏观经济研究》2003年第6期。

② 同上。

③ 郭才：《国外税收对个人收入差距的调节》，《改革与理论》1997年第5期。

3. 对应税人监控不力，惩治力度不够。由于我国长期实行计划经济，对税收法律制度的宣传还很不到位，在国民中纳税意识淡漠。造成部分应税人想方设法偷税漏税，有些还以此为荣。要真正实现主动申报、自觉纳税还需要较长一段路要走。因此加强税收宣传，提高纳税人的纳税意识，也是我们亟待解决的问题。此外，要加大对涉税案件的查处和惩罚力度，增加违法成本，震慑那些以身试法者。

同时，通过完善所得税税法和财务会计管理制度，提高我国广大税务人员业务水平和服务意识，强化各项税务的征收管理工作，使我国的征管水平与税制要求相适应。

（二）我国税收制度的改革与创新

一个国家的个人收入分配税收调控体系，是建立在对个人收入流程的各个环节进行调控的基础之上的。改革开放以来，我们国家的收入差距逐渐拉大，到现阶段在局部地区、局部行业有愈演愈烈之势，经济增长的成果还没有惠及社会所有群体，调控个人收入分配的税收机制还不够完善，因此，规范收入分配、取缔非法收入，整顿不合理收入，成为现阶段通过税收调节收入分配的主要任务。

1. 强化个人所得税的收入分配调节功能。通过个人所得税调节收入分配是发达国家通行的做法，这个税种的设置可以较好实现调节收入分配的功能。我们国家也设置了这个税种，只是在运行过程中，没有很好地实现这个税种本应该发挥的调节功能。主要问题是起征点过低，累进税率级距不合理，造成这个税种的收入来源大多数是工薪阶层和中低收入家庭，没有达到调节过高收入的目的。从最初设置这个税种的初衷来看，这个税种收入的主要来源应当是高收入阶层，就像发达国家这个税种税收的主要来源70%来自高收入阶层一样。我们国家实施个人所得税这么多年来的实践证明，这个税种设置的目标并没有实现。因此，要制止和扭转我国现阶段居民收入差距过分悬殊的状况，就要突破阻力、强化征收。应根据国民收入的实际水平，适当提高个人所得税的起征点，这个点要与我国经济发展水平和居民的收入水平相适应，要把这个税种的收入来源主要放在高收入群体，迅速改变目前广大工薪阶层是个人收入所得税主要贡献者的反常局面，真正实现这个税种所应发挥的作用。另一方面，充分利用银行等金融机构的作用，从源头上堵塞个人所得税征收漏洞。

2. 开征社会保障税。世界上已有80多个国家开征了社会保障税，部分发达国家的社会保障税已成为仅次于个人所得税的第二税种，其中奥地利、西班牙、法国、荷兰、瑞典、瑞士、葡萄牙、巴西等国，社会保障税已成为第一税种。[①] 从社会保障税的功能上来看，社会保障税是政府为向全体社会成员提供养老、医疗、失业救济等方面的社会保障需要而专门开征的税种，其主要作用在于筹集社会保障资金。社会保障资金无论是以税的名义征收，还是以费的方式取得，其本质都是税收。特别需要明确的是，该税不仅带有基金性，尤其是它属于一种权利税，即缴纳了税款就意味着取得了享受相应的社会保险的资格。因此，与一般税种开征的效应不同，一国社会保障税的开征并不是财政增收措施，而是意味着政府将承担社会保障的无限责任，意味着由此将发生一系列对社会经济、政府责任、财政支出安排、财政支出结构、财政支付能力、企业竞争力、就业等影响至深至远的相关变化。[②]

我国现行社会保障制度形成于新中国成立初期，目前社会保障资金还是主要依靠 20 世纪 80 年代后期建立的社会保障统筹制度筹集，进入 20 世纪 90 年代以后，社会财富的两极分化越来越严重，同时随着我国人口老龄化的到来和企业下岗人员的增多，对社会保障资金的需求也越来越大。

在现阶段，开征社会保障税有助于克服社保基金征集过程中的主观随意性和分散性，既保证社保基金及时、稳定、足额地筹集，也大大地减轻了国家和企业的负担；可以促进国有企业进一步深化改革，有利于企业从"企业办社会"中解脱出来，为企业创造良好的外部竞争环境，为建立现代企业制度提供保证和条件；可以提高居民的预期收入，提高居民尤其是低收入居民的消费能力，扩大内需。开征社会保障税已是刻不容缓。[③]

3. 完善健全财产税。我国的财产税与西方发达国家相同，都属于地方政府收入（除车辆购置税为中央税）。与西方发达国家不同的是，我国财产税收入在整个地方政府收入中所占比重偏小；而西方的财产课税是地

---

①　许彦、郑平：《社会保障税收入再分配效应分析》，《理论与改革》1994 年第 4 期。

②　庞凤喜：《社会保障税研究》，中国税务出版社 2008 年版，第 1 页。

③　钟健、邓大悦：《财产税制改革：国际经验与改革方向》，《财经科学》2003 年第 3 期。

方政府最主要和最大宗的自有财政收入来源。由于我国在法律层面上对私有财产的保护还是在改革开放以后，在计划经济体制下，所谓私有财产仅仅局限于生活资料，国家公务员、事业单位工作人员的某些房产主要由单位以福利的形式供给。由于税法的立法严重滞后，在社会主义市场经济条件下，个人拥有的财产不仅在生活资料方面急剧增长，而且在生产资料方面也规模庞大。所以在目前情况下，亟须完善健全财产税。

4. 合并、统一房地产税制，制定《房地产税法》。调节财富的均匀分配是设置财产税种的主要目的之一。财产税立足于调节国民收入存量，以避免社会财富的过度集中，可以很好地衔接个人所得税税种在征收过程中所留下的空白。

从各国设置财产税税种来看，主要有房屋税、土地税、不动产税、财产税、不动产转让税、资本利得税和土地增值税等，基本覆盖了财产的转让、占有、使用和收益各环节。我国在财产税的设置方面还很不健全，已经开设的税种在实际执行过程中也很不规范。比如房屋转让税，有些小产权房的私下交易数额巨大，这些不符合我国房屋登记、转让的行为，在实际生活中屡有发生。应当设立《房地产税法》，对房屋的交易、使用和转让过程中的交易行为实施严格的监控，加大对偷漏财产税的惩罚力度，防止偷漏财产税行为发生。《房地产税法》的设立，将为我们惩治财产税的种种违法行为提供法律依据。我国财产税的某些税种本身也有问题。城镇土地使用税本身属于财产税而非资源税，房屋财产的规划、评估和使用是一个紧密的链条，把它们合在一起便于管理，更利于从源头上制止偷漏税的行为，堵塞偷漏税的漏洞。

5. 开征遗产税。遗产税是对自然人去世以后遗留的财产征收的税收，通常包括对被继承人的遗产征收和对继承人的遗产征收的税种。目前世界上已有2/3的国家开征此税。在我国开征遗产税可以缓解贫富差距不断扩大的压力，防止社会矛盾进一步激化，有利于社会的稳定。同时开征遗产税还可以在鼓励勤劳致富、引导公益捐赠、限制财富世代积累等方面发挥独特作用。

第二节　包容性增长福利制度创新

包容性增长在关注经济增长的同时更加关注经济增长过程中的"包

容性"，关注社会弱势群体，强调公平正义，缩小收入差距，保证人人都能公平地参与增长过程并从中受惠。改革开放三十多年来，我国经济社会发生的显著变化就是经济转轨和社会转型。计划经济时代的制度安排已经无法容纳经济转轨和社会转型的现实，并由此造成局部制度的真空和社会的失衡。社会福利有广义与狭义两种理解。就广义上讲："社会福利是一个宽泛和不准确的词，它经常被定义为旨在改善弱势群体状况的有组织的活动、政府干预、政策等。"① 严格来说，该定义是从制度层面来理解社会福利，即将社会福利视为国家和社会为实现社会正常秩序、公民幸福这一目标而做的各种制度安排。凡是政府和社会提供的、为提升国民的物质和精神水平而采取的措施都属于"社会福利"的范畴。在福利国家，社会福利通常涵盖了社会保障，包括政府和社会为国民提供的各种服务设施和社会保障措施。狭义的社会福利概念，是指由国家和社会团体举办的、社会保险和社会救助之外的各种福利事业和公共服务。本书的社会福利概念采用的是广义福利概念。

我国的社会保障制度虽然也进行了改革和创新，但是改革的步伐过于缓慢，福利制度改革的目标不明确，缺乏一个明确的改革思路。随着中共中央十六届六中全会做出"逐步建立覆盖城乡居民的社会保障体系"的战略决策，从补缺型福利向普惠型福利的过渡必然成为我国社会保障（福利）模式建构的核心问题。

一　构建中国特色普惠型社会福利制度

改革开放初期，由于我国经济发展水平的制约，我国社会福利水平偏低，福利对象人群也仅限于无劳动能力、无法定抚养人、无生活来源的老年人、残疾人和未成年人等，属于一种"补缺型"的社会福利。十七届五中全会进一步提出要坚持把保障和改善民生作为加快转变经济发展方式的根本出发点和落脚点，以符合国情、比较完整、覆盖城乡、可持续的原则逐步完善基本公共服务体系。在这一思想指导下，也随着我国经济发展水平的提高，国家财力的增加，由"补缺型"社会福利向覆盖面更广、福利水平更高、更显现出社会公平的"普惠型"福利模式转型是大势

---

① Barber Robert L. （ed.）, *The Social Work Dictionary*, 4Edition. Washington D. C, NASW Press, 1999, p. 2206.

所趋。

（一）理论分析："普惠型"社会福利的内涵

"普惠型"福利制度这个概念是个外来语，并不是中国的首创，最初是由威伦斯基（Wilensky）和勒博（Lebeaux）在其著作《工业社会与社会福利》一书中首次提出的。在该书中，二人首次对社会福利制度进行了分类，他们认为，社会福利制度分为"补缺型"社会福利和"制度型"社会福利。"补缺型"社会福利首先强调的是家庭和市场对个人福利待遇的供给，国家只有在家庭和市场供给福利待遇作用失灵的情况下才发挥相应的作用，在这里国家所承担的供给公民个人福利待遇的责任是有限的。实际上国家所起的作用与个人和市场相比只是辅助性质的。与"补缺型"相对应的是"制度型"的社会福利，这种模式重视国家和政府的作用，主张通过国家和政府的力量制定完备的法律法规体系保障每一个公民个人所需要的福利。所有的公民应该被平等地赋予体面生活的权利；而且公民的全部社会权利和社会服务应该无条件地被保障。①

"补缺型"社会福利的理论基础是西方古典自由主义的哲学，认为政府最好不要干预市场，政府只是一个守夜人的角色，自由竞争是最佳的资源配置方式，社会成员需要的满足透过家庭、邻里、社区、宗教慈善组织的自助和互助的制度来满足。②国家仅对市场化进程中生活困难的居民实施最低限度的福利保障。"普惠型"社会福利的理论，认为公民全面享有社会福利是每个公民的一项基本权利，经济增长和社会发展是社会合作的结果，贫困源于社会而非个人，社会有责任帮助贫困者过上有尊严的生活。

"普惠型"社会福利的出台有其重要的经济社会背景。工业革命以后，社会分工的发展，大型工业组织的兴起，就业成为社会成员满足需要的重要方式，在劳动力市场这个无形之手的作用下，社会生活的风险增加，潜藏在市场后面充当守夜人的"有形之手"开始走向前台，在社会

---

① 彭华民等：《西方社会理论前沿：论国家、社会、体制与前沿》，中国社会出版社 2007 年版，第 267 页。

② 同上书，第 268 页。

成员的需要满足中充分发挥作用。[①]

我国学者基于对中国社会保障的城乡二元分割和狭义的社会福利选择的现状，以及我国在改革发展中遇到的问题和对社会公平的追求，在理念上主要倡导普遍的社会福利。[②]著名学者景天魁就一直倡导建立底线公平的社会保障制度。[③] 也有学者和政府官员提出建立"普遍性、基本性、差别性的社会福利制度"[④]。从我国学者对我国福利制度的探索可以看出，在我国城乡建立惠及广大城乡居民没有差别的普惠型的福利制度前景还是乐观的。

（二）建立中国特色普惠型社会福利制度的物质基础

我国改革开放 30 多年来经济发展为普惠型社会福利制度的建立奠定了一定的物质基础。2003—2011 年，国内生产总值年均实际增长 10.7%，其中有六年实现了 10% 以上的增长速度。经济总量连续跨越新台阶。2011 年我国国内生产总值达到 47.2 万亿元，成为仅次于美国的世界第二大经济体。经济总量稳步增长的同时，人均国内生产总值也快速增长。2011 年，我国人均国内生产总值达到 35083 元，扣除价格因素，比 2002 年增长 1.4 倍，年均增长 10.1%。按照平均汇率折算，我国人均国内生产总值由 2002 年的 1135 美元上升至 2011 年的 5432 美元[⑤]。10 年人均国民收入翻了 5 倍，为我国建立"普惠型"的福利制度打下了坚实的基础。

国家财政实力明显增强。2011 年，我国财政收入超过 10 万亿，达到 103740 亿元，比 2002 年增长 4.5 倍，年均增长 20.8%。财政收入的快速增长为加大教育、医疗、社保等民生领域投入，增强政府调节收入分配能

---

① 彭华民等：《西方社会理论前沿：论国家、社会、体制与前沿》，中国社会科学出版社 2007 年版，第 268 页。

② 王思斌：《我国适度普惠型社会福利制度构建》，《北京大学学报》2009 年第 5 期。

③ 景天魁：《大力推进与国情相适应的社会保障制度建设——构建底线公平的福利模式》，《理论前沿》2007 年第 1 期。

④ 窦玉沛：《重构中国社会保障体系的探索》，中国社会科学出版社 2001 年版，第 13 页。

⑤ 国家统计局综合司：《从十六大到十八大经济社会发展成就系列报告之一》，2012 年 8 月 15 日，国家统计局网站。http://www.stats.gov.cn/tjfx/ztfx/sbdcj/t20120815_402827873.htm

力等，提供了有力的资金保障。①《2010 年政府工作报告》比以往任何时候都更加重视"社会公平"和"民生问题"。提出加快健全覆盖全民的公共服务体系；加快完善社会保障体系，扩大覆盖面；与此同时，我们也要清醒地看到，我国还是一个发展中国家，国土面积大，地区发展很不平衡，建设"普惠型"福利制度不能一蹴而就，要规划建立，逐步实现覆盖全民的福利保障体系，逐步实现"学有所教、劳有所得、病有所医、老有所养、住有所居"的宏伟目标。

（三）建立"普惠型"社会福利制度的政府之责

建立"普惠型"福利制度是一项巨大的社会工程，没有政府的倡导和管理，要完成这样一个惠及 13 亿人口的福利制度工程是难以想象的。

1. 观念引导之责。建设普惠型社会福利制度是一项重大的制度创新，是一次重大的利益调整，面对不同利益集团的不同反应，政府该怎么组织社会力量，激发所有社会成员的积极性，是对政府的重大挑战。在我们国家，建设普惠型社会福利制度是一项新生事物，是我国经济社会发展到某一个阶段的产物。集中社会资源，提供优质的公共产品，是政府的重要责任。如果政府不能在建设普惠型福利制度中发挥积极引导的作用，不能凝聚社会各个群体的共识，固守社会福利制度的传统观念，继续实施不能体现社会公平的城乡二元福利模式，我们的社会就不会走向融合，就会造成社会断裂和失衡。

2. 制度设计与提供公共福利产品之责。建设普惠型福利制度需要政府动员社会资源，制定和设计制度实施的可行方案。这个责任是其他社会主体无法承担的，因为其他任何主体都无法掌握设计这个制度的信息和资源，也无法动用更多的资源去让这个方案得以实验与实施。因此，没有政府对普惠型福利制度的设计与实施，不去动员社会力量提供社会福利公共产品，就不能保证普惠型福利制度的推行。政府必须有意识地引导相关各方、形成合力，共同建构这一制度。

3. 统筹兼顾保持发展的可持续性。建设普惠型福利制度的经济条件和社会条件已经成熟，需要政府利用好这个最佳时机，全面推进社会福利

---

① 国家统计局综合司：《从十六大到十八大经济社会发展成就系列报告之一》，2012 年 8 月 15 日，国家统计局网站。http://www.stats.gov.cn/tjfx/ztfx/sbdcj/t20120815_402827873.htm

制度的大发展，要落实好社会福利责任主体的分担机制，不加大也不缩小社会福利责任主体额外负担，要体现公平的原则，让所有社会成员充分发挥积极性，弥补政府力量的不足，促使社会福利制度全面发展。此外，也要考虑我国人口多、地域广，各地区发展不平衡的特点，结合当地实际和地方财力发展状况，积极稳妥地出台相关政策。我们还要考虑我们国家实行的是分级财政管理，各地财政有相对的独立性，要考虑地区发展的平衡性问题，中西部地区特别是欠发达地区，经济发展水平比较落后，没有中央的财政支持，要建设普惠型的社会福利制度是很困难的。要考虑社会福利支出具有较强刚性，一旦设立就需要持续提供，需要政府有足够财力保障长期供给。因此，要做好社会福利制度的顶层设计，确保在基本国情下坚持实施普惠型的福利制度。

二　加强制度创新，完善福利制度

（一）完善慈善事业法，提高慈善组织公信力

慈善首先是一种美德，美国慈善问题研究专家保罗·库尔茨（Paul G. Schervish）教授认为，慈善是一种社会关系而非商业、政治关系；关心（care）的美德和认同（Identification）的情感（自愿）是慈善的基本原则；慈善是对己之爱与对人之爱的辩证统一。[①] 改革开放后，随着我国经济和社会转型，一部分群体在转型过程中成为社会的弱者，他们急需社会的资助，慈善作为一项重要的社会事业，逐渐在我们的生活领域发挥越来越重要作用。有些学者将慈善事业视为市场经济条件下的第三次收入分配。美国的富裕阶层——企业和个人，每年通过各类基金会作出的慈善公益捐助有6700多亿美元，第三次分配的财富占美国GDP的9%。[②]慈善不仅可以弥补政府福利投入不足，而且还可以激发公众的社会责任感，对和谐社会建设有重要意义。

1. 制定和完善慈善事业法

我国慈善立法走过了几十个春秋，有关慈善事业的法律法规有几十

---

① ［美］保罗·库尔茨：《21世纪的人道主义》，东方出版社1998年版，第168页。

② 商文成：《第三次分配：一个日益凸显的课题》，《兰州学刊》2004年第4期。

个，比如《扶贫、慈善性捐赠物资免征进口税收的暂行办法》《中华人民共和国海关关于〈扶贫、慈善性捐赠物资免征进口税收的暂行办法〉的实施办法》，还有《中华人民共和国个人所得税法》和《中华人民共和国企业所得税暂行办法》《公益事业捐赠法》，等等。在这些法律中，只有《公益事业捐赠法》和《收养法》是法律，其他的都是部门法规和条例，总体来说，现有的规范性文件不健全，法律位阶低，约束力弱，操作性差，难以形成完整的法律体系。另外，在慈善事业发展过程中，也出现了不规范操作的问题，有些甚至酿成法律事件，"爱心官司"成为我们生活中关注的热点。随着我国经济的发展，财富在某一阶层聚集，一些爱心人士为慈善事业的发展积极献言，越来越多富裕起来的人们想参与到我们的慈善事业中来，可是他们要么是对我们慈善机构的公信力有怀疑，要么是怀揣着一颗慈善之心报善无门。因此，制定一部内容完善、具有较高法律效力的慈善法成为我们目前的一项紧迫任务。

2. 充分发挥税收的激励机制

慈善事业的发展离不开爱心，但是单靠爱心也是不够的，需要我们的制度发挥作用，需要通过制度来激励和调动人们参与慈善的积极性。参考慈善事业发展比较好的成功经验，利用税收政策来调节和激励企业和社会团体从事慈善活动。中华慈善总会副会长徐永光认为，中国的税收政策对捐款的免税率太低，尤其是对企业起不到激励作用。另外，受中国传统文化的影响，有些富裕起来的人希望把自己的财富由自己的下一代继承，不愿意把财产捐献给社会。这些现象的出现也与我国的相关法律的缺失有关。法律法规不健全导致一些人对慈善活动不热心，这样发展下去会影响我国慈善事业的持续发展。

3. 提升慈善组织公信力

慈善组织是慈善事业的组织者、执行者，它的形象直接影响慈善事业的发展。慈善组织要加强自身的组织建设，严格依照慈善法律法规所规定的程序办事，发挥好慈善组织的载体作用，提高自身在公众中的公信力。从根本上讲，慈善事业的成败取决于慈善组织的自身建设及能否取得社会公众的普遍信任。[1]因此，加强慈善组织自身建设，提高其在社会公众中

---

[1]　李培林：《慈善事业在我国社会发展中的地位和作用》，《中国社会科学院院报》2005 年第 1 期。

的公信力，履行好慈善事业赋予的高尚而神圣的职责，对我国慈善事业意义重大。

（二）要尽快出台一部具有较高法律效力的《福利法》

改革开放以来，我国先后颁布了《关于公费医疗保险的通知》《中华人民共和国残疾人保障法》《中华人民共和国劳动法》《企业职工养老保险基金管理规定》《关于职工医疗保险制度改革试点的意见》《关于建立企业补充养老保险制度的意见》等数十个涉及社会救助、社会保险、社会福利和社会优抚方面的法规，[①]但是，这些法律法规的效力还没有那么高。

时至今日，我国还没有一部完备的具有较高法律效力的《福利法》。反观其他国家，在经济社会发展达到一定阶段后就积极完善和颁布了正式的社会福利立法，如：英国在 1955 年人均 GDP 达到 1000 美元，建立"从摇篮到坟墓"的社会福利制度是在 1948 年；美国是 1942 年人均 GDP 达到 1000 美元，在 1935 年制定了《社会保障法》；日本在 1966 年人均 GDP 达到 1000 美元，1947 年制定了《儿童福利法》，1949 年制定了《残疾人福利法》，1963 年制定了《老年福利法》。[②]我们国家在 2003 年人均 GDP 就突破了 1000 美元，但是我们到现在还没有完成社会保障的立法。

第三节　协调区域发展的制度创新

中国是一个国土面积辽阔的国家，各个地区自然环境、历史文化和经济发展差异很大，改革开放后各个地区在经济社会方面都有了较快的发展，但是地区差异依然很大，这些已经成为经济包容增长的一道鸿沟，没有地区的均衡发展，包容性增长就是一句空话，这是我们当前需要解决的突出问题。

---

① 丁康：《中国社会保障立法的现状、问题及对策》，《江西财经大学学报》2001 年第 3 期。

② 张映芹：《构建中国特色普惠型社会福利制度的基础与路径选择》，《思想战线》2010 年第 5 期。

一　改革开放以来我国地区差距的现状

中国的地区差距，一般是指除香港、澳门和台湾以外地区的差距。[①]
我国内地学者都比较偏向于四分法，胡鞍钢提出了一个"一个国家，四
个世界"的观点，他认为：第一世界是北京、上海、深圳等高收入发达
地区，第二世界是大中城市和沿海地区中等发达地区，第三世界是下中等
收入地区，包括沿海地区的东北和华北等地区，第四世界是中西部贫困地
区、少数民族地区、农村地区、边远地区和低收入地区。[②]国家统计局也
是按照四分法，但是内容与胡鞍钢的四分法稍有不同，在 2006 年的统计
年鉴里提出了东、中、西和东北地区的分类方法。本书比较偏向中、东和
西部地区的分类方法。

1. 经济发展不协调

自 1978 年开始实行市场导向的改革，中国经济经历了近 30 年的快速
发展，取得的成就举世瞩目。但是地区经济增长不平衡、区域差距扩大问
题也日益突出。

（1）从 GDP 总量及发展趋势来看

我们从表 6-6 中可以看出，东部地区的 GDP 总量由 1992 年的 55.2%
上升到 2008 年的 58.4%，而中部和西部地区同期则呈下降趋势，中部下
降了 2.7%，西部下降了 0.5%。我们从这些数据中可以看出，东、中、
西部地区的 GDP 在近 20 年的发展中不是更接近了，而是差距越来越大。
虽然经历了西部大开发和中部崛起战略的推行，但是中西部地区的经济发
展总量还是无法与东部地区接近。这是我们需要注意的问题。

表 6-6　　　1992、2000、2008 年东中西部地区 GDP 占国内 GDP 比重

	东部	中部	西部
1992 年	55.2	26.5	18.3
2000 年	57.3	25.6	17.1
2008 年	58.4	23.8	17.8

资料来源：《中国统计年鉴》1992、2000、2008 年。

---

① 孙居涛：《制度创新和共同富裕》，人民出版社 2007 年版，第 174 页。
② 胡鞍钢：《一个中国，四个世界》，《经济时报》2001 年 4 月 17 日。

（2）从人均 GDP 及变动趋势来看

从表 6 - 7 中可以看出，1992—2008 年的 16 年间，我国经济发展水平发生了巨大变化，是我国经济发展最好的阶段，东部地区人均 GDP 由 1992 年的 3033 元增长到 2008 年的 37213 元。同一时期，中西部地区的经济发展水平也有很大提高，人均 GDP 分别增长了近 10 倍，但是这个数值并没有与东部地区的人均水平有所接近。中西部地区的发展水平与东部地区相比，还是处于落后状态。

表 6 - 7　　　　　1992、2000、2008 年东中西部地区人均 GDP　　　　单位：元

	东部	中部	西部
1992 年	3033	1712	1518
2000 年	11335	5982	5120
2008 年	37213	17860	16000

资料来源：《中国统计年鉴》1992、2000、2008 年。

2. 改革开放以来我国东中西地区社会发展的差距

东、中、西部地区差距不仅表现在 GDP 总量和人均 GDP，这些经济发展指标上，在衡量社会发展水平的各项指标上差距也是非常明显的。

从表 6 - 8 中我们可以看出，2005 年东部地区 15 岁以上文盲占人口比重为 8.09%，而西部地区则达到了 18.06%，超过东部地区 10 个百分点。说明在西部地区适龄儿童入学和在读的义务教育学生辍学情况还比较严重，虽然我们国家做了许多努力，但是西部地区文化教育情况形势依然比较严峻。尤其是大专以上文化程度，中西部和东西部差距更大，东部地区 2005 年大专人口占比是 8.40%，中部地区是 5.77%，西部地区是 5.57%，东西差距是 2.83%。从东、中、西部地区预期寿命来看，东部地区要比西部地区长寿大约 6 年，这个数字已经是比较大的了。从这些数据来看，中西部地区的社会发展明显落后于东部地区。

3. 东中西部地区综合发展指数和实现小康程度的差距

综合发展指数由"经济发展"、"民生改善"、"社会发展"、"生态建

设"和"科技创新"五大类分项指数组成。[①]改革开放以来，我国实行了区域发展战略，先后推行西部大开发和振兴东北老工业基地和中部崛起战略，在国家政策的扶持下，国内外资金到中西部投资的趋向明显，有力推动了中西部地区经济社会的发展，区域内经济协调发展的势头逐渐显现。[②]但是，这些有力措施的实施并没有明显改变东中西部地区经济社会发展的差距，甚至有扩大趋势。从图6-2中的综合发展指数来看，2000年东部地区指数44.88%，中部地区是35.93%，西部地区是33.72%。东西部综合发展指数相差11.16个百分点，而这个数字到了2010年，扩大到了13.09，10年间扩大了2个百分点。从图6-3分项指标来看，差距最大的是科技创新，东部地区是38.37%，中部地区是14.72%，西部地区是13.54%，东西部地区相差24.83%。从表6-9小康实现程度数据来看，东中西部地区10年间的差距并没有缩小。2000年，东部地区全面建设小康社会实现程度达到64.3%，比西部地区高11.1个百分点。到了2010年，东部地区和西部地区的差距扩大到16.6个百分点。

表6-8   东中西部地区在社会发展上的差距（2005年）

地区及差距	文盲与半文盲占15岁以上人口比重	大专以上人口比重	预期寿命	城市化率	人均国内专利授权（个）	人均医疗床位（张）
东部	8.09%	8.40%	74.21	58.98	0.235%	2.8%
中部	9.73%	5.77%	71.40	41.39	0.049%	2.4%
西部	18.06%	5.57%	68.42	37.15	0.044%	1.84%
东中差距	1.64%	2.63%	2.81	17.59	0.186%	0.4%
东西差距	9.97%	2.83%	5.79	21.83	0.191%	0.96%

资料来源：孙居涛：《制度创新和共同富裕》，人民出版社2007年版，第174页。

从以上数据分析我们可以看出，东中西部地区在改革开放后的30年

---

① 国家统计局科研所：《2010年地区综合发展指数报》，中华人民共和国国家统计局网站，2011年12月23日（http://www.stats.gov.cn/zcjc/fxbg/201112/t20111222_16152.ntml.

② 陈东琪、邹德文：《共和国经济60年》，人民出版社2009年版，第453页。

间，特别是最近十年，经济社会发展虽然有了很大进步，但是地区差距依
然存在，有些方面有扩大趋势，如何缩小地区差距，实现地区均衡发展，
是摆在我们面前的一个重大课题。

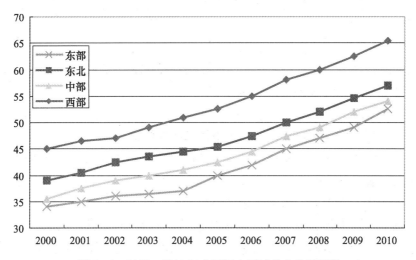

图 6 - 2　2000—2010 年中国四大区域综合发展指数

资料来源：中华人民共和国国家统计局网站。

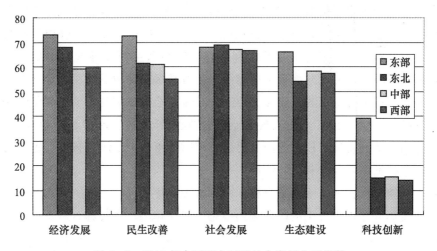

图 6 - 3　2010 年中国四大区域综合发展分项指数

资料来源：中华人民共和国国家统计局网站。

表 6 - 9　　　　　　　2000—2010 年四大区域全面建设小康社会实现程度

单位:%

	2000	2001	2002	2003	2004	2005	2006	2007	2008	2009	2010
东部地区	64.3	66.5	69.0	70.5	72.4	75.1	78.1	81.4	83.5	86.0	88.0
中部地区	55.6	57.9	58.8	60.3	62.1	64.1	67.0	70.6	72.7	75.6	77.7
西部地区	53.2	54.2	55.1	56.1	56.9	59.2	61.0	64.4	66.2	68.9	71.4
东北地区	60.3	62.0	63.9	66.0	67.6	69.2	72.2	74.9	77.5	80.5	82.3

资料来源:中华人民共和国国家统计局网站。

二　美国缩小地区差距、实现平衡发展的经验

美国是最早重视开发落后地区、及时抑制地区发展失衡的国家之一,无论是美国建国后持续近百年的"西进"运动,还是以南部地区为重心的开发过程,都有我们值得借鉴的经验。

美国经济开发署（EDA）是负责区域协调发展的主管机构,其主要职能是通过对受援地区在工商业及公共设施等方面提供贷款和援助,创造新的就业机会、保护现有的就业机会,促进贫困地区的经济发展。[1] 另外,美国还针对一些特别落后的地区成立专门的管理机构,具体负责一些专门的援助事项。例如 1933 年国会通过了《麻梭浅滩和田纳西河流域发展法》,依法成立了田纳西河流域管理局,专门领导、组织和管理田纳西河和密西西比河中下游一带的水利综合开发和利用。[2]在健全对落后地区援助的管理机构的同时,美国还加强对落后地区援助的立法工作,美国国会先后通过了《地区再开发法》《公共工程与经济发展法》《联邦受援区和受援社区法》和《人力发展与训练法案》等法律,这些法律的通过,使美国经济开发署可以依据法律对联邦境内的落后地区展开援助,进而也保证了援助的有效性和可持续性。[3]

法律对受援地区规定了严格标准和援助程序。

美国联邦政府对受援区的援助不是通过简单的产业转移,将就业机会

---

① 王霞、孙中和:《美国区域协调发展实践及对我国的启示》,《国际贸易》2009 年第 7 期。

② 同上。

③ 同上。

从一个州转移到另一个州，而是从战略高度、从提高受援区竞争力高度统筹考虑受援区的经济社会发展。EDA 认为，通过增加对受援区基础设施的投入和研究经费存量增加，营造良好的商业环境吸引私人资本的投入，从根本上改变该地区由于产业低端化和基础设施落后而造成的不良形象，创造出更多高科技含量的就业岗位。此外还通过升级核心商业基础设施、建设先进研发机构和推广成功的合作模式，带动该受援区经济转型。

三　协调区域发展的制度创新

中国共产党第十八次全国代表大会的报告首次提出在 2020 年建成小康社会，实现我们党"三步走"战略的中期目标。小康社会是各个地区共享经济发展成果的社会，不可能仅仅是几个地区的小康社会，没有中西部地区的全面小康，就没有国家的小康，所以实现地区平衡发展的历史机遇已经到来。江泽民曾指出："逐步缩小地区之间发展差距，实现全国经济社会协调发展，最终达到全体人民共同富裕，是社会主义的本质要求，也是关系我国跨世纪发展全局的一个重大问题。"[①]"加快中西部地区发展步伐的条件已经基本具备，时机已经成熟。我们如果看不到这些条件，不抓住这个时机，不把该做的事情努力做好，就会犯历史性错误。"[②]因此，要抓住机遇，推动制度创新，实现 2020 年各地区共同实现小康的宏伟目标。

（一）充分发挥地区比较优势，形成竞争优势

英国古典经济学家大卫·李嘉图提出了比较优势理论，该理论认为，各国应专业化地生产比较优势的产品，这样两个或者两个以上的国家都会通过专业化生产和自由贸易获得比设置贸易壁垒更多的利益。瑞典经济学家赫克歇尔（Eli F Heckscher）和俄林（Bertil Bhcin）最早提出了赫克歇尔－俄林定理，又叫资源禀赋理论：一国在密集使用其相对丰富和廉价要素的生产上具有比较优势，因而应专业化生产并出口该类产品，而进口那些本国稀缺要素的产品，以获得比较利益。比较优势理论说的是国与国之间的比较优势，但是该理论也可以运用到一国不同地区间的分工与发展问题。

---

① 《江泽民文选》第 2 卷，人民出版社 2006 年版，第 340 页。
② 同上书，第 341 页。

　　我国是一个资源丰富的大国，每一个地区的人口、地理环境和资源都有其自身的独特之处，如何发挥不同地区的区位优势和自身独特的资源优势，形成优势互补、协调统一的国民经济格局，是一项重大的战略任务。中西部地区蕴含丰富的矿产资源、森林资源、能源资源和人力资源，集中了全国70%的煤炭资源和80%的水电资源。① 中西部地区应充分利用这些具有比较优势的资源，在工业上大力发展能源产业，并向纵深发展，拉长产业链，加大对新能源工业的投入，以科技带动新能源产业发展。中西部地区旅游资源十分丰富，具有独特的区位优势和后发优势，加大对旅游产品的开发，大力发展服装加工、编织和餐饮业等劳动密集型产业。

　　在发挥中西部地区比较优势的同时，不能陷入"比较优势陷阱"。"资源诅咒"效应的结局会使中西部地区失去"竞争优势"。美国经济学家迈克尔·波特认为，一个国家或地区在国际贸易和国际分工中占据优势地位，其优势产业的优势不仅取决于资源优势和要素禀赋，更重要的是要具有创新机制，才可以保持强大的竞争优势。诺贝尔经济学奖获得者克鲁格曼也认为，理想产业选择有三个标准：高附加值、高工资、高技术。高工资才可以吸引和留住人才，而人才优势是地区优势的核心。所以，中西部地区要大力吸引和引进人才，利用自己的独特优势，实现跨越式发展，疾步赶超东部地区，这样才可以实现东中西部地区协调发展的愿望。

（二）援助中西部地区法制化

　　从西部大开发到中部和东北老工业基地战略的实施，我们出台了许多行之有效的制度、政策措施，这些制度、政策和措施经过这么多年的援助实践的检验，应该把这些政策措施法律化，用法律的形式确定下来。因为援助西部地区不是权宜之计，是一项长期艰巨的工作，需要一代甚至几代人的辛勤工作才可以实现援助的宏伟目标。援助工作牵涉国家的多个部门，部门之间的协调配合需要一个法律框架，使这些部门的工作在法律的阳光下运作，包括项目的审批、立项、款项的拨付以及财政转移的具体数字等都要对社会公开。② 特别要指出的是，我们国家的财政转移支付制度实行了近二十年，这个制度还有许多亟待完善的部分，由于分税制改革不彻底，转移支付从总体上没有起到缩小地区差距的效果。学者张明喜运用

---

① 孙居涛：《制度创新与共同富裕》，人民出版社2007年版，第201页。
② 陈元生：《区域协调发展赴美考察报告》，《经济研究参考》1997年第36期。

计算方法进行计算后得出结论："转移支付不但没有促进这几年经济收敛，反而扩大了地区差距。"[1] 为什么转移支付没有实现缩小地区差距的初衷呢？其原因就在于我国1995年实行分税制后并没有按照国际通行"因素法"（就是按照人口数量、人均收入、所得税、城市发展等因素来计算中央应向地方支付的资金的计算方法），而是按照我国原体制的"基数法"来计算。基数法就是依据上一年基数对所有地区给予支付，这样就很难在税收方面保证转移支付的公平，也无法体现中央对地区间财力分配调整的意图。转移支付缺乏严格的论证，又缺乏客观标准和严格的程序，这样容易凭主观臆断而出现不规范操作，因此，需要继续对转移支付制度进行严格论证，并用法律的形式进行规范，这样才能实现缩小地区差距的目标。

执法部门要加大对援助工作的监督和检查。我国有两千多年的封建传统，一些领导干部法律意识淡漠，对援助工作轻描淡写，不是通过自己的努力工作减轻落后老百姓的疾苦，而是把主要工作放在了面子工程上，把援助资金私自挪作他用，甚至侵吞援助资金。所以，执法部门要加大执法检查的力度，要与第三方的会计审计部门合作对援助资金的运行情况进行严格的财会审核，对检查出来的问题，严肃处理。[2]

（三）推进市场化进程，提高中西部地区自生能力

我国几十年的实践证明，计划经济体制不能解决我国东、中、西部地区的差距问题。国家在新中国成立后实施"五年计划"时，偏重于在"三线"地区建设资本密集型的重工业，是典型的违背西部地区比较优势的客观实际的。

我国学者林毅夫在界定自生能力时这样说："如果一个企业通过正常的经营管理预期能够在自由、开放和竞争的市场中赚取社会可接受的正常利润，那么这个企业就是有自生能力的，否则，这个企业就是没有自生能力的。"[3]仅靠外部资本输入，没有与之配套的制度协调、人才跟进、基础设施搭桥和科技创新的支撑，投资效率就会极其低下，就是不可持续的。

---

① 张明喜：《转移支付与我国地区收入差距的收敛分析》，《财经论丛》2006年第9期。

② 陈元生：《区域协调发展赴美考察报告》，《经济研究参考》1997年第36期。

③ 林毅夫：《发展战略、自生能力和经济收敛》，《经济学》（季刊）2002年第2期。

依靠外部输入的地区发展战略就是失败的发展战略。江泽民曾指出："在发展社会主义市场经济条件下，加快开发西部地区，要有新的思路。要适应建立社会主义市场经济体制的要求和新的对外开放环境，要充分考虑国内外市场需求的新变化，用市场经济的办法，按客观规律办事。"①与东部地区相比，中西部地区自然资源和劳动力资源比较丰富，资本十分稀缺，利用中西部地区的自然资源和劳动力资源优势走"开发式"扶贫的路子，比"支援式"和"救济式"路子的效果要好得多，因此，增强中西部地区自我发展的能力，才能真正使中西部地区走向脱贫致富的道路。

我国地区差距的扩大与各地区市场化进程密切相关。内地许多省份计划经济体制的遗痕还相当浓厚，政府部门还习惯于用计划经济的思路和方法管理经济，审批范围大、程序烦琐、政策制定和执行程序不透明，致使交易成本大，阻碍了外资和东部地区资本向这些地区的扩散。②比如广西与广东之间地域上毗邻，但是两者地区差距很大，问题并不在于广西的地域环境，主要原因就在于广西的思想保守，市场化进程落后。

推进中西部地区市场化进程需要做好以下几方面的工作。首先，中西部地区的地方政府要打破"等"的观念，等政策、等支援、等机会，都不会等来中西部地区的跨越式发展。要想实现中西部地区的后发优势，就要不等不靠，树立市场经济的观念，主动改善市场经济的运行环境，包括硬环境和软环境，政府要在降低交易成本方面扮演重要角色。要建立服务型政府，培养高素质的公务员队伍，大力加强人才队伍建设，依靠优厚的待遇和宽松的用人环境吸引优秀人才到中西部地区发展创业。最后，要以政府为主导培育市场主体。政府在减少干预市场的同时要大力培育资本市场，要依靠各市场主体在市场的大舞台上唱主角。

（四）推进财政体制创新，实现地区公共服务均等化

美国经济学家布坎南指出："通常，公共服务的目的在于为集体的所有成员提供'普遍'利益。"③我国学者胡鞍钢认为："缩小地区社会发展差距，首先是缩小各地区人民享受基本公共服务的差距。"基本公共服务

---

① 《江泽民文选》第 2 卷，人民出版社 2006 年版，第 344 页。
② 孙居涛：《制度创新与共同富裕》，人民出版社 2007 年版，第 211 页。
③ ［美］詹姆斯·布坎南：《民主财政论》，穆怀朋译，商务印书馆 1993 年版，第 18 页。

均等化是政府在全民范围内均等地提供诸如义务教育及普及教育、基本医疗及公共卫生、公益性服务及社会保障等方面的基本公共服务。由于我们国家实行高度的财政分权体制，各个地方的财政收入差距很大，特别是东西部地区的差距，财政收入的差距导致各个地区在一个法律的框架下，所享受到的公共服务迥然不同。实现公共服务的均等化，仍然是我们今后一个时期的重要任务。

实现地区基本公共服务均等化需要强大的财力做后盾，中西部地区人口密集，经济发展水平滞后，需要东部地区通过国家转移支付的手段对中西部地区进行援助。东部地区对中西部地区的援助有两种方式，一种是显性的援助，另一种是隐性的援助。本书认为，显性援助需要国家加大转移支付的力度，改变"基数法"的财政转移支付方法，采用国际通用的"因素法"财政转移支付方法。"基数法"财政转移支付方法是在考虑地方利益的前提下，确定各级地方政府的收支基数，这种方法对缩小地区差距的作用微乎其微，因为它是考虑地方既有利益的前提下做出的决策。缩小地区差距要上升为国家意志，通过严格的法律程序，依法对中西部地区开展援助，这样的援助才有可持续性。隐性援助是要对中西部地区的资源做一定幅度的价格调整。西部大开发中，中央政府投资上马的许多项目，如"西气东输""西电东送"等，这些能源和资源项目中，中央可在一定幅度内提高这些公共产品的价格，增加中西部地区经常性的财政收入，改善中西部地区财政收入普遍困难的现状。

另外，要提高一般性转移支付的比例，要把政策性的、临时性的、没有规范性法律文件约束的转移支付转变成一般性的转移支付。国际上通用的转移支付中，一般性的转移支付要占到全部转移支付的50%左右。因此，提高对中西部地区一般性转移支付的比例是今后一个时期我们要做的重点工作。

（五）加强中西部地区的基础设施建设，保护中西部地区生态环境

提高中西部地区的竞争力，关键是要加强中西部地区的基础设施建设。基础设施作为社会先行资本的一部分，在工业化过程中起着决定性的作用，它构成了社会经济的基础结构，是发展中国家发展经济的基本前提。英国经济学家罗丹指出，发展中国家工业化初期，应把全部资本的30%—40%投向经济社会的基础设施，主要包括电力、交通设施和通信设施等。基础设施具有较高的乘数效应，能有效带动本地区各个部门产业的快速发展。中西部地区经济发展滞后的一个很主要原因在于区位优势不明显，受制于其较低的市场亲近性，这些地区普遍离发达地区的市场较远，运输成本较高，没有形成辐射性商品投送能力，仅有的一点成本优势被高昂的运输成本和制度成本所耗掉。这就导致中西部地区与沿海发达地区的市场竞争力长期处于劣势，因此，要解决东中西部地区的差距问题，就要先解决中西部地区的基础设施问题。①

建立长效机制，利用市场力量建设基础设施。基础设施建设工期长、投资量大，对制度运行的质量要求较高，政府如果不在基础设施建设中起主导作用，就无法让市场进入该领域运行。政府首先要健全建设中西部地区基础设施的相关法律和制度。在土地征用、项目审批、资源利用方面要有明确的规定，特别是在进驻企业的融资、经营、产权以及收益回报方面有明确的阐述。最后，政府要把基础设施建设作为向社会提供公共产品、发展经济、缩小地区差距的一个重要举措来抓。中央政府要加大中西部地区基础设施建设的投资力度和政策支持，国家的政策性银行、国际援助和国际金融的优惠贷款要尽可能地安排在中西部地区。

在改革开放初期，由于我们忽视了生态保护，过度地乱砍滥伐和资源的破坏性开发使西部地区生态严重恶化。西部地区的生态环境不仅是西部地区自身发展的前提和条件，还是沿江、沿河流域的中东部地区发展的前提和基础。西部大开发战略和中部崛起战略都不能再走先开发、后治理的老路，以绿色发展理念引领经济发展，实现中西部地区生态环境的根本好转，再造一个山川秀美的新西部。

一定要建立责、权、利相统一的生态环境补偿机制。要解决好中西部地区的生态保护问题，制度建设是第一位的，只有发挥制度的作用，才可使中西部地区的生态保护走上可持续发展道路。要解决好中西部地区的生态保护和可持续发展，关键是解决资金严重不足的问题。长期以来，我们并没有把中西部地区的资源开发与生态保护联系在一起，没有形成责、权、利相统一的资源开发和环境保护机制。解决资金问题的关键是要推行谁污染谁治理、谁受益谁补偿原则，加大对环境污染的治理力度，形成一套补偿机制和制度。②

---

① 孙居涛：《制度创新与共同富裕》，人民出版社 2007 年版，第 204 页。
② 同上书，第 202 页。

第四节　统筹城乡发展的制度创新

当今我国的城乡经济社会发展差距很像 19 世纪 90 年代美国的城乡差距，美国的这一时代被政治历史学家亨利·亚当斯视为美国历史上的一个分水岭。在这个分水岭的那一边，主要是一个农业国家，是一个涣散的社会，遵循着 17、18 世纪承袭下来的政治、经济和道德原则；而在分水岭的这一边，则是一个都市化的国家，一个高度一体化的国家。[①]我国学者胡鞍钢在《中国：新发展观》一书中指出："现代中国社会的基本矛盾是城乡居民之间二元经济社会结构矛盾，城乡差距已经成为中国发展面临的一大挑战，也是中国进一步发展生产力和促进社会进步的最大体制性障碍。"[②]

从国家统计局 2010 年统计的城市居民和农村居民可支配收入和纯收入的数据来看，城乡居民收入差距不是在缩小而是在扩大。从表 6 - 10、图 6 - 4 中可以看出，2006 年全国城镇居民的人均可支配收入是 10493 元，同期农村居民的人均纯收入是 3255 元，相差 7238 元，城市居民的人均纯收入是农村居民的 3.22 倍。城市居民可支配收入的增长幅度比农村居民的高 1.4%。依照这个幅度继续下去，城乡居民的收入差距还会继续扩大。

表 6 - 10　　　　　　　2006—2010 年农村居民纯收入及增长情况

年份	纯收入（元）	比上年增加（元）	比上年名义增长（%）	扣除价格因素影响比上年实际增长（%）
2005	3255	—	10.8	6.2
2006	3587	332	10.2	7.4
2007	4140	553	15.4	9.5
2008	4761	620	15.0	8.0
2009	5153	393	8.2	8.5
2010	5919	766	14.9	10.9

资料来源：国家统计局网站。

---

① 何顺果：《美国史通论》，学林出版社 2001 年版，第 190 页。
② 胡鞍钢：《中国：新发展观》，浙江人民出版社 2004 年版，第 17 页。

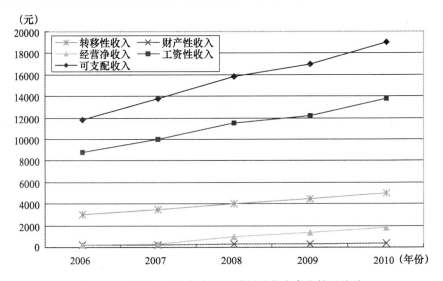

图 6 - 4   2006—2010 年全国城镇居民收入变化情况统计

资料来源：国家统计局网站。

二元经济结构是导致城乡经济社会发展差距的主要原因。中国共产党第十八次全国代表大会提出，要在 2020 年全面建成小康社会，这个宏伟目标要靠占人口 70% 的农民在未来几年收入倍增的情况下才可实现。在包容性增长的理念下，实现农村居民收入的倍增，分享经济发展的成果，需要从制度上创新，从根本上解决城乡收入差距过大的问题。中国的城乡差距本身就是一个制度安排的问题，是城乡二元经济结构的制度安排，导致农村长期处于经济社会发展的边缘状态。因此，从治标更要治本的角度来看，要从现行的体制入手，打开体制所形成的对农民不利的封闭状态，真正让农民走到社会的前台，分享经济发展的成果。

一　为农业剩余劳动力转移创造一个良好的制度环境

随着我国经济的发展，农业在我国经济中的比重逐步缩小。从经济学角度看，有"四个比重"持续下降：农业部门产值占 GDP 比重明显下降，农业劳动生产率与全国平均劳动生产率的比值下降，农民人均收入占人均 GDP 的比重不断下降，农民的农业收入占总收入的比重不断下降。[①] 而与

①　胡鞍钢：《中国新发展观》，浙江人民出版社 2004 年版，第 22 页。

此同时，我国农村劳动力有 5 亿之多，农村合理的劳动力只需两亿就足够了，剩余的近三亿劳动力不能有序流动是劳动力的巨大浪费。国家统计局 2009 年发布的数据显示，当年农民工总量是 22978 万人，其中外出农民工总量是 14533 万人，在本地的农民工 8445 万人。[①]这些劳动力蓄积在农村，使农业无法推广新型的农业技术，延缓了我国农业现代化的进程。从现代化的进程来看，我国还处在现代化的中期，随着我国农业现代化进程的加快，农业人口的数量还会持续下降，缩小城乡差距的根本出路在于减少农民人口，从这个角度看，缩小城乡差距的关键不在农村而在城市。

农业人口的转移事关我国经济结构调整的大局，关系到国家的整体利益和长远利益，需要从战略的层面进行顶层制度设计，制定出协调、统一的政策，促进农村劳动力有序转移。

（一）改革户籍制度

产生于 1958 年的我国户籍制度主要是作为人口登记和管理制度而发挥作用的，在二元经济结构下，劳动者没有择业的机会和权利，户籍制度是与这种体制相适应的。这种户籍制度使城市居民和农村居民的身份被固定化。依托于户籍制度之上的各类社会政策和公共服务被人为地区分开，在一定程度上加剧了社会的不平等和不公平。如果说现行户籍制度在计划经济时代下还有其存在的土壤的话，那么在改革开放大潮下，大量的人口流动成为常态的情况下，其存在的合理性就应当受到质疑了。

1. 户籍制度是计划经济体制下遗留下来的，有其历史的原因。解决现行户籍制度带来的问题并不容易，因为我们国家的户籍制度是与每个人户籍背后的社会待遇和公共服务密切相连的。还因为我国存在的地区差异，各个地区附着在户籍上的社会政策和公共服务存在巨大差异，取得这个地区或者城市的户籍就相当于获得附着在这个户籍上的所有福利和公共服务，而这个城市无法为规模庞大的新增人口短时间提供这些公共服务，所以在没有消除地区差异之前从根本上取消户籍制度是难以做到的。

国际上关于户籍制度的改革经验也表明，在没有解决地区差异，没有遵循循序渐进的原则而允许人口自由迁徙、自由流动，造成的结果是使这

① 国家统计局农村司：《2009 年农民工监测调查报告》，2010 年 3 月 19 日，国家统计局网站。http://www.stats.gov.cn/tjfx/fxbg/t20100319_402628281.html

些国家患上难以根治的城市病，就像印度的孟买一样。孟买原本是坐落在印度西海岸的美丽城市，它不仅是印度具有现代化气息的大都市，而且也是全国的商业、金融和文化中心，但是，印度在现代化的过程中农村人口大量涌入城市，孟买在繁荣的背后，是大量贫民窟的存在，贫民窟问题正成为困扰孟买城市发展的主要问题之一。反观我们国家在现代化过程中，虽然正经历经济高速增长和世界上最大规模的人口流动，但依然保持良好的社会秩序，这些也说明了我国户籍制度在某种程度上缓解了大量人口流动给城市带来的压力。但是我们不能否认我国现行户籍制度存在的问题，户籍制度是实现社会管理的主要手段，改革要分地区有差别地进行。

2. 从全国来看，户籍制度改革不能设置统一的时间表，在不同的地区、不同级别的城市要实行差异化的政策。县级市、地级市、直辖市和副省级城市以及其他大城市的落户条件应该呈现出不同的落户限制。要依照既有利于经济发展、又有利于新迁入居民生活质量提高的原则，让那些符合条件的农民工有序地进入城市。

3. 由于我国城乡差距的问题不是短时间可以解决的，需要一个长期的过程，对于数千万农民工进城务工带来的问题我们不能小觑，要正视这个问题带来的社会后果，诸如农民工子女入学、空穴老人的照顾、农业缺乏劳动力带来的"荒地"现象以及"空心村"问题，这些问题的解决带有紧迫性。而户籍制度的解决在某种程度上可以缓解这些问题带来的社会问题。对于在城市有长期居住地、有稳定工作的，可以有条件地对这部分农民工放开户口限制，也可以制定灵活性的政策，对于家庭没有条件给儿童带来义务教育的家庭环境的，城市应当允许对这些农民工家庭的子女入学放松限制。首先，对于在县、地市就业务工的农民工应当完全放开户口的限制，让这些在一定时期内有稳定工作的农民工成为城市的一员，享受一个城市公民应有的待遇。最后，对于那些在省会城市和大中城市工作的农民工，也要在一定时期内为这些农民工提供临时的住房和居民证，这些居民可以和当地户籍的公民的公共服务和福利待遇有一定的区别，但也应当有时间限制，不能以户籍为借口无限期地把这部分农民工挡在这个城市的外面，这个户籍之墙最终一定要推倒，实现居民的自由迁徙是我们努力的方向。

（二）打破身份歧视，建立城乡居民平等的就业制度

建立城乡居民平等的就业制度，是实现包容性增长的应有之义，也是构建社会主义和谐社会的重要举措。我国宪法规定了公民在法律面前人人平等原则，社会市场机制也要求机会均等，不能由社会某一部分群体独享发展的机会。农村居民在就业领域、就业工种、竞争条件、工资待遇等方面要与城市居民一样享有平等的机会。特别是在农民工子女入学方面，城市政府应当对为本地提供了纳税义务的农民工子女提供良好的教育环境和公平的升学机会。

改革现行的劳动人事制度，建立城乡统一的劳动力就业制度。我国目前的就业市场呈现出条块分割状态，没有形成国内统一的劳动力就业市场。要形成全国统一的劳动力市场，给外出务工农民工带来真实可靠的信息。同时，国家实行统一的劳动力就业市场，提高市场门槛，形成有力的监督机制，通过市场优胜劣汰，提高服务质量。劳动力市场应保障农民工的平等就业权，实行不分城乡、不受户籍限制的就业岗位。

（三）探索多种形式的社会保障制度

我国是唯一一个实行社会保障制度但没有颁布《社会保障法》的国家，尽管相关的部门法规也规定了企业要为农民工上缴社会保险的义务，但是在农民工进城务工比较集中的私营部门，受资本逐利的驱使，拒缴、漏缴、拖欠农民工社会保险的情况相当普遍。[①]刚刚进城务工的农民工由于缺少维权意识，也由于在强大的雇主面前自感势单力薄，常常是委曲求全。社会保险是典型的全国性公共产品，而我国也是世界上唯一一个实行社会保险而没有实现全国统筹的国家，有的地区只达到县级统筹的层次。[②] 由于没有实行全国层面的社会保险统筹，导致地区之间的社会保险层次参差不齐。由于地区之间的经济发展水平和收入水平差异很大，导致流动性极强的农民工的社会保障权利无法得到有力保护。因此，规范雇主与农民工的劳动关系是保障农民工权益的前提。劳动执法部门在《社会保险法》没有出台之前，要督促雇主与其所雇用的劳动者依法签订劳动合同，在支付工资之外，还要为其足额缴纳社会保险费。在非正规部门就业的农民工，因用工的性质和时间的长短不同，要区分保险的不同形式，对农民工生命健康至关重要的工伤保险、医疗保险等，要特别予以保护。

---

① 孙居涛：《制度创新与共同富裕》，人民出版社 2007 年版，第 164 页。
② 同上。

二　创新土地制度，保障农民的土地权益

开始于1978年的中国土地制度改革，经历了三十多年的风雨历程。从计划经济时代的人民公社集体所有、集体所用改为集体所有农民使用的土地承包合同制，这项改革极大地调动农民的生产积极性，使计划经济时代下，蓄积在农村的劳动力得到极大释放，在比较短的时间内迅速改变了农村食品短缺、卖粮买粮靠粮票的局面，农民的精神面貌发生很大变化。但是，随着改革的深入，农村土地承包经营制度的制度环境发生了深刻变化。农村家庭联产承包责任制下的土地使用权不具有城市土地使用者所具有的经营自主权、流转处置权和收益获得权等权利，农民对于土地的主体地位是缺失的，农民对于土地的承包使用权无法有效地得到保障，特别是随着城市化进程的加快，大量农用地被征用，在农用地转化为建设用地的补偿问题上，缺少相应的法律规范，农民在土地征用过程中无法与城市平等地分享土地资源升值带来的收益。

（一）我国农村土地制度存在的问题

1. 土地所有权主体模糊，农民的土地利益无法保护。从计划经济到市场经济，我国农村土地制度经历了计划经济和市场经济的洗礼。市场经济是法制经济，可是我国农村土地制度的所有权属模糊，原因在于"集体"概念不清。我国《宪法》笼统地界定为农民集体所有，《民法通则》界定为乡（镇）、村两级所有，《土地管理法》和《农业法》则界定为乡（镇）、村或村内农业集体经济组织所有，《物权法》界定为村农民集体所有、村内两个以上农民集体所有和乡镇农民集体所有。[①]从《宪法》到《物权法》，法律对有关农村土地权属规定的都不尽一致，这种笼统模糊的表述，造成基层政权对农村土地问题的认识模糊，以为农村土地就是国家的，乡级政权机构可以代表国家对农村的土地任意处置。另外，我国法律虽然对农村土地界定了权属，但是并没有规定"集体"在处置农村土地时的操作规范，没有赋予"集体"对土地处置权的法律地位，同时我国法律规定了土地的出让和转让只能是国有土地，农村的土地要想出让和转让就必须走上一级政府征用的程序，这个程序造成土地征用过程中的利益分配成为问题，作为只有承包经营权的农民在这个过程中是没有话语

---

① 李建华、王崇敏：《物权法》，吉林大学出版社2008年版，第86页。

权的。农民因失地而得到的补偿款常常遭到拖欠，最后落到农民手里的土地补偿款远远低于政府依据市场出让和转让土地所得。农民由于缺乏土地权属资格，无法运用法律的武器保卫自己的合法权益。[①]

2. 农村对所承包经营土地的使用权无法得到保护。虽然我国在《农村土地承包法》中明确规定了农村所承包的土地在承包期内发包方不得收回，也不得调整土地，但是，在实际操作中，发包方以各种借口绕开法律限制收回土地或者调整土地的用途。而农民对土地承包权在法律上的效力属于比较低的权属，无法对抗对土地所有权有较高权属的村委会和乡一级政府的决定。其实，农民对农村土地的权属是虚无的，由于政府各个部门颁布的涉及农村土地的法规中，没有具体清晰地阐述农民的具体权利，所以农民对土地承包经营权以及由此衍生的各种权利无法得到法律的严格保护。

3. 农村土地征用缺少市场机制

建设城乡一体的土地市场是大势所趋，也是实现农村土地和城市土地同价、同权的具体措施。长期以来，农村土地的征用是由具有农村土地征用权的政府机构来具体实施的，对在征地过程中如何补偿农民因失地而造成的损失，国家相关部门有一个计算的办法，但是这个办法并没有把农民因失地给生活带来的长远影响考虑在内，而且补偿标准明显与政府推行土地征用市场化的政策法规不相配套。建立城乡一体的建设用地市场，可以防止相关职能部门在土地征用过程的暗箱操作，也可以让农民获得农村集体建设用地增值带来的巨大利益。因此，建立城乡统一的土地市场才能使城乡土地市场逐渐进入健康发展的轨道。同时，对于农村的住宅用地也要进入市场化运作，对农村宅基地在一定范围内的流转、出让、抵押，会提高农村宅基地的利用效率。

三　创新土地制度，突出农民对农村土地的权属地位

1. 取消农村土地集体所有制度。[②] 国家土地所有权是指国家对于自己的土地依法享有的占有、使用、收益、处分的权利。这是我国目前最重要

---

①　赵宁、邱力生：《中国农村土地制度主体化改革探索》，《现代经济探讨》2012年第1期。

②　李建华、王崇敏：《物权法》，吉林大学出版社2008年版，第86页。

的土地所有权制度。然而国家是一个抽象的存在，不可能由一个抽象的存在来行使国家土地的所有权。我国《土地管理法》第 5 条即规定："国务院土地行政主管部门统一负责全国土地的管理和监督工作。县级以上地方人民政府土地行政主管部门的设置及其职责，由省、自治区、直辖市人民政府根据国务院有关规定确定。"①

由此我们看出，对国家所有的土地，由相应政府部门管理和监督。然而，我国农村的土地属于集体所有，农村土地的管理机构是乡一级的土地管理所，在村一级村民自治机构中根本就没有专门的机构来管理和监督农村土地的使用和开发。这种基层土地管理弱化的后果是农村土地使用权的混乱。村民在自己有使用权的土地上建设住宅，缺少规划的宅基地建设造成农村大量耕用土地被用作非农耕地。如果取消农村土地的集体所有，把这个所有权限转移给国家，农村的土地与城市的土地同属国家所有，由国家的专门机构对农村的土地进行管理和监督，这样就避免了集体所有土地权属不清而带来的物权上的混乱。国家作为土地所有者和农户作为土地的使用者，产权关系清晰，法律关系明确。②我国工业化如火如荼，随着城市化快速推进，大量的农村土地会被越来越多地征用，农村土地的权属属于国家后，各级政府就再也不能通过把集体土地征用成国有的土地这种形式来侵占农民的利益，必须采取直接与农民进行谈判后，按照自愿的原则，依照市场的办法购买、租赁农民土地的使用权。农民对土地的使用权受到法律的严格保护，农民依法所拥有的土地使用权像城市土地的所有者一样，长期享有对土地的使用权、经营自主权、流转处置权和收益获得权。

2. 尽快制定土地流转法律法规，保障农民土地使用权的收益。

在中国特色土地制度的框架下，开辟土地使用权流转市场，是市场经济体制下通过市场机制高效配置农村土地资源的必然要求。随着我国经济社会的全面发展和市场经济的深入，市场调节资源配置的范围会越来越广，作为对国民经济和社会发展有基础性作用的农村土地资源融入市场化的大潮中也是大势所趋。我国农村土地资源市场化已经有所发展，但在市场化过程中也出现了许多问题，比如随意交易、口头协议、交易价格随意

---

① 李建华、王崇敏：《物权法》，吉林大学出版社 2008 年版，第 86 页。
② 孙居涛：《制度创新与共同富裕》，人民出版社 2007 年版，第 166—167 页。

化等现象比较突出。

国家统计局统计数字显示，从2008—2011年，我国外出农民工数量一直攀升，特别是举家外出的农民工数量明显增加，2011年举家外出打工农民工数量比2010年增长6.8%，（如表6—11所示）

表6-11	2008—2011年我国农民工数量统计		单位：人	
	2008年	2009年	2010年	2011年
农民工总量	22542	22978	24223	25278
外出农民工	14041	14533	15335	15863
住户中外出农民工	11182	11567	12264	12584
举家外出农民工	2859	2966	3071	3279
本地农民工	8501	8445	8888	9415

资料来源：国家统计局网站。

随着农村外出农民工数量的增多，特别是举家外出的增多，造成农村劳动力数量急剧减少，农村大量劳动力转移造成农村肥沃土地"撂荒"现象严重，部分地区农村甚至出现"空心村"。在对河南省进行调查的408份对耕地撂荒现象的看法问卷中，42.35%的农户认为农地存在有隐性土地撂荒；11.76%的农户补充说曾经出现显性抛荒；13.73%的农户认为存在显性撂荒；32.16%的农户认为没有农地撂荒。[1]出现这种现象的原因是多方面的，其中一个很重要的原因就是，我国的土地流转制度建设滞后，造成农村土地资源的浪费。

土地是经济社会发展中稀缺的重要资源，是人类赖以生存和发展的根本。随着我国市场经济的深入发展，农业生产分工向集约化、精细化、专业化发展是必然趋势。就土地属性来看，作为一种资源，土地利用配置是区域多种土地利用类型的宏观构成及其在国民经济各产业部门之间的组合；作为一种生产要素，在微观层次上，它是土地与劳力、资本、技术等

---

① 张清廉、于长立、王秀丽：《农村土地资源优化配置与规模经营研究》，《河南大学学报》（社会科学版）2009年第9期。

生产要素的比配投入。① 实现农村土地资源优化,发挥市场在农村土地资源配置中的作用,让那些无力种地或者无心种地的农民把自己手中的土地使用权顺利地流转出去,让"撂荒"的土地发挥出土地作为生产要素应有的作用。这样既可以让农业专业技术人员实现对农村土地资源的整合,发挥规模经营的高效率,同时也可以让那些把土地承包经营权流转出去的农户收获"股份"收入和土地资产收入。

3. 明确农村土地管理责任主体,保护农民土地权益。

我国农村土地管理主要由各级国土部门负责,由于法律对各级政府和土地管理部门的工作职能和管理权限未进行明确的界定和规范,造成在实际工作中各级政府和职能部门之间越位、缺位或者错位的问题突出。村级的村委会、乡政府土地所、县级土地管理部门包括上级的土地主管部门,都对农村的土地享有不同的管理权限,职能交叉、职能重叠现象使这些部门对农村土地的管理出现漏洞或是几个部门都来管,最终是管不了。

因此,在当前情况下,要完善土地管理的相关法规,明确各级政府土地管理部门的职责,细化政府对农村土地统筹和土地审批中的职权和责任。以国土部门作为农村土地管理的主体,彻底实行省以下农村土地的垂直管理,限制和约束地方政府在土地征收等工作中的不当行为,并将农村土地使用的立项、审核、审批、统计等职能相互分离。同时要加强对土地管理部门的权力监督,让权力在阳光下运行,减少农村土地管理中的暗箱操作和违法行为,保障农民的权益。②要健全征地过程中的社会监督程序,要让被征用土地的相关权益人参与到土地征用的全过程,增加征地过程的透明度。对在征地过程中产生的土地补偿款,要及时发放给失地的村民,对补偿费的使用要召开村民大会,集体讨论民主决策,确保农民的利益不受侵害。

第五节　工业反哺农业制度创新

"工业反哺农业主要是依靠工业发展的物质和技术积累来支持农业的

---

① 倪绍祥、刘彦随:《区域土地资源优化配置及其可持续利用》,《农村生态环境》1999 年第 2 期。

② 参见赵宁、邱力生《中国农村土地制度主体化改革探索》,《现代经济探讨》2012 年第 1 期。

发展。"农业的基础地位和农业自身的弱质性决定了这个产业需要政府保护，这也是世界大多数国家的通行做法。尤其是在城乡二元结构的大背景下，城乡发展呈现出"一个国家，四个世界"[①] 的发展状态。十八大报告明确指出，"坚持工业反哺农业、城市支持农村和多予少取放活方针，加大强农、惠农、富农政策力度，让广大农民平等参与现代化进程，共同分享现代化成果"。

一　工业反哺农业的国际经验

（一）高度重视法制化建设，提供完善的法律保障

美国联邦政府 1916 年通过《联邦农业信贷法》，决定成立联邦土地银行专门为农场主提供长期贷款，保证农业经营者在资金方面的需求。1929—1933 年，美国发生百年不遇的大危机，美国农业遭受重大损失，美国国会通过《农业调整法》，联邦政府依据该法律通过稳定粮食价格来稳定农业生产。1936 年 2 月美国国会通过《土壤保持和国内分配法》来代替被美国高等法院宣布无效的《第一农业调整法案》，该法案随后被并入《农业调整法》。[②] 1984 年美国政府又推动国会通过了《农业计划调整法》，该法对美国农产品价格的稳定和农民收入增长起到了重要作用。为了减少农民因自然灾害所受损失，美国政府推动国会于 1987 年通过了《农业灾害辅助法》，通过该法使因灾害遭受损失的农场主得到政府的补助。为了增加农业的出口，美国政府于 1990 年和 1998 年分别颁布了《食品、农业、水土保持和贸易法》和《紧急农业金融救济法》。这些法律法规的出台，为美国农业发展、增加农民收入起到了很重要的作用。美国政府在加大对农产品补贴的同时，也充分利用市场的力量发展农业。在 20 世纪 90 年代克林顿政府时期，美国政府对农场主的补贴政策开始发生变化，在 1993 年通过的《综合预算调解法》和《全国羊毛修正案》里规定了农产品的补贴范围和补贴标准。这些补贴标准通常低于市场标准。说明美国政府对农业的支持政策不再通过政府的财政补贴来发展农业，而是通过市场的办法，利用市场导向发展农业，在 1998 年通过的《紧急农业保

---

① 胡鞍钢：《一个中国，四个世界》，《中国经济时报》2001 年 4 月 17 日。

② ［美］杰里米·阿塔克、彼得·帕塞尔：《新美国经济史——从殖民时代到1940 年》，罗涛等译，中国社会科学出版社 2000 年版，第 655—661 页。

障农民收入政策》即作物收入保险计划和市场损失补助，帮助农民克服市场损失和作物歉收损失。

日本政府在工业反哺农业的实践中也非常重视依靠法律制度来保护农业。狭小的国土面积使日本政府认识到只有发展高效农业和依靠政府对农业的支持才能让农业在工业化过程中打牢其在国民经济的基础地位。1961年，日本政府先后制订和颁布了《农业基本法》和《农业现代化资金助成法》，这两部法律具体规定了农业发展的计划和措施，尤其是规定了发展农业的政府之责。其主要内容有以下几点：第一，扩大农业生产的规模，提高农业生产的产量。在这一方面，日本政府对那些投入少、见效快的农业发展项目予以重点支持，通过发放低息贷款的方式向发展这些项目的农户提供支持。第二，加速农业现代化的进程。在《农业现代化资金助成法》里规定了政府在农业走向现代化的过程中承担的责任。政府要在兴修水利、平整土地、农民购买农业机械等有利于农业实现现代化的各种举措中承担发放贷款、补贴或者提供资金支持的责任。第三，立法确保对贫困地区的援助。为了加快山区农村和人口稀少、自然条件比较恶劣地区的经济发展，日本政府制定了《山区振兴法》、《过疏地区特别措施法》，在经济不发达地区由政府引导企业向经济不发达地区的农村引入工商业，专门制订了《向农村地区引入工业促进法》，规定在农村商业核心区提供良好的基础设施，这些法律法规的实施为不发达地区的经济发展提供了制度层面的保障。第四，对农产品实行价格补贴，保障农民的收入不低于城市职工。日本政府为了提高农民的收入水平，对70%以上的农产品实行价格补贴。大米是日本农业的主要农产品，日本政府对大米价格的补贴采用了生产费补偿和平衡工农收入的计算方法。这个计算方法的重要特点是依照城市职工日工资来计算农民家庭的劳动报酬，而不是像过去那样依照农业日工资计算。这样的计算方法使农民和工人消耗相等的劳动时间，可以得到相同的劳动报酬。另外，日本政府利用政府最低价和市场价格两种办法保证农产品的价格在一个合理的范围内浮动。在不断提高农产品价格补贴的同时，日本政府还把涉及农业发展的工业品的价格限制在一定范围内，力求使工业品的价格增长低于农产品的价格增长，经过一个或者几个发展阶段，把工农业产品的价格剪刀差缩小到一定限度内。①

　　韩国在实施工业反哺农业的过程中始终坚持以法保农、以法促农、以法强农的原则。在实施各项农业政策时，以法律手段促进各项政策的落实。韩国在20世纪60年代走上了农业现代化的征程，《农业基本法》确立了农业现代化的大政方针，在短短三十多年内制定了近百个农业领域的法律法规，形成了一整套保农、促农、强农的法律法规体系。1990年，制定了《农村振兴特别法》，用法律形式规定了调整农林渔业的结构，提高农林渔业的生产力；1999年，韩国政府又推动议会批准了《食物、农业和农村基本法》和《农业和农村基本法》，这些法律法规的颁布实施，为韩国农业迅速走向现代化、缩小城乡差距、提高农民收入起到了很重要的作用。②

（二）对农业实行特别的税收优惠政策

　　美国政府始终对农业采取保护和扶持政策，在所得税、遗产与赠予税征收上实行保护性税收政策。在遗产和赠予税上，美国政府采取的优惠措施是依照土地农业价格而不是标准市价来计算土地所有者去世而产生的遗产税。另一方面，土地继承者在继承满10年后出让土地时，依照标准市价出让土地，这样可以使土地出售增值额大大降低，从而减少了应缴税款。在所得税上，美国政府主要采取扩大免税范围、"抵账"和减征等优惠措施，降低农业生产经营者的所应缴纳税款额度。

　　在欧盟国家中，西班牙的农业税收优惠政策具有代表性。西班牙是传统的农业国，农业人口占西班牙总人口的25%，耕地面积占总面积的40%，可以说农业生产是西班牙最重要的经济活动。西班牙政府对本国农业的税收政策与其他发达国家一样，不单独设立农业税种。主要征收增值税、不动产税、财产税、遗产和赠予税。西班牙的增值税从1985年开始实行，对农民向市场销售的农业产品给予补贴，补贴的额度随农产品种类的不同而有所变化。农产品的增值税率为4%，畜牧产品税率为7%；在所得税方面，实行最低18%和最高48%的优惠税率。对从事农业的农场

　　① 耿庆彪：《日本工业反哺农业的实践及启示》，《淮北职业技术学院学报》2009年第8期。

　　② 唐莜霞：《韩国实施工业反哺农业政策对我国的启示》，《福州行政学院学报》2010年第3期，第100页。

主不征收土地和财政税，超过 10.8 万欧元的征收财政税。对从事农业生产的家庭小企业和住所只在 5% 幅度内征收。

印度的农业税收基本采取免税政策，只对占有耕地的地主征收地税。印度联邦不征收地税，地方的邦具有征收地税权。地方的邦政府征收的地税只限于"净资产"，即农户出卖农产品的收入减去承担的各项费用后的所得。

从以上几个国家的农业税收情况来看具有以下特点：一是对从事农业的农户和农场主实行税收优惠。通过减免税收和对农产品价格补贴方式扶持农业发展。二是对农业所得税政策与工商业者基本相同，在有些方面农业则享受更多优惠和补贴。三是这些国家对农业设置税种非常少，征收的税率非常低。

（三）建立完善的农业社会化服务体系

美国高度发达的农业是以其完善的农业公共服务体系为基础的。美国以不到全球 3‰ 的总农业劳动力生产出占全世界总产量 53% 的黄豆、64% 柑橘、40% 的玉米、23% 的牛肉、15% 的乳制品、19% 的蛋类等，美国农业拥有如此巨大的生产规模，不仅仅在于现代化的生产水平和高度组织化的生产管理，也与美国政府注重建设完善的农业公共服务体系有很大的关系。有学者认为，如果没有完善发达的农业社会化服务，就没有美国的农业现代化。[①]

美国的农业社会化服务体系分三个层面展开，即公共农业服务体系、合作社农业服务体系和私人农业服务体系，这三个层面的农业公共服务体系构成了为农业提供服务的网络体系。美国政府对农业社会化服务的支持主要通过农业教育、农业科研和农业推广三个方面进行，在联邦政府机构的职能部门设立农业部农业研究局和合作推广局等专门服务机构；另外在各州政府机构内设立与联邦政府职能类似的机构，在州政府所属的赠地大学农学院及其附属机构农业试验站和合作推广站组成科研学术农业支持综合体，这些机构构成公共农业服务体系。美国政府的农业服务公共体系的建立是有其法律依据的。美国政府分别于 1862 年、1887 年和 1914 年颁

---

① 樊亢：《美国农业社会化服务体系兼论农业合作社》，经济日报出版社 1994 年版，第 29 页。

布了《赠地学院法》、《农业实验站法》和《农业推广法》，这些法律以及后来又连续通过的相关法律构成了美国政府设立农业公共服务体系的法律基础。这些法案明确规定了研究机构的研究目标和职责，对于重要的研究环节法案予以具体的规定，比如法案规定用于产品销售研究的经费不得少于 20%。[1]

在美国的农业社会化服务体系中，私人农业社会服务体系相当完善，这也与美国的农业商品化比较发达有很大的关系。美国的农业服务公司为农业提供购销、加工以及信息服务，成为调节农业产品结构和组织农业生产的"指示器"。高度专业化是美国农业生产的重要特征，生产地区专业化、农场经营专业化和生产工艺专业化构成专业化生产为中心的不同行业组成的农产品供销一体化体系。[2]

在美国的农业社会化服务体系中，合作系统独具特色，也是美国农业社会化服务体系完善的主要标志。美国农业合作系统经过近 200 年的发展，逐渐发展成为一支为农业提供完备服务的庞大系统。农场主离开这些专业化的合作社就无法组织有效的农业生产，每个农场主出于不同的经营需要会同时参加一个或几个农业合作社。这些合作社为农民提供产品销售、购买、信贷、运输、仓储、灌溉等农业生产无所不包的服务。有了这么一只专业化的服务团队，美国农业才得以有序地生产。

日本在农业社会化服务方面做得也非常成功。农民经济团体遍及全国，数量达 4000 多个，正式会员有 500 多万，这支庞大的农业服务专业化队伍在日本的农业现代化进程中发挥了十分重要的作用。在日本，专业农民协会所从事的为农业发展提供专门服务的机构把他们服务的触角延伸到了农业生产的各个领域。这些协会的主要职能包括以下几个方面：第一，为农业生产户融通农业资金。1982 年通过农民专业协会给农民发展农业所提供的资金达到 13 亿日元，是日本政府所提供资金的 3.2 倍。这些专业协会通过自己所掌握的大量信息，为农民发展农业服务，对于农产品市场出现的商业机会，协会通过自己的会员组织专业化生产，并为会员提供低息贷款，贷款的方式也很灵活，非常受农户欢迎。第二，农民协会

① 孙明：《美国农业社会化服务体系的经验借鉴》，《经济问题探索》2002 年第 12 期。

② 同上。

也会直接经营专业化比较强的农业生产项目。为农户提供种畜、种苗等,让农户的生产经营风险降到最低点。在为农户提供这些专业服务的同时,还负责对所提供种苗的农产品进行专业服务,为农业生产经营户提供技术指导,为种畜、种苗提供疾病预防和购销服务。第三,为农业生产经营户提供生活指导以及生产和生活资料的购销服务。在日本有近两万人的技术指导员和两千人的生活指导员,这些指导员都有丰富的专业知识,他们在普及新的农业知识、农业技术推广和改善农民生活方面发挥着重要作用。[1]

　　法国是欧盟国家中为农业提供社会化服务最完备的国家。法国96%的农业用地为农民家庭所有,小规模分散经营离不开专业化的农业服务体系。法国的农业公共社会化服务体系分两个层面展开,在政府层面,农业部设立专门的公共服务体系,特别是农业商会在受托的职责范围内行使政府管理部门的一部分职权,如安排生产配额、检查农业产品质量、发放农产品价格补贴等。[2] 农业商会除了代行政府一部分权力之外,还要发挥其专业职能,为农业市场提供信息,举办各种涉及农业技术推广的培训班,还会定期组织专家讲学,向农民讲授现代农业知识。法国政府为农业提供的公共服务主要涉及农业的各种信息,法国农业部根据欧洲共同体和法国规定的信息收集范围委托各大区和省三级部门收集这些数据,法国政府会在全国报刊或者专业网站上发布这些数据。各个专业的农业商会会利用这些信息,并把这些信息加工处理供农业各专业组织共享。其中,政策优惠、期货价格、市场行情、农产品供求预测等信息最受农场主、合作社和专业协会欢迎。[3] 法国农业社会化服务的独特之处在于其发达的农业合作社网络。法国的社区农业合作社为农场主和农业生产者提供内容广泛的服务,几乎无所不包。农户一般向合作社一次或分期缴纳年经营额的4%入股进社,合作社将其纯利的1/3留作发展基金,其余2/3按农户进社时的股份和当年向合作社出卖农产品数量分红。合作社为农户提供诸如农产品

---

① 耿庆彪:《日本工业反哺农业的实践及启示》,《淮北职业技术学院学报》2009 年第 8 期。

② 陈锡文:《法国、欧盟的农业政策及其对我国的借鉴作用》,《中南林学院学报》2003 年第 12 期。

③ 郭作玉:《法国的农业信息服务》,《中国农业信息快讯》2002 年第 2 期。

的保存、加工、作价、代销以及化肥农药的使用等服务。①由于合作社可以为农户提供加工农产品、经销粮食等服务，提高了农业的生产效率，这些服务抵御了市场风险，为入户社员分红，因此很受农户的欢迎。此外，农场主还联合农业机械协会购置大型农业机械和农业动力设备，为农户提供全面的农业服务。②

二　我国工业反哺农业政策选择

从美国、日本和法国的反哺体系来看，它们反哺政策的实施都有完备的法规体系作保障，在农业公共服务社会化方面也做得十分完备，为农业的可持续发展搭建起一个长效机制。我们国家正处在经济发展的关键时期，面临着一场经济结构调整的深刻变革，我们在工业反哺农业方面还处在比较低的水平，如何实现"后发优势"高起点反哺农业，为农业的长远发展建立一种既符合我国国情、又与国际接轨的实现我国大农业的发展目标，需要我们在以下几个方面深入探索。

（一）用法制化手段落实工业反哺的各项政策措施

我国农业和农村经济的主要方面基本上做到了有法可依，有关农业发展的一系列法律法规有力保障了农业的健康发展，也为我们"依法保农，依法促农"奠定了法律基础。但是我们在以工补农、支农惠农的法律法规建设方面做得还很不够，有许多惠农政策是以文件的形式出现的，例如2004年以来，党中央连续出台六个中央一号文件，应该说这些文件的出台极大地推动了"以工补农、以工惠农"各项措施的落实，有力地促进了农业的增产和农民的增收。但是，这些政策在运行过程中随意性很强，没有产生预期的效果。某些农业发达国家的经验告诉我们，要将我国实施工业反哺农业行之有效的各项政策措施通过立法程序使之法律化，上升为工业反哺农业的具体制度措施，建立我国工业反哺农业的长效机制，使工业反哺农业有法可依，有法可循。③ 我们要在以下几个方面做出努力：

---

① 杨小凯：《资本主义≠经济成功》，《南方周末》2002年8月8日。

② 陈锡文：《法国、欧盟的农业政策及其对我国的借鉴作用》，《中南林学院学报》2003年第12期。

③ 唐莜霞：《韩国实施工业反哺农业政策对我国的启示》，《福州行政学院学报》2010年第3期。

1. 运用"绿箱"政策完善农业支持立法。"绿箱"政策是世界贸易组织许可的政府对农业部门进行农业补贴的总称。根据 WTO《农业协定》，我国的农业补贴标准比较低，大多属于须承诺减让的价格补贴的"黄箱"补贴。因此，发挥好 WTO 协定的法律款项，重视农业投资立法，改善农业生产条件，加大对农业基础设施的投入，减灾、防灾，提高农业科技水平，把农业投入与加强农业基础设施建设、调整农业生产结构、增强农业产品的竞争力结合起来，是我们农业支持立法的重要内容。[①] 特别是对贫困地区的援助，要有法可依。目前对贫困地区的援助依然是以中央政府的援助为主，地方政府在财力、物力上的投入随意性很大，我们可以考虑制定《贫困地区援助条例》，对贫困地区的援助进行详细的规定，分清地方政府与中央政府援助贫困地区的职责，着眼于长效机制从根本上解决贫困地区的脱贫问题。

2. 建立农业保护机制。实现农业增收、增效是农业经济发展的长期目标。在市场经济条件下，特别是经济全球化大背景下，农业最终要走出一条良性发展的道路，对农业的科技支撑和农村公益事业投入需要财政、税收、金融、加工、流通等各个环节给以支持。加强对农业保护的立法，可以有效地对农业发展提供制度支持。

3. 加强农村合作组织立法。我们国家实行的是家庭联产承包经营制，分散经营的千家万户要与千变万化的大市场联系起来才能走出一条符合市场规律的现代化农业经济发展之路。现在的农村合作社法经过十几年的运行，有许多需要完善的地方。专业合作社组织的成立需要有法律法规进行规范，立法工作要体现出前瞻性，我们要借鉴欧美国家发达的农业社会化组织网络的先进经验，制定适合我国国情的农业合作组织法。

（二）建立工业反哺农业财政投入常规机制

工业反哺农业需要持续的、大规模的财政投入，这不是一届或者两届政府可以完成了的任务。因此，建立反哺农业的财政投入常规机制是十分必要的。

1. 规范财政投入机制。由于国情不同，在我国的政治格局中，农民对公共政策的影响尽管已经从"数量悖论"向"供求法则"转变，但在自上而下的官员政绩考核体制下，地方各级政府对农业的投入还主要依赖

---

① 孙居涛：《制度创新与共同富裕》，人民出版社 2007 年版，第 171 页。

上级政府所追求的效用函数。在目前的情况下，各级政府对农业的财政投入不是依据一种常规机制，而是要看上级政府对下级政府考核的权重，考核权重越高，投入的力度就越大。很显然，这种工业反哺农业的财政投入机制是不可靠的，要建立一种稳定的财政投入增长机制，不以领导人的喜好和政治效用函数的诱惑而有所改变。纠正政府资源过分向城市和工业倾斜，确保农业和农村地区发展得到足够的政府资源投入。

2. 财政投入的目标锁定在增强农业的可持续发展力上。从国际经验来看，发达国家在工业反哺农业起始阶段，对农业的反哺不是全面铺开，而是分阶段有步骤地进行，财政的投入是围绕国家某一阶段宏观经济目标而展开的。在刚进入工业化阶段，反哺的目标锁定在为工业化提供原料和增强农业的可持续发展力上，保证工业化的顺利进行。而在工业化的中期和后期，反哺的重点应在缩小城乡差距和提高农民收入水平上。[1]就我国目前的经济发展水平来看，应把政府有限的资源投入到我国实现农业现代化最需要的地方去。要首先保证我国的粮食安全，并以粮食安全目标带动农民收入增长。随着我国财力的增强，要逐步加大对农村公共服务产品的财政投入，特别是农村贫困地区基础设施的投入，我们要在 2020 年全面建成小康社会，没有贫困地区的小康，就不可能有国家的全面小康，因此对落后地区和落后地区的贫困群体要给以特别的保护，在基本公共用品上要提高供给的水平。财政投入的比例要随着经济增长逐年有所提高，要纳入各级政府的预算，对于中央的特别扶贫款项不得挪作他用，也不允许任何部门截留，要专款专用，真正把中央和上级部门对农业的补贴发到最需要的农民手中。

3. 发展农村专业合作组织，形成"反哺"的"倒逼机制"

发达国家工业反哺农业的过程中非常重视"哺"，就是注重培养和增强农业的可持续发展力。从提高农业自身的发展力入手，建设一支专业化的农业合作组织，走市场化、高效生态农业之路，提高农业生产率水平。我国改革开放初的家庭联产承包经营模式已经走过几十个春秋，分散的农业生产经营模式一直处于主导地位，在这种模式下，国家通过价格保护机制、农产品补贴机制，在一定范围内可能会对农民种粮积极性有一定的激

---

① 尚娟、申尊焕：《工业反哺农业的国际经验及其启示》，《理论导刊》2008 年第 2 期。

励作用。但是从长远来看，这种机制对农民收入提高的作用可能是有限的，根据韩国的经验，反哺制度指向的承受主体应是担当农业产业化、市场化和现代化主体——各种农民专业合作组织，而不是分散经营的个体生产经营户。我国广大农村的生产经营方式依然是以分散经营为普遍形式，农村的专业合作组织没有成为农村市场和农业经营的主导力量。这些农村专业合作组织既是政府反哺的对象又是受益主体，是一支农业经济先进生产力的代表，它的背后是千千万万分散经营的个体农民。根据欧、美、日所属国家的经验，这支专业化的合作组织，是促使政府实施有利于农业反哺的制度制定的压力集团，这个压力集团可以形成一种"倒逼机制"，促使政府出台有利于农业的各种政策。因此，在我国建立专业化的农村合作组织，是解决农业走向市场化、走向自我健康可持续发展的一个关键步骤。

4. 立足"后发优势"，构建"反哺"长效机制

美国经济史学家亚历山大·格申克龙（Alexander Gerchenkron）在1962 年创立了后发优势理论。格申克龙认为，后发优势主要表现为后起国家在形成乃至设计工业化模式上的可选择性、多样性和创造性。后发国家可以借鉴先进国家的经验教训，避免或少走弯路，采取优化的赶超战略，从而有可能缩短初级工业化时间，较快进入较高的工业化阶段。我国在工业"反哺"的过程中，要始终依据国情，避免照搬照抄。我们有特殊的国情，处于不同区域的农村有不同的自然条件和历史环境，不可千篇一律地复制和照抄，要探索出一条适合中国国情的工业"反哺"农业的新路子。着眼于建立长效机制，做好"反哺"的规划，一步一个脚印、踏踏实实地做好每一件事情。当下要把提高农民收入作为我们优先"反哺"的目标，要建立缩小城乡收入差距的法律法规，构建城乡和谐发展的规划，在"后发优势"上做文章，力争在一个比较短的时间内，实现城乡协调发展的目标。

第六节　推进教育公平，促进机会均等

教育作为人力资本的一种投入，它可以使受教育者接受复杂的技能培训和训练，提高劳动者的劳动技能和劳动熟练程度，从而使劳动者在劳动力市场具有竞争优势。因此要加大对基础教育的投入，使教育资源均等

化，使那些低收入家庭的孩子享受平等教育培训，使他们不因家庭的经济窘迫而失去竞争的机会，也不因家庭地位而在竞争中处于不利地位。使每一位竞争者在市场中获得发展的机会，从而分享经济发展的成果。

我国于 2007 年和 2008 年，先后免除了农村和城市义务教育学杂费和书本费，同时又对高中和中等职业教育阶段家庭贫困的学生实行资助，这些无疑是向均等教育资源、实行公平的受教育机会迈出了一大步。但是，我们不能不看到，在改革开放新的条件下，新的问题层出不穷，还有许多制度层面的问题需要解决。

一　完善和创新教育投入的相关制度

教育事关一个国家和民族的百年大计，没有教育的发展，建设创新型国家就是一句空话。依法保障国家财政对教育的投入，是教育事业发展的前提和基础，为此我们要采取以下几项措施：

1. 加快对教育投入的法律制度建设

我国在《义务教育法》、《职业教育法》、《高等教育法》等教育法律、法规中都做出了财政对教育投入的一些规定，但是这些规定在实际操作中没有得到很好的执行，1993 年中共中央、国务院制定的《中国教育改革和发展纲要》中就明确提出 20 世纪末教育投入要达到占 GDP 4% 的目标，但是直到 2012 年才实现。我国《教育法》第五十五条规定，教育投入要做到"三个增长"（指各级财政教育拨款的增长高于财政经常性收入的增长，学生人均教育经费逐步增长，教师工资和学生人均公用经费逐步增长），在实际执行中没有很好地实施。某些地方政府对教育法律、法规的相关规定以各种借口为由不执行或打折执行。因此，要加快教育投入的立法，完善教育投入制度。要明确各级政府对教育投入的责任，设定教育投入的具体标准、管理机构、适用范围和发放办法。

2. 要加强对教育财政投入的监督

首先，明确教育财政投入监督执法主体。分权的财政体制能够改善地方公共部门资源配置的效率。从一些国家对教育的投入趋势来看，高收入国家呈现集权与分权相结合的混合投入体制。即由强调分级财政投入转向适度分权投入，中央财政承担更多的投入责任。中国是财政分权程度比较高的国家之一，和加拿大、丹麦同属一个区间，高于美国、日本、西班牙、瑞典和韩国，这导致各地财政对教育的投入水平呈现出比较大的差异。因此，明确教育投入主体的责任和投入的标准是非常重要的。

其次，规范教育投入监督执法行为。虽然我国还没有教育财政投入专项法规出台，但在相关法律、法规里面有具体规定，是我国教育财政投入的法律基础，它的效力和其他国家法律法规一样，是我国法律的一部分，所以各级政府要依照教育财政投入法律法规的要求去执行。由于我国教育财政投入的责任主体都是相关机关法人，对法人在执法过程出现违法行为，执行起来有很大的难度，所以为了使教育财政投入法律法规具有刚性，一定要强化教育财政投入监督主体的权责，做到有法可依，有法必依，执法必严，违法必究。

最后，从现阶段的教育财政投入监督情况来看，其监督职责的范围和内容具有较大的局限性，主要是在监督过程中，遇到来自不同责任主体的阻挠，要打破这种局限性，使监督的重点不仅集中在财经领域的某些突出问题上，而且要引入新的机制，加强社会对教育财政投入的监督。

3. 加强教育财政投入的事前、事中和事后监督

教育财政投入监督方式要依照事前、事中和事后三种方式来设置，使监督成为一个严密的体系，无论在哪一个环节出现问题，都可以采取相应的补救措施。事前监督是在教育财政投入的预算阶段就要着手准备，督促相关预算部门依照教育财政投入法律法规足额发放教育预算款项。在事中、事后监督阶段监督部门要启动监督程序，及时与相关部门协商，保持与上级教育行政部门和监督部门的联系，由上级部门提供业务上指导。

二　创新教育财政投入的公平机制

1. 政府应加大对教育的投入

教育投入是教育改革和发展的前提，也是实现教育公平的基础。没有较大的教育投入，教育改革和发展很难进行，教育公平也无法实现。我国的教育投入一直严重不足，1993 年中共中央、国务院制定的《中国教育改革和发展纲要》中就明确提出教育经费的投入 20 世纪末达到占 GDP 4%的目标，同时进一步强调财政预算内教育投入占财政支出比例全国平均不低于15%。从表 6 - 12 中我们可以看出，从 1991 到 2003 年，我国财政性教育经费占国民生产总值的比重，一直未能达到 4%的目标。从 1991 年各级政府公共教育支出占 GDP 2.9% 到 2003 年的 3.32%，教育经费的投入并没有实现 20 世纪末达到 4%的目标。预算内教育拨款也没有实现

15%的投入目标，从 2000 年到 2007 年数据看，大多在 13% 左右徘徊，2007 年为 14.06%，很少达到 15% 的最低标准。

表 6 - 12　　　　我国各级政府对教育的公共支出（1991—2003）

年份	中央财政对教育的拨款 （亿元）	GDP（亿元）	各级政府公共教育支出 占 GDP 的百分比（%）
1991	618	21618	2.9
1992	729	26638	2.7
1993	868	34634	2.5
1994	1175	46759	2.5
1995	1421	58478	2.4
1996	1672	67885	2.5
1997	1683	74463	2.5
1998	2032	78345	2.6
1999	2287	82068	2.8
2000	2563	89468	2.9
2001	3057	97315	3.1
2002	3491	105172	3.28
2003	3851	117390	3.32

　　资料来源：根据《中国统计年鉴》（2005）数据计算整理得到。

　　高收入国家公共教育发展首先需要政府的财政投入，这是世界各国在教育发展中得到的共同规律。我国人口多，各个地方经济发展很不平衡，东部沿海经济发达地区，教育的财政投入涨幅较快，而中部和西部山区经济发展水平比较落后，这些地区的教育设施依然落后，所以，我们要加大对教育的投入，特别是对中西部地区教育的投入，没有这些地区教育的现代化，就没有整个国家教育的现代化。

　　2. 均衡政府教育资源的结构

　　实现经济的包容性增长不仅需要高等教育培育大批优秀人才，而且也需要基础教育的支撑。基础教育均衡发展需要公平的教育资源分配机制。我国是财政上高度分权的国家之一，各个地区的经济社会发展又很不平衡。这种不平衡既表现在教学设施、教学条件上的差距，也表现在师资力量、制度环境等方面的差距。从教育公平的角度上讲，随着经济社会的发展，这种失衡应逐步地通过制度创新来解决。我国存在的城乡差别、区域差别、社会分层是导致基础教育失衡的本质所在，而财政上的高度分权和教育分级办学又加剧了这种失衡。

要实现教育公共服务均等化，要注意移植、吸收高收入国家"生均拨款"制度。体现教育公共服务的公平性就要把每一学生的拨款量化标准，这个标准与城乡无关，与地区的位置也没有关系，只是根据地区生活费用指数做小幅调整。在不同的地区，来自中央和地方的教育拨款会有较大差别，但是对受教育者本人来说，所受影响很大。对学生拨款有刚性要求，地方政府不能随意减低标准，欠发达地区可以向中央政府申请转移支付。完善"生均拨款"制度，对于我们办好基础教育、均等化教育资源、缩小地区间差距是十分有必要的。

3. 均衡政府教育投入的比重

长期以来我国的基础教育薄弱，其原因就在于政府预算内教育投资过度向非义务教育尤其是高等教育倾斜，基础教育、职业教育和高等教育三级教育生均成本差异悬殊，严重制约了基础教育发展。发展中国家的比重为 1：1.7：8，而我国三级教育生均教育经费之比为 1：2.31：33.72（1988 年）。[1] 因各地经济发展不平衡，我国又实行高度的财政分权，导致基础教育尤其是义务教育阶段教育投资出现两极分化，经济发达地区和经济落后地区的教育投资比例差异极大，违背了教育投资公平性原则。比如，1990 年预算内教育经费东、中、西部之比为 1：0.63：0.55，1995 年拉大为 1：0.50：0.36。另据统计，1991 年基础教育预算内生均教育经费省际相差近 3—8 倍。[2]因此，要建立合理的三级教育投入制度，在非义务阶段合理分担教育成本。

教育对于一国政治、经济和文化等方面的发展，对于民族整体素质的提高都具有非常重要的意义。从 1998 年高等教育扩招以来，我国高校招生规模迅速膨胀，大学生在校和每年毕业生人数屡创新高。2011 年全年

[1]　雷万鹏、程少波：《论教育投资的可持续性》，《江西教育科研》1999 年第 1期。

[2]　同上。

研究生教育招生 56.0 万人，在学研究生 164.6 万人，毕业生 43.0 万人。普通高等教育本专科招生 681.5 万人，在校生 2308.5 万人，毕业生 608.2 万人①。从这些数据我们可以看出，高校扩招使在校大学生人数超过两千万人，这么庞大的数字单靠国家财政投入，很难满足迅速发展的高等教育的需求。美国纽约州立大学前校长、教育经济学家布鲁斯·约翰斯通（D. Bruce Johnston）首先提出"高等教育成本分担"理论，该理论的提出旨在解决困扰世界各国的高等教育财政危机问题。该理论认为：高等教育的成本由政府、学生、家长、慈善机构和工商业等多方承担。遵循"谁受益谁负担"的市场原则，由于是非义务教育，大学生个人接受高等教育之后，所获得的是高技能的培训和更专业的理论知识，因而也获得更多的就业机会和更高津贴收入。大学生个人通过高等教育所获得的教育受益又通过大学生本人的社会劳动外溢给社会，从而促进经济社会的发展，提高国民整体素质，国家的综合竞争力也会得到提升。

我们国家在改革开放初期，承担了高等教育的全部费用，有限的资源无法办大教育，许多优秀学子只能望"高校大门"兴叹，高校成了为社会培养精英的地方，办学经费短缺极大地限制了我国高等教育的发展。教育成本的分担机制给我国高等教育的大发展带来了新的机遇。由国家、企业、学生及其家长共同承担高等教育成本，有利于解决单由国家一家分担教育成本而导致的教育费用短缺的问题，也为基础教育改善教学环境、加大基础教育的财政投入提供比较宽裕的资金来源。高等教育的成本分担机制，使更多家庭的孩子有机会走进大学，也为这个家庭带来希望，许多带着乡村的泥土走进大城市的孩子，通过努力不仅改变了自己的命运，也为家庭甚至整个乡村带来新的希望。但是，教育成本的机制也带来了负面的影响，一些贫困家庭的孩子，因为付不起高昂的学费再次被阻隔在大学校门外，引发新的不平等。因此，如何合理分担教育成本，减少因为付不起高昂学费而辍学的现象，是解决和完善我国教育成本分担机制的关键问题。

---

① 中华人民共和国国家统计局：《中华人民共和国 2011 年国民经济和社会发展统计公报》，2012 年 2 月 22 日（http://www.stats.gov.cn/tjgb/ndtjgb/qgndtjgb/t20120222_402786440.htm）

三　创新反贫困助学制度

布鲁斯·约翰斯通的教育成本分担理论认为，教育成本的分担政策必然伴随着向低收入家庭倾斜的学生资助制度。不仅资助受教育者本人所受教育的各种费用负担，而且要资助那些因子女读大学而使家庭增加生活成本的贫困家庭。自从1998年大学扩招以来，我国政府为了减少由于教育成本分担政策对低收入家庭子女入学的影响，建立了以"奖、贷、助、补、减"为主体的高校困难学生资助体系。

但是我国现有的这些资助体系，包括多年来国家紧急拨款对经济困难学生提供补助以及当前各高校向经济困难学生提供的一些资助形式，如"绿色通道"机制、国家贷款机制等资助政策在具体操作过程中缺乏应有的时效稳定性和内容确定性。例如：有些地方的金融机构以各种理由拒绝给经济困难学生发放贷款，而教育行政部门和高校又没有相应的补救和应对措施，眼睁睁看着这些困难学生无法得到依据有关政策应该得到的助学贷款。有些高校对接受国家资助和国家助学贷款的学生的资质把关不严，运作不规范，使那些真正需要资助的学生往往得不到资助的机会。发达国家的资助政策大多以法律形式加以明确和规范，例如美国的《不让一个孩子落伍法》（NCLB）、《特许学校法》（Charter School），这大大提高了政策本身的效力等级，有利于保证各项资助的执行力度。因此，完善助学法律、法规对于规范贫困生帮扶行为具有积极意义。

创新国家助学贷款制度，减轻学生还款压力。受大学扩招惯性的影响，越来越多的大学生走向社会，就业压力也越来越大，那些一时找不到工作的大学生无法在规定的时间内还清助学贷款。因此，根据贷款学生实际情况，允许一部分经济困难学生申请缓还贷款，缓解其因没有就业而产生的生活压力，显示出社会对刚出校门的大学生的关怀，体现了国家对这一群体的关心和爱护。

国家也要完善高校毕业生国家助学贷款代偿资助制度。除了普通高校毕业生毕业后到西部地区和条件比较艰苦的地区工作，服务期限满三年，在校学习期间获得国家助学贷款本金及其全部偿还之前产生的利息将由中央财政代为偿还。另外，还要加强对还款困难学生的财政支持力度，对部分还款确实有困难的学生实行减免和免除制度。这也体现了国家和社会对经济困难学生的社会责任。

四　改革和创新高考录取制度，均等高等教育机会

我国自 1977 年恢复高考制度以来，高考制度已经走过近三十个春秋，数以千万计的莘莘学子通过考大学改变了自己的人生轨迹。从教育机会均等的角度审视我国高考制度，也有一些不容回避的问题，高考录取制度呈现出的不公平问题让每一个有过高考经历的学子心里隐隐作痛。同样的高考分数因在不同的地区就不能上同类型的大学，高校优质资源越来越向经济优势地区倾斜。从"逆向歧视"角度看，为弥补竞争起点的不平等，将录取分数线向边远、落后地区倾斜是无可厚非的。但我国的高考录取制度偏向京、津、沪等具有教育优势资源的地区。"低分数线，高录取率"。中、西部教育资源比较落后的地区，面对同样的考分却只能望"大学校门"兴叹。这显然有悖于考试公平原则。

1. 合理调整我国高等院校的布局

我国高等学校的布局受历史、文化、经济等多种因素的制约，上海、北京和重庆人口不到全国的 1%，却集中了全国 10% 以上的大学，高校布局的不平衡必然带来录取名额分配的不均衡，也给这些地区的经济社会发展带来不利影响。各省市、地区的高校，出于经费和就业方面的考虑，在分配招生指标时，往往向本省市和地区倾斜，导致这些地区的录取分数线偏低于其他省市和地区。这几年越来越多的"高考移民"更加剧了录取中的不平等问题。

2. 分数面前人人平等

作为发展中的大国，在一个相当长时间内我国高等教育资源短缺的情况是不会改变的，通过选拔考试的首要目的就是要保证全体国民受教育机会的平等。受教育机会平等的主要内容就是要在分数面前人人平等。不因为地区、地位、经济发展、文化差异等出现录取上的不平等情况。

第七节　本章小结

本章阐述了包容性增长的制度安排及实现路径。包容性的制度是实现包容性增长的根本保证。本章认为"公平、正义、共享"是包容性增长制度创新的价值诉求。在此基础上，本书从收入分配、福利政策、教育、地区和城乡统筹发展几个方面提出了包容性增长制度的实现路径。

（1）创新收入分配制度。在初次分配中通过工资协商制度和职工持股制度提高劳动者在初次分配中的比重；在财政和税收制度方面，政府应通过开辟遗产税和其他税种调节财富在不同群体间的分配，另外提高劳动者收入在国民收入构成中的比重，抑制改革开放以来劳动者收入在国民收入构成比重中逐渐下降的趋势。（2）建构一个广覆盖的社会保险网络。我国社会保障方面的制度带有许多计划经济体制下的痕迹，城乡之间、地区之间和不同行业之间差异很大，要发挥政府在建立普惠型福利制度方面的作用。（3）构建公平的教育制度。教育资源均等是建构公平教育制度的核心。（4）创新城乡和地区均衡发展的制度。城乡和地区间不平衡发展是制约包容性增长的关键要素。要保护好农民的土地权益，实施工业反哺农业战略，缩小地区和城乡差距。

结束语

  包容性增长理念源自于人们对经济增长和贫困认识的不断深化，其最基本的含义是公平合理地分享经济增长，是机会平等的增长，共享式增长与可持续发展的平衡增长，寻求的是社会和经济协调发展，可持续发展，着力保障和改善民生，让更多的人享受改革开放的成果。改革开放三十多年来，我们的经济发展取得了举世瞩目的成就，一跃成为世界第二大经济体，但是，经济发展和社会发展不同步，经济增长的公平性受到质疑，基尼系数长期高于公认警戒线，解决这些问题，需要我们制度创新。

  包容性增长制度创新涉及政治、经济、文化和社会的方方面面，对这么多问题进行深入的探讨和分析也不现实，本书就所界定的包容性增长内涵范围内，提出了制度创新的设想。制度创新的主体虽然是多元的，但是政府仍然是承担实现社会正义、分配公平和完善社会制度的主体角色。基于公平分享经济发展成果的视角，本书认为，包容增长制度创新的实现路径为：

  （1）创新收入分配制度，缩小收入分配差距。收入分配问题是我们解决包容性增长问题的核心，这个问题解决不好，就无法让社会各个群体分享经济发展的成果。要创新税收、初次分配和公共财政制度，实现对收入分配的全面调控，使收入分配差距保持在一个合理的范围内。

  （2）建构一个广覆盖，适度的社会保险网络。社会福利体系是一个社会的稳定器，把握不好这个稳定器，社会秩序就会受到损害。我国依然是一个发展中的大国，虽然按 GDP 总量计算我们是世界第二大经济体，但是，我们是一个人口大国，人均计算下来，还只是一个中等收入国家。所以我们的福利制度构建不能脱离中国现实，我们所构建的福利制度是一个广覆盖、低保障水平的制度。

（3）构建公平的教育制度。教育制度最能实现一个社会的公平。我们国家实行财政分权制度，各个地区经济发展状况差别很大，这就难免让一部分群体由于教育问题而失去竞争的机会，这一部分群体受到社会的孤立，无法参与社会，成为社会的弱势群体，所以，我们要平衡教育发展，特别是区域之间教育发展的平衡问题。

（4）创新城乡和地区均衡发展的制度。我国不仅是一个人口大国，也是一个地区发展很不平衡的大国。东部、西部和中部经济发展水平差异很大，这些差异又和城乡差异叠加，使本来就突出的区域发展平衡问题更加突出。解决这些问题需要我们以改革勇气打破利益格局，充分利用中央财政调配功能，改基数法为因素法，加大对中西部地区财政支出力度。要充分利用市场机制，制定宏观政策，让中西部地区成为投资的热土。在解决地区平衡发展的基础上，要着力解决好城乡发展问题。对于农民反映强烈的土地问题要加快制定相关法律，让农民对集体所有的土地权益有话语权。另外，对农村土地流转也要规范化，成立土地交易流转的服务机构并制定相关规程。城市要对农村发展给予物质和财政支持，工业反哺农业的制度要体现在对农业发展的核心力上，利用后发优势，用现代化的农业发展战略指导农业、农村和农民，让农业成为我国经济发展的一个新的增长点。

参考文献

一 著作

［1］马克思、恩格斯：《马克思恩格斯选集》第 1 卷，人民出版社 1995 年版。

［2］马克思、恩格斯：《马克思恩格斯选集》第 2 卷，人民出版社 1995 年版。

［3］马克思、恩格斯：《马克思恩格斯选集》第 3 卷，人民出版社 1995 年版。

［4］马克思、恩格斯：《马克思恩格斯选集》第 4 卷，人民出版社 1995 年版。

［5］马克思、恩格斯：《马克思恩格斯全集》第 1 卷，人民出版社 1956 年版。

［6］马克思、恩格斯：《马克思恩格斯全集》第 23 卷，人民出版社 1972 年版。

［7］马克思、恩格斯：《马克思恩格斯全集》第 42 卷，人民出版社 1979 年版。

［8］邓小平：《邓小平文选》第 3 卷，人民出版社 1993 年版。

［9］国家统计局编：《国际统计年鉴 2009》，中国财政经济出版社 2009 年版。

［10］国家统计局编：《国际统计年鉴 2006/2007》，中国财政经济出版社 2007 年版。

［11］《中国统计年鉴 2007》，中国统计出版社 2007 年版。

［12］国家统计局编：《中国统计年鉴 2008》，中国统计出版社 2008 年版。

［13］国家统计局编：《中国统计年鉴 2009》，中国统计出版社 2009 年版。

［14］国家统计局农村社会经济调查司：《中国劳动和社会保障年鉴 2008》，中国劳动社会保障出版社 2008 年版。

［15］国家统计局农村社会经济调查司：《中国农村统计年鉴 2009》，中国统计出版社 2009 年版。

［16］国家统计局人口和就业统计司：《中国劳动统计年鉴 2008》，中国统计出版社 2008 年版。

［17］国家统计局人口和就业统计司：《中国劳动统计年鉴 2009》，中国统计出版社 2009 年版。

［18］国家统计局国民经济综合统计司：《中国区域经济统计年鉴 2008》，中国统计出版社 2008 年版。

［19］杜鹰：《中国区域经济发展年鉴 2008》，中国财政经济出版社 2008 年版。

［20］［英］亚当·斯密：《国民财富的性质和原因的研究》，郭大力、王亚南译，商务印书馆 1974 年版。

［21］［英］亚当·斯密：《道德情操论》，王秀丽译，上海三联书店 2008 年版。

［22］［英］庇古：《福利经济学》，朱泱、张胜纪、吴良健译，商务印书馆 2006 年版。

［23］［英］约翰·穆勒：《功利主义》，徐大建译，商务印书馆 2014 年版。

［24］［英］边沁：《道德与立法原理导论》，时殷宏译，商务印书馆 2000 年版。

［25］［英］诺曼·巴里：《福利》，储建国译，吉林人民出版社 2005 年版。

［26］［英］阿弗里德·马歇尔：《经济学原理》，廉运杰译，华夏出版社 2005 年版。

［27］［英］洛克：《人类理解论》（上），关文运译，商务印书馆 1981 年版。

［28］［英］洛克：《政府论》，叶启芳、瞿菊农译，商务印书馆 1964 年版。

［29］［英］威廉·葛德文：《政治正义论》（3 卷），何慕李译，商务印书馆 2007 年版。

［30］［英］T. H. 马歇尔、安东尼·吉登斯等著：《公民身份与社会阶级》，郭忠华、刘训练译，江苏人民出版社 2008 年版。

［31］［英］蒂特马斯：《社会政策十讲》，江绍康译，香港商务印书馆 1991 年版。

［32］［英］杰文斯：《政治经济学理论》，郭大力译，商务印书馆 1984 年版。

［33］［英］安东尼·哈尔、詹姆斯·梅志里：《发展型社会政策》，罗敏等译，社会科学文献出版社 2006 年版。

［34］［英］伯特兰·罗素：《西方哲学史》（上卷），何兆武、李约瑟译，商务印书馆 1963 年版。

［35］［美］道格拉斯·C. 诺斯：《制度、制度变迁与经济绩效》，杭行译，格致出版社 2008 年版。

［36］［美］R. 科斯、A. 阿尔钦、D. 诺斯：《财产权利与制度变迁》，刘守英译，上海三联书店 2004 年版。

［37］［美］道格拉斯·C. 诺斯：《经济史中的结构与变迁》，陈郁等译，上海三联书店 1994 年版。

［38］［美］约翰·罗尔斯：《正义论》，何怀宏译，中国社会科学出版社 1988 年版。

［39］［美］杰克·奈特：《制度与社会冲突》，上海人民出版社 2009 年版。

［40］［美］凡勃伦：《有闲阶级论》，蔡受百译，商务印书馆 2009 年版。

［41］［美］约翰·康芒斯：《制度经济学》，于树生译，商务印书馆 2009 年版。

［42］［美］曼瑟尔·奥尔森：《集体行动的逻辑》，陈郁等译，上海人民出版社 1995 年版。

［43］［美］丹尼尔·W. 布罗姆利：《经济利益与经济制度》，陈郁、郭宇峰、汪春译，上海三联书店、上海人民出版社 1996 年版。

［44］［美］肯尼思·阿罗：《社会选择与个人价值》，陈志武、崔之元译，四川人民出版社 1987 年版。

［45］［美］德尼·古莱：《残酷的选择——发展理念与伦理价值》，高铦、高戈译，社会科学文献出版社 2008 年版。

［46］［美］杰拉尔德·M. 梅尔、詹姆斯·E. 劳赫：《经济发展的前沿问题》，黄仁伟、吴雪明译，上海人民出版社 2004 年版。

［47］［印］阿马蒂亚·森：《伦理学与经济学》，王宇、王文玉译，商务印书馆 2006 年版。

［48］［印］阿马蒂亚·森：《理性与自由》，李凤华译，中国人民大学出版社 2002 年版。

［49］［印］阿马蒂亚·森：《以自由看待发展》，任赜、于真译，中国人民大学出版社 2002 年版。

［50］［印］阿马蒂亚·森：《贫困与饥荒》，王宇、王文玉译，北京：商务印书馆 2001 年版。

［51］［德］黑格尔：《法哲学原理》，杨冬柱译，北京出版社 2007 年版。

［52］［德］马克斯·韦伯：《新教伦理与资本主义精神》，陕西师范大学出版社 2006 年版。

［53］［德］马克斯·韦伯：《经济与社会》（上卷），商务印书馆 1997 年版。

［54］［法］孟德斯鸠：《论法的精神》，严复译，上海三联书店 2009 年版。

［55］［法］卢梭：《社会契约论》，何兆武译，商务印书馆 2003 年版。

［56］［瑞士］布伦诺·弗雷、阿洛伊斯·斯塔特勒：《幸福与经济学》，静也译，北京大学出版社 2006 年版。

［57］［日］青木昌彦：《比较制度分析》，周黎安译，上海远东出版社 2001 年版。

［58］［澳］黄有光：《经济与快乐》，东北财经大学出版社 2000 年版。

［59］［澳］黄有光：《福祉经济学》，张清津译，东北财经大学出版社 2005 年版。

［60］［古希腊］修昔底德：《伯罗奔尼撒战争史》，谢德风译，商务印书馆 1978 年版。

［61］［古希腊］柏拉图：《理想国》，商务印书馆 1986 年版。

［62］［古希腊］亚里士多德：《政治学》，吴寿彭译，商务印书馆 1965 年版。

［63］［古希腊］亚里士多德：《亚里士多德全集》第 8 卷，苗力田译，中国人民大学出版社 1996 年版。

［64］［古希腊］亚里士多德：《尼各马可伦理学》，廖申白译，中国社会科学出版社 2003 年版。

［65］［古希腊］伊壁鸠鲁：《自然与快乐——伊壁坞鲁的哲学》，包利民译，中国社会科学出版社 2004 年版。

［66］［古罗马］奥古斯丁：《论信望爱》，许一新译，生活·读书·新知三联书店 2009 年版。

［67］［匈牙利］西托夫斯基：《无快乐的经济学》，中国人民大学出版社 2008 年版。

［68］钟瑞添、陈洪江：《马克思主义本土化的理论与实践》，甘肃人民出版社 2012 年版。

［69］谭培文：《马克思主义的利益理论——当代历史唯物主义的重构》，人民出版社 2002 年版。

［70］冯俊科：《西方幸福论》，吉林人民出版社 1992 年版。

［71］盛洪：《现代制度经济学》，北京大学出版社 2003 年版。

［72］苗里田：《古希腊哲学》，中国人民大学出版社 1989 年版。

［73］陈惠雄：《解读快乐学》，北京大学出版社 2008 年版。

［74］陈惠雄：《经济社会发展与国民幸福》，浙江大学出版社 2008 年版。

［75］汪丁丁：《经济学思想史讲义》，上海人民出版社 2008 年版。

［76］钱宁：《现代社会福利思想》，高等教育出版社 2006 年版。

［77］王绍光：《安邦之道——国家转型的目标与途径》，生活·读书·新知三联书店 2007 年版。

［78］张宇燕：《过渡政治经济学导论》，经济科学出版社 2001 年版。

［79］邓大松：《社会保障理论与实践发展研究》，人民出版社 2007 年版。

［80］姚明霞：《福利经济学》，经济日报出版社 2005 年版。

［81］顾忠华：《韦伯学说》，广西师范大学出版社 2004 年版。

[82] 姜守明：《西方社会保障制度概论》，科学出版社 2002 年版。

二　期刊论文

[1] 钟瑞添、曾道宏：《列宁关于执政党建设的理论和实践》，《广西师院学报》（哲学社会科学版）1992 年第 4 期。

[2] 钟瑞添：《"三个代表"重要思想提出的历史依据》，《广西师范大学学报》（哲学社会科学版）2002 年第 1 期。

[3] 谭培文：《利益范畴的历史嬗变与现实解读》，《海南大学学报》（社会科学版）1999 年第 3 期。

[4] 谭培文：《利益与当代文明模式的冲突和构建》，《广西师范大学学报》（哲学社会科学版）2004 年第 1 期。

[5] 谭培文、汤志华：《马克思主义中国化与中国化的马克思主义界域的哲学厘定》《学术研究》2006 年第 3 期。

[6] 陈惠雄：《"快乐经济学"的质疑与释疑》，《学术月刊》2010 年第 3 期。

[7] ［美］弗朗西斯·福山：《贫困、不平等与民主：拉丁美洲的经验》，张远航译，《经济社会体制比较》2009 年第 4 期。

[8] ［英］拉维·坎步尔：《收入分配和发展：文献回顾与研究展望》，魏名译，《经济社会体制比较》2009 年第 4 期。

[9] 田国强、杨立岩：《对"幸福—收入之谜"的一个解答：理论与实证》，《经济研究》2006 年第 11 期。

[10] 张曙光：《论制度均衡和制度变革》，《经济研究》1992 年第 6 期。

[11] 王思斌：《我国适度普惠型社会福利制度的建构》，《北京大学学报》2009 年第 3 期。

[12] 代恒猛：《从补缺型到适度普惠型——社会转型与我国社会福利的目标定位》，《当代世界与社会主义》2009 年第 2 期。

[13] 毕云天：《福利的文化透视》，《社会学研究》2008 年第 4 期。

[14] 张容：《奥古斯丁的基督教幸福观辨证》，《哲学研究》2003 年第 5 期。

[15] 袁祖社：《精神：基于现代人文理性之优良政治伦理价值诉求》，《思想战线》2009 年第 4 期。

[16] 郑秉文：《权利：现代福利国家模式的起源与论释》，《山东大

学学报》2005 年第 2 期。

　　［17］孙国峰：《与制度的起源及变迁》,《经济学家》2002 年第 5 期。

　　［18］杜杰：《理性与社会公平的实现》,《理论界》2008 年第 10 期。

　　［19］洪银兴：《由少数人先富转向大多数人富》,《理论视野》2010 年第 6 期。

　　［20］左学金：《幸福与幸福经济学》,《江西社会科学》2007 年第 3 期。

　　［21］陈民：《和谐社会的经济学解析》,《世纪桥》2008 年第 2 期。

　　［22］顾自安：《制度发生学探源：制度是如何形成的》,《当代经济管理》2006 年第 4 期。

　　［23］奚凯元、张国华、张岩：《从经济学到幸福学》,《管理科学》2003 年第 3 期。

　　［24］傅红春：《科学发展观与国民幸福度》,《生产力研究》2008 年第 1 期。

　　［25］韦森：《减税富民：大规模产能过剩条件下启动内需之本》,《理论学刊》2010 年第 1 期。

　　［26］景天魁、毕云天：《从小福利迈向大福利：中国特色福利制度的新阶段》,《理论前沿》2009 年第 11 期。

　　［27］郑功成：《人类安全与社会保障》,《群言》2007 年第 2 期。

　　［28］欧阳海燕、福临：《提高公共服务不是财力问题》,《新世纪周刊》2008 年第 34 期。

　　［29］何平、李实、王延中：《中国发展型社会福利体系公共财政支持研究》,《中国社会保障制度》2009 年第 11 期。

　　［30］林毅夫：《以共享式增长促进社会和谐》,《中国投资》2009 年第 1 期。

　　［31］林卡：《福利社会：社会理念还是政策模式》,《学术月刊》2010 年第 4 期。

　　［32］俞可平：《社会公平和善治是建设和谐社会的两大基石》,《中国特色社会主义研究》2005 年第 1 期。

　　［33］赵冉：《校正幸福与财富的天秤》,《中华文摘》2004 年第 11 期。

三 英文文献

[1] Ali, Ifzal and Juzhong Zhuang. *Inclusive Growth Toward a Prosperous Asia: Policy Implications* [R]. ERD Working Paper Series No. 97. July. Manila: ADB, 2007.

[2] Alesina, Alberto and Dani Rodrik. *Distributive Politics and Economic Growth* [J]. Quarterly Journal of Economics, 1994 109 (2).

[3] Datt, G. And M. Ravallion. *Growth and Redistribution Components of Changes in Poverty Measures: A Decomposition with Application to Brazil and India in the 1980s* [J]. Journal of Development Economics, 1992, 38 (2).

[4] Erikson, R. and J. H. Goldthorpe. *The Constant Flux: a Study of Class Mobility In Industrial Societies* [M]. Oxford: Clarendon Press, 1992.

[5] United Nations Development Programme. *Human Development Report 1992*, New York: Oxford University Press, 1992.

[6] World Bank. *World Development Report 1993*, New York: Oxford University Press, 1993.

后　记

春花秋实，经历几多寒冬、几多春秋，终于迎来了收获的季节。在本书就要付梓之际，脑海里闪现出许多指导本书写作的导师、专家，对他们的辛勤付出，本人心存感激。

本书的出版要首先要感谢我的导师钟瑞添教授，从本书的选题、资料收集，到编写提纲、正文写作，直至书稿的完成，自始至终都倾注了导师的一片心血。师恩泽厚，铭记在心。

其次，要真诚感谢广西师范大学马克思主义学院的谭培文教授、林春逸教授、黄瑞雄教授、周世忠教授、汤志华教授、韦冬雪教授、李恩来教授，感谢他们对本书写作的辛勤指导和帮助，没有他们在学习上无微不至的关心、帮助和从严要求，本人书稿的写作也难以顺利完成。还要特别感谢中国社会科学院的孙麾教授，华中师范大学的徐勇教授，他们在博士答辩期间提出的建议对本书的成稿、出版起到非常重要的作用。

还要真诚感谢我在博士学习的期间的同学，在这个大集体里我每天都能收获学习的动力和坚持下去的勇气，学习、写作的快乐与烦恼都在与同学的交流中上升为"敬业乐群"的精神。要特别致谢张艺兵同学，他对本书的完成给予很大的帮助。还要感谢何运安、唐文红、黄少波、梁英、黄晓波、凌小平、宣杰、张荣军、蔡卫华、刘英、杨睿、郑剑玲同学。同窗三年，经历了春夏秋冬，友谊地久天长！

《包容性增长制度创新——以马克思主义发展理论为视域》就要出版了，我深知这是一个新的起点，对于这个题目的研究还远远没有结束，只是一个暂时的句号，我会继续努力。

要真诚感谢中国社会科学出版社的孔继萍老师为本书出版所付出的辛

勤劳动。

　　书中难免存在错误与不足，敬请各位读者批评指正。

韩太平

2016 年 6 月 5 日